OECD EDUCATION STATISTICS

1985-1992

STATISTIQUES DE L'ENSEIGNEMENT DE L'OCDE

Online Research (Library)
Ministry of Education & Training
13th Floor, Mowat Block, Queen's Park
Toronto, Ontario M7A 1L2

ORGANISATION FOR ECONOMIC CO-OPERATION AND DEVELOPMENT
ORGANISATION DE COOPÉRATION ET DE DÉVELOPPEMENT ÉCONOMIQUES

ORGANISATION FOR ECONOMIC CO-OPERATION AND DEVELOPMENT

Pursuant to Article 1 of the Convention signed in Paris on 14th December 1960, and which came into force on 30th September 1961, the Organisation for Economic Co-operation and Development (OECD) shall promote policies designed:
- to achieve the highest sustainable economic growth and employment and a rising standard of living in Member countries, while maintaining financial stability, and thus to contribute to the development of the world economy;
- to contribute to sound economic expansion in Member as well as non-member countries in the process of economic development; and
- to contribute to the expansion of world trade on a multilateral, non-discriminatory basis in accordance with international obligations.

The original Member countries of the OECD are Austria, Belgium, Canada, Denmark, France, Germany, Greece, Iceland, Ireland, Italy, Luxembourg, the Netherlands, Norway, Portugal, Spain, Sweden, Switzerland, Turkey, the United Kingdom and the United States. The following countries became Members subsequently through accession at the dates indicated hereafter: Japan (28th April 1964), Finland (28th January 1969), Australia (7th June 1971), New Zealand (29th May 1973) and Mexico (18th May 1994). The Commission of the European Communities takes part in the work of the OECD (Article 13 of the OECD Convention).

The Centre for Educational Research and Innovation was created in June 1968 by the Council of the Organisation for Economic Co-operation and Development and all Member countries of the OECD are participants.

The main objectives of the Centre are as follows:
- *to promote and support the development of research activities in education and undertake such research activities where appropriate;*
- *to promote and support pilot experiments with a view to introducing and testing innovations in the educational system;*
- *to promote the development of co-operation between Member countries in the field of educational research and innovation.*

The Centre functions within the Organisation for Economic Co-operation and Development in accordance with the decisions of the Council of the Organisation, under the authority of the Secretary-General. It is supervised by a Governing Board composed of one national expert in its field of competence from each of the countries participating in its programme of work.

© OECD 1995
Applications for permission to reproduce or translate all or part
of this publication should be made to:
Head of Publications Service, OECD
2, rue André-Pascal, 75775 PARIS CEDEX 16, France.

ORGANISATION DE COOPÉRATION ET DE DÉVELOPPEMENT ÉCONOMIQUES

En vertu de l'article 1er de la Convention signée le 14 décembre 1960, à Paris, et entrée en vigueur le 30 septembre 1961, l'Organisation de Coopération et de Développement Économiques (OCDE) a pour objectif de promouvoir des politiques visant :

— à réaliser la plus forte expansion de l'économie et de l'emploi et une progression du niveau de vie dans les pays Membres, tout en maintenant la stabilité financière, et à contribuer ainsi au développement de l'économie mondiale ;
— à contribuer à une saine expansion économique dans les pays Membres, ainsi que les pays non membres, en voie de développement économique ;
— à contribuer à l'expansion du commerce mondial sur une base multilatérale et non discriminatoire conformément aux obligations internationales.

Les pays Membres originaires de l'OCDE sont : l'Allemagne, l'Autriche, la Belgique, le Canada, le Danemark, l'Espagne, les États-Unis, la France, la Grèce, l'Irlande, l'Islande, l'Italie, le Luxembourg, la Norvège, les Pays-Bas, le Portugal, le Royaume-Uni, la Suède, la Suisse et la Turquie. Les pays suivants sont ultérieurement devenus Membres par adhésion aux dates indiquées ci-après : le Japon (28 avril 1964), la Finlande (28 janvier 1969), l'Australie (7 juin 1971), la Nouvelle-Zélande (29 mai 1973) et le Mexique (18 mai 1994). La Commission des Communautés européennes participe aux travaux de l'OCDE (article 13 de la Convention de l'OCDE).

Le Centre pour la Recherche et l'Innovation dans l'Enseignement a été créé par le Conseil de l'Organisation de Coopération et de Développement Économiques en juin 1968 et tous les pays Membres de l'OCDE y participent.

Les principaux objectifs du Centre sont les suivants :

— *encourager et soutenir le développement des activités de recherche se rapportant à l'éducation et entreprendre, le cas échéant, des activités de cette nature ;*
— *encourager et soutenir des expériences pilotes en vue d'introduire des innovations dans l'enseignement et d'en faire l'essai ;*
— *encourager le développement de la coopération entre les pays Membres dans le domaine de la recherche et de l'innovation dans l'enseignement.*

Le Centre exerce son activité au sein de l'Organisation de Coopération et de Développement Économiques conformément aux décisions du Conseil de l'Organisation, sous l'autorité du Secrétaire général et le contrôle direct d'un Comité directeur composé d'experts nationaux dans le domaine de compétence du Centre, chaque pays participant étant représenté par un expert.

© OCDE 1995
Les demandes de reproduction ou de traduction totales ou partielles
de cette publication doivent être adressées à :
M. le Chef du Service des Publications, OCDE
2, rue André-Pascal, 75775 PARIS CEDEX 16, France.

Foreword

As policy makers struggle with problems of unemployment, structural adjustment and an increasingly global economy, the need for comparative international education statistics has continued to grow. Politicians, employers, parents and students are asking whether the education systems are providing students with the basis for a productive and rewarding future, and employers with the manpower necessary to face an increasingly demanding and technically-oriented economy.

The Centre for Educational Research and Innovation (CERI) project on international indicators of education systems (INES) has made an enormous investment developing and refining definitions used in the collection of education statistics to improve, where possible, the comparability of international data. The results of this effort have been used to revise the joint education statistics questionnaires UOC (UNESCO-OECD-EUROSTAT) which constitute the common instrument of these three international organisations for gathering data. A detailed set of instructions has been elaborated for data collection. This volume is the first OECD publication devoted entirely to long historical series of basic education data and covers the period 1985-1992. It has been realised in co-operation with the education data producers in OECD countries and the networks of the INES project.

This volume has been prepared in the Unit for Education Statistics and Indicators, Directorate for Education, Employment, Labour and Social Affairs, by Wendy Simpson, with the help of Sophie Vayssettes. It is published on the responsibility of the Secretary-General of the OECD.

Avant-propos

A mesure que les décideurs se débattent contre les difficultés liées au chômage, à l'ajustement structurel et à la globalisation croissante de l'économie, le besoin de statistiques sur l'éducation se prêtant à des comparaisons internationales se fait de plus en plus sentir. Responsables politiques, employeurs, parents et élèves se demandent si les systèmes éducatifs sont capables de donner aux jeunes un bagage qui leur assure un avenir satisfaisant, et de fournir aux employeurs la main-d'œuvre dont ils ont besoin pour affronter un environnement économique de plus en plus exigeant et axé sur la technologie.

Le Centre pour la recherche et l'innovation dans l'enseignement (CERI) a, dans le cadre de son projet sur les indicateurs internationaux des systèmes d'enseignement (INES), entrepris un vaste travail de développement et de perfectionnement des définitions utilisées pour la collecte des statistiques sur l'éducation dans le souci d'améliorer, dans la mesure du possible, la comparabilité internationale des données. Les résultats de ce travail ont servi à la révision du questionnaire conjoint UNESCO-OCDE-EUROSTAT, outil de collecte des données commun à ces trois organisations internationales. Un ensemble d'instructions détaillées pour la collecte des données a été élaboré. Cette édition est la première que l'OCDE consacre entièrement à des séries rétrospectives retraçant l'évolution des systèmes d'enseignement sur la période 1985-1992. Elle a bénéficié de la collaboration de tous ceux qui, dans les pays de l'OCDE, fournissent des données sur l'éducation, ainsi que des réseaux du projet INES.

Ce recueil a été établi dans l'Unité des indicateurs et statistiques de l'enseignement de la Direction de l'éducation, de l'emploi, du travail et des affaires sociales, par Wendy Simpson avec l'aide de Sophie Vayssettes. Il est publié sous la responsabilité du Secrétaire général de l'OCDE.

Table of contents
Table des matières

Chapter/*Chapitre* I
Social and economic context
Contexte économique et social

Table/*Tableau* I.1
Total public expenditure at current PPPs
Dépenses publiques totales en PPA courantes 20

Table/*Tableau* I.2
Gross Domestic Product at current prices and current PPPs
Produit intérieur brut aux prix et PPA courants 21

Table/*Tableau* I.3
Gross Domestic Product per head at current prices and current PPPs
Produit intérieur brut par tête aux prix et PPA courants 22

Table/*Tableau* I.4
Population
Population 23

Table/*Tableau* I.5
Purchasing Power Parities
Parités de pouvoir d'achat 24

Table/*Tableau* I.6
Coefficients for calculating full-time equivalents
Coefficients pour le calcul des équivalents plein-temps 25

Table/*Tableau* I.7
Standardised unemployment rates
Taux de chômage standardisés 26

Table/*Tableau* I.8
Hourly earnings in manufacturing
Gains horaires des industries manufacturières 27

Table/*Tableau* I.9
National taxonomy for education
Classification nationale de l'enseignement 28

Chapter/*Chapitre* II
Expenditure on education
Dépenses d'éducation

II.1. Current and capital expenditure
Dépenses de fonctionnement et dépenses en capital 42

Table/*Tableau* II.1.1
Total public and private expenditure for all levels (PPV)
Dépenses publiques et privées totales pour tous les niveaux (PPV) 42

Table/*Tableau* II.1.2
Total public expenditure for all levels (PPV)
Dépenses publiques totales pour tous les niveaux (PPV) 43

Table/Tableau II.1.3
Public and private current expenditure for all levels (PPV)
Dépenses publiques et privées de fonctionnement pour tous les niveaux (PPV) 44

Table/Tableau II.1.4
Public current expenditure for all levels (PPV)
Dépenses publiques de fonctionnement pour tous les niveaux (PPV) 45

Table/Tableau II.1.5
Public and private capital expenditure for all levels (PPV)
Dépenses publiques et privées en capital pour tous les niveaux (PPV) 46

Table/Tableau II.1.6
Public capital expenditure for all levels (PPV)
Dépenses publiques en capital pour tous les niveaux (PPV) 47

Table/Tableau II.1.7
Total public and private expenditure for higher education (PPV)
Dépenses publiques et privées totales pour l'enseignement supérieur (PPV) 48

Table/Tableau II.1.8
Total public expenditure for higher education (PPV)
Dépenses publiques totales pour l'enseignement supérieur (PPV) 49

Table/Tableau II.1.9
Public and private current expenditure for higher education (PPV)
Dépenses publiques et privées de fonctionnement pour l'enseignement supérieur (PPV) 50

Table/Tableau II.1.10
Public current expenditure for higher education (PPV)
Dépenses publiques de fonctionnement pour l'enseignement supérieur (PPV) 51

Table/Tableau II.1.11
Public and private capital expenditure for higher education (PPV)
Dépenses publiques et privées en capital pour l'enseignement supérieur (PPV) 52

Table/Tableau II.1.12
Public capital expenditure for higher education (PPV)
Dépenses publiques en capital pour l'enseignement supérieur (PPV) 53

Table/Tableau II.1.13
Total public and private expenditure for primary and secondary education (PPV)
Dépenses publiques et privées totales pour l'enseignement primaire et secondaire (PPV) 54

Table/Tableau II.1.14
Total public expenditure for primary and secondary education (PPV)
Dépenses publiques totales pour l'enseignement primaire et secondaire (PPV) 55

Table/Tableau II.1.15
Public and private current expenditure for primary and secondary education (PPV)
Dépenses publiques et privées de fonctionnement pour l'enseignement primaire et secondaire (PPV) 56

Table/Tableau II.1.16
Public current expenditure for primary and secondary education (PPV)
Dépenses publiques de fonctionnement pour l'enseignement primaire et secondaire (PPV) 57

Table/Tableau II.1.17
Public and private capital expenditure for primary and secondary education (PPV)
Dépenses publiques et privées en capital pour l'enseignement primaire et secondaire (PPV) 58

Table/Tableau II.1.18
Public capital expenditure for primary and secondary education (PPV)
Dépenses publiques en capital pour l'enseignement primaire et secondaire (PPV) 59

II.2. **Public expenditure on education by initial source of funds**
Dépenses publiques d'éducation par source initiale de financement 60

Table/Tableau II.2.1
Federal/central sources for all levels (PPV)
Sources fédérales/centrales pour tous les niveaux (PPV) 60

Table/Tableau II.2.2
Provincial/regional sources for all levels (PPV)
Sources provinciales/régionales pour tous les niveaux (PPV) 61

Table/Tableau II.2.3
Local/municipal sources for all levels (PPV)
Sources locales/municipales pour tous les niveaux (PPV) 62

Table/Tableau II.2.4
International sources for all levels (PPV)
Sources internationales pour tous les niveaux (PPV) 63

Table/Tableau II.2.5
Federal/central sources for higher education (PPV)
Sources fédérales/centrales pour l'enseignement supérieur (PPV) 64

Table/Tableau II.2.6
Provincial/regional sources for higher education (PPV)
Sources provinciales/régionales pour l'enseignement supérieur (PPV) 65

Table/Tableau II.2.7
Local/municipal sources for higher education (PPV)
Sources locales/municipales pour l'enseignement supérieur (PPV) 66

Table/Tableau II.2.8
International sources for higher education (PPV)
Sources internationales pour l'enseignement supérieur (PPV) 67

Table/Tableau II.2.9
Federal/central sources for primary and secondary education (PPV)
Sources fédérales/centrales pour l'enseignement primaire et secondaire (PPV) 68

Table/Tableau II.2.10
Provincial/regional sources for primary and secondary education (PPV)
Sources provinciales/régionales pour l'enseignement primaire et secondaire (PPV) 69

Table/Tableau II.2.11
Local/municipal sources for primary and secondary education (PPV)
Sources locales/municipales pour l'enseignement primaire et secondaire (PPV) 70

Table/Tableau II.2.12
International sources for primary and secondary education (PPV)
Sources internationales pour l'enseignement primaire et secondaire (PPV) 71

II.3. Staff expenditure
Dépenses pour le personnel 72

Table/Tableau II.3.1
Total staff: public and private expenditure for all levels (PPV)
Dépenses publiques et privées pour l'ensemble du personnel pour tous les niveaux (PPV) ... 72

Table/Tableau II.3.2
Total staff: public expenditure for all levels (PPV)
Dépenses publiques pour l'ensemble du personnel pour tous les niveaux (PPV) 73

Table/Tableau II.3.3
Teaching staff: public and private expenditure for all levels (PPV)
Dépenses publiques et privées en personnel enseignant pour tous les niveaux (PPV) 74

Table/Tableau II.3.4
Teaching staff: public expenditure for all levels (PPV)
Dépenses publiques en personnel enseignant pour tous les niveaux (PPV) 75

Table/Tableau II.3.5
Non-teaching staff: public and private expenditure for all levels (PPV)
Dépenses publiques et privées en personnel non enseignant pour tous les niveaux (PPV) ... 76

Table/Tableau II.3.6
Non-teaching staff: public expenditure for all levels (PPV)
Dépenses publiques en personnel non enseignant pour tous les niveaux (PPV) 77

Table/Tableau II.3.7
Total staff: public and private expenditure for higher education (PPV)
Dépenses publiques et privées pour l'ensemble du personnel pour l'enseignement supérieur (PPV) ... 78

Table/Tableau II.3.8
Total staff: public expenditure for higher education (PPV)
Dépenses publiques pour l'ensemble du personnel pour l'enseignement supérieur (PPV) ... 79

Table/Tableau II.3.9
Teaching staff: public and private expenditure for higher education (PPV)
Dépenses publiques et privées en personnel enseignant pour l'enseignement supérieur (PPV) ... 80

Table/Tableau II.3.10
Teaching staff: public expenditure for higher education (PPV)
Dépenses publiques en personnel enseignant pour l'enseignement supérieur (PPV) 81

Table/*Tableau* II.3.11
Non-teaching staff: public and private expenditure for higher education (PPV)
Dépenses publiques et privées en personnel non enseignant pour l'enseignement supérieur (PPV) 82

Table/*Tableau* II.3.12
Non-teaching staff: public expenditure for higher education (PPV)
Dépenses publiques en personnel non enseignant pour l'enseignement supérieur (PPV) 83

Table/*Tableau* II.3.13
Total staff: public and private expenditure for primary and secondary education (PPV)
Dépenses publiques et privées pour l'ensemble du personnel pour l'enseignement primaire et secondaire (PPV) 84

Table/*Tableau* II.3.14
Total staff: public expenditure for primary and secondary education (PPV)
Dépenses publiques pour l'ensemble du personnel pour l'enseignement primaire et secondaire (PPV) 85

Table/*Tableau* II.3.15
Teaching staff: public and private expenditure for primary and secondary education (PPV)
Dépenses publiques et privées en personnel enseignant pour l'enseignement primaire et secondaire (PPV) 86

Table/*Tableau* II.3.16
Teaching staff: public expenditure for primary and secondary education (PPV)
Dépenses publiques en personnel enseignant pour l'enseignement primaire et secondaire (PPV) 87

Table/*Tableau* II.3.17
Non-teaching staff: public and private expenditure for primary and secondary education (PPV)
Dépenses publiques et privées en personnel non enseignant pour l'enseignement primaire et secondaire (PPV) 88

Table/*Tableau* II.3.18
Non-teaching staff: public expenditure for primary and secondary education (PPV)
Dépenses publiques en personnel non enseignant pour l'enseignement primaire et secondaire (PPV) 89

Chapter/*Chapitre* III
Personnel
Personnel

III.1. Staff
Effectifs 92

Table/*Tableau* III.1.1
Total staff – all schools (FTE, PPV)
Ensemble du personnel dans l'enseignement – tous les établissements (EPT, PPV) 92

Table/*Tableau* III.1.2
Non-teaching staff – all schools (FTE, PPV)
Personnel non enseignant – tous les établissements (EPT, PPV) 93

III.2. Teaching staff
Personnel enseignant 94

Table/*Tableau* III.2.1
Total teaching staff (FTE, PPV)
Ensemble du personnel enseignant (EPT, PPV) 94

Table/*Tableau* III.2.2
Total teaching staff (FTE, PPV), percent women
Ensemble du personnel enseignant (EPT, PPV), pourcentage femmes 95

Table/*Tableau* III.2.3
Higher education teachers (FTE, PPV)
Enseignants du supérieur (EPT, PPV) 96

Table/*Tableau* III.2.4
Higher education teachers (FTE, PPV), percent women
Enseignants du supérieur (EPT, PPV), pourcentage femmes 97

Table/*Tableau* III.2.5
Primary and secondary education teachers (FTE, PPV)
Enseignants du primaire et du secondaire (EPT, PPV) 98

Table/*Tableau* III.2.6
Primary and secondary education teachers (FTE, PPV), percent women
Enseignants du primaire et du secondaire (EPT, PPV), pourcentage femmes 99

Table/Tableau III.2.7
Pre-primary education teachers (FTE, PPV)
Enseignants du préscolaire (EPT, PPV) 100

Table/Tableau III.2.8
Pre-primary education teachers (FTE, PPV), percent women
Enseignants du préscolaire (EPT, PPV), pourcentage femmes 101

Table/Tableau III.2.9
Total teaching staff (FTE, PUB)
Ensemble du personnel enseignant (EPT, PUB) 102

Table/Tableau III.2.10
Total teaching staff (FTE, PUB), percent women
Ensemble du personnel enseignant (EPT, PUB), pourcentage femmes 103

Table/Tableau III.2.11
Higher education teachers (FTE, PUB)
Enseignants du supérieur (EPT, PUB) 104

Table/Tableau III.2.12
Higher education teachers (FTE, PUB), percent women
Enseignants du supérieur (EPT, PUB), pourcentage femmes 105

Table/Tableau III.2.13
Primary and secondary education teachers (FTE, PUB)
Enseignants du primaire et du secondaire (EPT, PUB) 106

Table/Tableau III.2.14
Primary and secondary education teachers (FTE, PUB), percent women
Enseignants du primaire et du secondaire (EPT, PUB), pourcentage femmes 107

Table/Tableau III.2.15
Pre-primary education teachers (FTE, PUB)
Enseignants du préscolaire (EPT, PUB) 108

Table/Tableau III.2.16
Pre-primary education teachers (FTE, PUB), percent women
Enseignants du préscolaire (EPT, PUB), pourcentage femmes 109

Table/Tableau III.2.17
Total teaching staff (FTE, PRV)
Ensemble du personnel enseignant (EPT, PRV) 110

Table/Tableau III.2.18
Total teaching staff (FTE, PRV), percent women
Ensemble du personnel enseignant (EPT, PRV), pourcentage femmes 111

Table/Tableau III.2.19
Higher education teachers (FTE, PRV)
Enseignants du supérieur (EPT, PRV) 112

Table/Tableau III.2.20
Higher education teachers (FTE, PRV), percent women
Enseignants du supérieur (EPT, PRV), pourcentage femmes 113

Table/Tableau III.2.21
Primary and secondary education teachers (FTE, PRV)
Enseignants du primaire et du secondaire (EPT, PRV) 114

Table/Tableau III.2.22
Primary and secondary education teachers (FTE, PRV), percent women
Enseignants du primaire et du secondaire (EPT, PRV), pourcentage femmes 115

Table/Tableau III.2.23
Pre-primary education teachers (FTE, PRV)
Enseignants du préscolaire (EPT, PRV) 116

Table/Tableau III.2.24
Pre-primary education teachers (FTE, PRV), percent women
Enseignants du préscolaire (EPT, PRV), pourcentage femmes 117

Table/Tableau III.2.25
Total teaching staff – government dependent private institutions (FTE, GVP)
Ensemble du personnel enseignant – établissements privés subventionnés (EPT, GVP) 118

Table/Tableau III.2.26
Total teaching staff – government dependent private institutions (FTE, GVP), percent women
Ensemble du personnel enseignant – établissements privés subventionnés (EPT, GVP), pourcentage femmes 119

Table/Tableau III.2.27
Total teaching staff – not government dependent private institutions (FTE, IND)
Ensemble du personnel enseignant – établissements privés non subventionnés (EPT, IND) 120

Table/Tableau III.2.28
Total teaching staff – not government dependent private institutions (FTE, IND), percent women
Ensemble du personnel enseignant – établissements privés non subventionnés (EPT, IND), pourcentage femmes 121

III.3. Staff characteristics and school processes
Spécificités des enseignants et processus scolaires 122

Table/Tableau III.3.1
Teacher qualifications: number of years of higher education of teachers (1992)
Qualifications pédagogiques : nombre d'années d'enseignement supérieur suivies par les enseignants (1992) 122

Table/Tableau III.3.2
Teacher qualifications: number of years of primary and secondary education of teachers (1992)
Qualifications pédagogiques : nombre d'années d'enseignement primaire et secondaire suivies
par les enseignants (1992) 123

Table/Tableau III.3.3
Gross salary starting teacher with minimum level of training
Traitement brut d'un enseignant débutant ayant le niveau minimum de formation 124

Table/Tableau III.3.4
Gross salary of teacher with minimum level of training and fifteen years of experience
Traitement brut d'un enseignant ayant le niveau minimum de formation et quinze années d'expérience 125

Table/Tableau III.3.5
Gross salary of teacher with minimum level of training at the top of the salary scale
Traitement brut d'un enseignant ayant le niveau minimum de formation au sommet du barème salarial 126

Table/Tableau III.3.6
Gross salary of teacher with highest level of qualification at the top of the salary scale
Traitement brut d'un enseignant ayant le niveau maximum de qualification au sommet du barème salarial 127

Table/Tableau III.3.7
Teacher compensation: years from minimum to maximum salary (1992)
Rémunération des enseignants : nombre d'années nécessaires pour passer du minimum au maximum
de rémunération (1992) 128

Table/Tableau III.3.8
Teacher age distribution – public education, percentage by ISCED level (1992)
Répartition par âge des enseignants – enseignement public, pourcentage par niveau CITE (1992) 129

Table/Tableau III.3.9
Teacher sex distribution – public education, percentage by ISCED level (1992)
Répartition par sexe des enseignants – enseignement public, pourcentage par niveau CITE (1992) 131

Table/Tableau III.3.10
Teaching time per subject as a percent of total teaching time according to the intended curriculum
for ISCED 1 in public education (1992)
Temps d'enseignement par matière en pourcentage du temps d'enseignement total correspondant au programme prévu
pour l'enseignement public de niveau CITE 1 (1992) 132

Table/Tableau III.3.11
Teaching time per subject as a percent of total teaching time according to the intended curriculum
for ISCED 3 in public education (1992)
Temps d'enseignement par matière en pourcentage du temps d'enseignement total correspondant au programme prévu
pour l'enseignement public de niveau CITE 3 (1992) 133

Table/Tableau III.3.12
Total number of teaching hours per year (1992)
Nombre total d'heures d'enseignement par an (1992) 134

Chapter/Chapitre IV
Participation in education
Scolarisation dans l'enseignement

IV.1. Enrolments all levels
Effectifs pour tous les niveaux 136

Table/Tableau IV.1.1
Enrolments all levels (FTE, PPV)
Effectifs pour tous les niveaux (EPT, PPV) 136

Table/Tableau IV.1.2
Enrolments all levels (FTE, PPV), percent women
Effectifs pour tous les niveaux (EPT, PPV), pourcentage femmes 137

Table/Tableau IV.1.3
Enrolments all levels (FTE, PUB)
Effectifs pour tous les niveaux (EPT, PUB) 138

Table/Tableau IV.1.4
Enrolments all levels (FTE, PUB), percent women
Effectifs pour tous les niveaux (EPT, PUB), pourcentage femmes 139

Table/Tableau IV.1.5
Enrolments all levels (FTE, PRV)
Effectifs pour tous les niveaux (EPT, PRV) 140

Table/Tableau IV.1.6
Enrolments all levels (FTE, PRV), percent women
Effectifs pour tous les niveaux (EPT, PRV), pourcentage femmes 141

Table/Tableau IV.1.7
Enrolments in higher education (FTE, PPV)
Effectifs de l'enseignement supérieur (EPT, PPV) 142

Table/Tableau IV.1.8
Enrolments in higher education (FTE, PPV), percent women
Effectifs de l'enseignement supérieur (EPT, PPV), pourcentage femmes 143

Table/Tableau IV.1.9
Enrolments in higher education (FTE, PUB)
Effectifs de l'enseignement supérieur (EPT, PUB) 144

Table/Tableau IV.1.10
Enrolments in higher education (FTE, PUB), percent women
Effectifs de l'enseignement supérieur (EPT, PUB), pourcentage femmes 145

Table/Tableau IV.1.11
Enrolments in higher education (FTE, PRV)
Effectifs de l'enseignement supérieur (EPT, PRV) 146

Table/Tableau IV.1.12
Enrolments in higher education (FTE, PRV), percent women
Effectifs de l'enseignement supérieur (EPT, PRV), pourcentage femmes 147

Table/Tableau IV.1.13
Enrolments in secondary education (FTE, PPV)
Effectifs de l'enseignement secondaire (EPT, PPV) 148

Table/Tableau IV.1.14
Enrolments in secondary education (FTE, PPV), percent women
Effectifs de l'enseignement secondaire (EPT, PPV), pourcentage femmes 149

Table/Tableau IV.1.15
Enrolments in secondary education (FTE, PUB)
Effectifs de l'enseignement secondaire (EPT, PUB) 150

Table/Tableau IV.1.16
Enrolments in secondary education (FTE, PUB), percent women
Effectifs de l'enseignement secondaire (EPT, PUB), pourcentage femmes 151

Table/Tableau IV.1.17
Enrolments in secondary education (FTE, PRV)
Effectifs de l'enseignement secondaire (EPT, PRV) 152

Table/Tableau IV.1.18
Enrolments in secondary education (FTE, PRV), percent women
Effectifs de l'enseignement secondaire (EPT, PRV), pourcentage femmes 153

Table/Tableau IV.1.19
Enrolments in primary education (FTE, PPV)
Effectifs de l'enseignement primaire (EPT, PPV) 154

Table/Tableau IV.1.20
Enrolments in primary education (FTE, PPV), percent women
Effectifs de l'enseignement primaire (EPT, PPV), pourcentage femmes 155

Table/Tableau IV.1.21
Enrolments in primary education (FTE, PUB)
Effectifs de l'enseignement primaire (EPT, PUB) 156

Table/Tableau IV.1.22
Enrolments in primary education (FTE, PUB), percent women
Effectifs de l'enseignement primaire (EPT, PUB), pourcentage femmes 157

Table/Tableau IV.1.23
Enrolments in primary education (FTE, PRV)
Effectifs de l'enseignement primaire (EPT, PRV) 158

Table/Tableau IV.1.24
Enrolments in primary education (FTE, PRV), percent women
Effectifs de l'enseignement primaire (EPT, PRV), pourcentage femmes 159

Table/Tableau IV.1.25
Enrolments in pre-primary education (FTE, PPV)
Effectifs de l'éducation préscolaire (EPT, PPV) 160

Table/Tableau IV.1.26
Enrolments in pre-primary education (FTE, PPV), percent women
Effectifs de l'éducation préscolaire (EPT, PPV), pourcentage femmes 161

Table/Tableau IV.1.27
Enrolments in pre-primary education (FTE, PUB)
Effectifs de l'éducation préscolaire (EPT, PUB) 162

Table/Tableau IV.1.28
Enrolments in pre-primary education (FTE, PUB), percent women
Effectifs de l'éducation préscolaire (EPT, PUB), pourcentage femmes 163

Table/Tableau IV.1.29
Enrolments in pre-primary education (FTE, PRV)
Effectifs de l'éducation préscolaire (EPT, PRV) 164

Table/Tableau IV.1.30
Enrolments in pre-primary education (FTE, PRV), percent women
Effectifs de l'éducation préscolaire (EPT, PRV), pourcentage femmes 165

IV.2. New entrants
Nouveaux inscrits 166

Table/Tableau IV.2.1
New entrants – higher education (PPV)
Nouveaux inscrits – enseignement supérieur (PPV) 166

Table/Tableau IV.2.2
New entrants – higher education (PPV), percent women
Nouveaux inscrits – enseignement supérieur (PPV), pourcentage femmes 167

Table/Tableau IV.2.3
New entrants – university education (PPV)
Nouveaux inscrits – enseignement supérieur de type universitaire (PPV) 168

Table/Tableau IV.2.4
New entrants – university education (PPV), percent women
Nouveaux inscrits – enseignement supérieur de type universitaire (PPV), pourcentage femmes 169

Table/Tableau IV.2.5
New entrants – non-university higher education (PPV)
Nouveaux inscrits – enseignement supérieur de type non universitaire (PPV) 170

Table/Tableau IV.2.6
New entrants – non-university higher education (PPV), percent women
Nouveaux inscrits – enseignement supérieur de type non universitaire (PPV), pourcentage femmes 171

IV.3. Graduates
Diplômés 172

Table/Tableau IV.3.1
Graduates of higher education (PPV)
Diplômés de l'enseignement supérieur (PPV) 172

Table/Tableau IV.3.2
Graduates of higher education (PPV), percent women
Diplômés de l'enseignement supérieur (PPV), pourcentage femmes 173

Table/Tableau IV.3.3
Graduates of university education (PPV)
Diplômés de l'enseignement supérieur de type universitaire (PPV) 174

Table/Tableau IV.3.4
Graduates of university education (PPV), percent women
Diplômés de l'enseignement supérieur de type universitaire (PPV), pourcentage femmes 175

Table/Tableau IV.3.5
Graduates in engineering (PPV)
Diplômés en ingénierie (PPV) 176

Table/Tableau IV.3.6
Graduates in engineering (PPV), percent women
Diplômés en ingénierie (PPV), pourcentage femmes 177

Table/Tableau IV.3.7
Graduates in mathematics (PPV)
Diplômés en mathématiques (PPV) 178

Table/Tableau IV.3.8
Graduates in mathematics (PPV), percent women
Diplômés en mathématiques (PPV), pourcentage femmes 179

Table/Tableau IV.3.9
Graduates in natural science (PPV)
Diplômés en sciences naturelles (PPV) 180

Table/Tableau IV.3.10
Graduates in natural science (PPV), percent women
Diplômés en sciences naturelles (PPV), pourcentage femmes 181

Table/Tableau IV.3.11
Graduates of non-university higher education (PPV)
Diplômés de l'enseignement supérieur de type non universitaire (PPV) 182

Table/Tableau IV.3.12.
Graduates of non-university higher education (PPV), percent women
Diplômés de l'enseignement supérieur de type non universitaire (PPV), pourcentage femmes 183

Table/Tableau IV.3.13
Graduates of upper secondary education (PPV)
Diplômés de l'enseignement du second degré – second cycle (PPV) 184

Table/Tableau IV.3.14
Graduates of upper secondary education (PPV), percent women
Diplômés de l'enseignement du second degré – second cycle (PPV), pourcentage femmes 185

Table/Tableau IV.3.15
Graduates of upper secondary general education (PPV)
Diplômés de l'enseignement général – second degré – second cycle (PPV) 186

Table/Tableau IV.3.16
Graduates of upper secondary general education (PPV), percent women
Diplômés de l'enseignement général – second degré – second cycle (PPV), pourcentage femmes 187

Table/Tableau IV.3.17
Upper secondary apprenticeship graduates (PPV)
Diplômés de l'apprentissage – second degré – second cycle (PPV) 188

Table/Tableau IV.3.18
Upper secondary apprenticeship graduates (PPV), percent women
Diplômés de l'apprentissage – second degré – second cycle (PPV), pourcentage femmes 189

Table/Tableau IV.3.19
Graduates of upper secondary vocational/technical education (PPV)
Diplômés de l'enseignement technique et professionnel – second degré – second cycle (PPV) 190

Table/Tableau IV.3.20
Graduates of upper secondary vocational/technical education (PPV), percent women
Diplômés de l'enseignement technique et professionnel – second degré – second cycle (PPV), pourcentage femmes 191

Chapter/Chapitre V
Labour market outcomes
Marché du travail et niveau de formation

Table/Tableau V.1
Percentage of the population 25 to 64 years of age that has completed a certain highest level of education
Pourcentage de la population âgée de 25 à 64 ans ayant atteint un certain niveau maximal de formation 194

Table/Tableau V.2
Percentage of the population 25 to 34 years of age that has completed a certain highest level of education
Pourcentage de la population âgée de 25 à 34 ans ayant atteint un certain niveau maximal de formation 195

Table/Tableau V.3
Percentage of the population 35 to 44 years of age that has completed a certain highest level of education
Pourcentage de la population âgée de 35 à 44 ans ayant atteint un certain niveau maximal de formation 196

Table/Tableau V.4
Percentage of the population 45 to 54 years of age that has completed a certain highest level of education
Pourcentage de la population âgée de 45 à 54 ans ayant atteint un certain niveau maximal de formation 197

Table/Tableau V.5
Percentage of the population 55 to 64 years of age that has completed a certain highest level of education
Pourcentage de la population âgée de 55 à 64 ans ayant atteint un certain niveau maximal de formation 198

Table/Tableau V.6
Labour force participation rate by level of educational attainment for men and women 25-64 years of age
Taux d'activité par niveau de formation pour les hommes et les femmes de 25 à 64 ans 199

Table/Tableau V.7
Labour force participation rate by level of educational attainment for men and women 25-34 years of age
Taux d'activité par niveau de formation pour les hommes et les femmes de 25 à 34 ans 200

Table/Tableau V.8
Labour force participation rate by level of educational attainment for men and women 35-44 years of age
Taux d'activité par niveau de formation pour les hommes et les femmes de 35 à 44 ans 201

Table/Tableau V.9
Labour force participation rate by level of educational attainment for men and women 45-54 years of age
Taux d'activité par niveau de formation pour les hommes et les femmes de 45 à 54 ans 202

Table/Tableau V.10
Labour force participation rate by level of educational attainment for men and women 55-64 years of age
Taux d'activité par niveau de formation pour les hommes et les femmes de 55 à 64 ans 203

Table/Tableau V.11
Unemployment rate by level of educational attainment for men and women 25-64 years of age in the labour force
Taux de chômage par niveau de formation en pourcentage de la population active pour les hommes et les femmes de 25 à 64 ans. 204

Table/Tableau V.12
Unemployment rate by level of educational attainment for men and women 25-34 years of age in the labour force
Taux de chômage par niveau de formation en pourcentage de la population active pour les hommes et les femmes de 25 à 34 ans. 205

Table/Tableau V.13
Percentage of the employed population 25 to 64 years of age that has participated in job- or career-related continuing education and training
Pourcentage de la population active de 25 à 64 ans ayant participé à une formation continue liée à l'emploi 206

Annexes

Definitions 209
Définitions 215

Notes 221
Notes 234

Symbols/*Symboles*

Type of institutions
Type d'établissements

PPV : public and private institutions
établissements publics et privés

PUB : public institutions
établissements publics

PRV : private institutions
établissements privés

GVP : government-dependent private institutions
établissements privés subventionnés

IND : independent private institutions
établissements privés non subventionnés

ISCED : International standard classification of education
CITE : *Classification internationale type de l'éducation*
FTE : Full-time equivalent
EPT : *Équivalent plein-temps*
PPP : Purchasing power parities
PPA : *Parités de pouvoir d'achat*
US$: US dollars
$ US : *dollars américains*

Missing values
Données manquantes

Due to technical difficulties, it has not always been possible to differentiate missing values in the data 1985-1991. For more detailed information see country notes.

En raison de difficultés techniques, il n'a pas toujours été possible de différencier les valeurs manquantes pour les données 1985-1991. Pour une information plus détaillée, se rapporter aux notes des pays.

.. : not available
non disponible

. : not applicable
sans objet

− : not available but the magnitude is known to be negligible
non disponible mais ordre de grandeur négligeable

x : included in another category
intégré dans une autre catégorie

A break in series is indicated by a vertical bar.
Une rupture de série est indiquée par une barre verticale.

Chapter/*Chapitre* I

Social and economic context
Contexte économique et social

Table / Tableau I.1.

Total public expenditure at current PPPs
Dépenses publiques totales en PPA courantes

Millions US$

	1985	1986	1987	1988	1989	1990	1991	1992	
North America									**Amérique du Nord**
Canada	174 137	181 673	190 037	202 647	219 551	243 054	264 264	275 426	Canada
United States	1 463 286	1 564 029	1 647 254	1 732 706	1 855 700	2 008 900	2 154 000	2 278 000	États-Unis
Pacific Area									**Pays du Pacifique**
Australia	78 900	83 099	84 947	87 810	95 038	102 728	111 782	115 390	Australie
Japan	472 183	501 719	541 926	586 001	626 688	702 453	750 499	820 248	Japon
New Zealand	:	:	:	:	:	:	:	:	Nouvelle-Zélande
European Community									**Communauté européenne**
Belgium	73 603	75 688	77 291	80 605	84 336	90 765	97 597	108 264	Belgique
Denmark	39 431	39 334	41 808	45 583	48 019	49 887	53 172	57 227	Danemark
France	371 531	383 896	400 725	426 076	453 372	489 934	522 965	571 428	France
Germany (FTFR)	393 076	406 928	428 614	457 706	479 738	531 341	610 326	659 908	Allemagne (ex- terr. de la RFA)
Greece	20 051	21 423	22 466	22 908	23 997	26 594	29 312	35 201	Grèce
Ireland	:	13 848	14 524	14 742	14 146	16 275	17 919	:	Irlande
Italy	339 252	356 469	375 342	406 284	445 203	491 091	521 335	557 778	Italie
Luxembourg	2 818	2 943	:	:	:	:	:	:	Luxembourg
Netherlands	104 357	109 636	117 695	121 664	126 662	137 104	142 849	155 383	Pays-Bas
Portugal	23 050	24 921	26 817	29 157	31 102	35 201	:	:	Portugal
Spain	129 903	135 797	143 864	157 038	177 421	196 108	220 755	:	Espagne
United Kingdom	298 563	312 261	321 683	335 318	354 609	385 864	385 748	441 144	Royaume-Uni
Other Europe - OECD									**Autres pays d'Europe - OCDE**
Austria	48 007	50 460	53 140	55 491	58 699	63 316	68 206	75 277	Autriche
Finland	25 797	27 604	29 869	31 806	33 545	37 777	43 118	45 209	Finlande
Iceland	1 082	1 247	1 283	1 491	1 675	1 631	1 753	1 855	Islande
Norway	24 014	28 037	30 410	32 757	35 042	37 277	40 363	:	Norvège
Sweden	70 768	72 195	72 163	76 925	82 767	88 507	91 119	102 014	Suède
Switzerland	35 924	38 534	39 938	43 237	45 749	48 683	49 782	54 904	Suisse
Turkey	:	:	:	:	:	:	:	:	Turquie

Source: OECD, National Account Statistics.

Source : OCDE, Statistiques des comptes nationaux.

Table / Tableau I.2.

Gross Domestic Product at current prices and current PPPs
Produit intérieur brut aux prix et PPA courants

Millions US$

	1985	1986	1987	1988	1989	1990	1991	1992	
North America									**Amérique du Nord**
Canada	369 978	391 539	420 397	458 283	489 666	508 679	517 223	530 521	Canada
United States	4 016 649	4 230 784	4 496 574	4 853 962	5 204 500	5 489 600	5 656 400	5 937 300	États-Unis
Pacific Area									**Pays du Pacifique**
Australia	202 904	214 100	231 877	252 624	267 605	273 434	282 854	290 980	Australie
Japan	1 462 577	1 538 261	1 651 093	1 821 215	1 990 556	2 173 774	2 348 434	2 502 660	Japon
New Zealand	36 666	38 372	40 098	41 347	43 853	45 447	46 466	49 819	Nouvelle-Zélande
European Community									**Communauté européenne**
Belgium	117 738	122 306	128 611	140 111	151 334	162 790	171 682	189 735	Belgique
Denmark	66 465	70 596	73 000	76 698	80 506	85 075	89 882	94 345	Danemark
France	711 613	746 839	786 719	851 793	922 523	984 198	1 035 893	1 100 922	France
Germany (FtFR)	825 147	865 447	905 475	975 418	1 055 005	1 161 877	1 261 022	1 374 706	Allemagne (ex- terr. de la RFA)
Greece	57 994	60 396	61 982	67 231	72 659	74 900	79 190	88 128	Grèce
Ireland	25 959	26 490	28 584	30 954	34 702	39 254	42 169	47 456	Irlande
Italy	666 232	702 714	747 230	807 592	867 713	923 340	974 376	1 041 108	Italie
Luxembourg	5 453	5 764	6 049	6 591	7 186	7 571	8 051	8 813	Luxembourg
Netherlands	171 874	180 983	188 801	201 209	219 844	238 462	247 558	266 186	Pays-Bas
Portugal	53 158	56 733	61 648	66 995	74 556	82 039	89 902	99 287	Portugal
Spain	308 055	325 802	354 860	387 564	423 694	457 947	495 801	518 989	Espagne
United Kingdom	648 967	694 329	749 948	817 673	872 059	912 147	900 554	975 786	Royaume-Uni
Other Europe - OECD									**Autres pays d'Europe - OCDE**
Austria	92 800	96 228	100 857	108 995	118 124	128 298	135 667	147 781	Autriche
Finland	57 265	60 078	64 481	70 252	77 483	80 738	77 751	75 722	Finlande
Iceland	3 158	3 437	3 848	3 995	4 181	4 403	4 622	4 847	Islande
Norway	52 614	56 174	59 070	61 037	64 087	67 881	71 451	79 528	Norvège
Sweden	109 026	114 295	121 546	129 075	137 926	145 660	145 104	148 558	Suède
Switzerland	104 324	109 978	115 690	123 637	134 031	142 853	147 956	158 118	Suisse
Turkey	168 566	184 869	208 681	221 322	231 590	263 622	275 700	293 108	Turquie

Source: OECD, National Account Statistics.   *Source*: OCDE, Statistiques des comptes nationaux.

Table / Tableau I.3.

Gross Domestic Product per head at current prices and current PPPs
Produit intérieur brut par tête aux prix et PPA courants

US$

	1985	1986	1987	1988	1989	1990	1991	1992	
North America									**Amérique du Nord**
Canada	14 261.7	14 941.9	15 834.2	17 039.7	17 884.7	18 303.7	18 394.7	18 656.7	Canada
United States	16 786.5	17 509.7	18 433.0	19 707.0	20 920.0	21 965.1	22 384.9	23 228.0	États-Unis
Pacific Area									**Pays du Pacifique**
Australia	12 851.8	13 366.2	14 257.0	15 280.9	15 915.6	16 023.1	16 365.1	16 637.9	Australie
Japan	12 112.4	12 661.6	13 523.6	14 853.7	16 167.6	17 595.7	18 951.2	20 130.8	Japon
New Zealand	11 205.9	11 709.5	12 136.1	12 465.3	13 168.9	13 514.0	13 642.5	14 469.6	Nouvelle-Zélande
European Community									**Communauté européenne**
Belgium	11 943.3	12 401.7	13 030.5	14 122.6	15 227.8	16 332.9	17 159.7	18 888.5	Belgique
Denmark	12 996.8	13 785.7	14 238.4	14 951.0	15 684.1	16 548.3	17 439.3	18 245.1	Danemark
France	12 872.0	13 445.2	14 092.8	15 178.6	16 350.1	17 347.3	18 156.0	19 188.5	France
Germany (FTFR)	13 532.6	14 185.3	14 825.1	15 873.4	16 998.9	18 368.4	19 680.7	21 193.3	Allemagne (ex- terr. de la RFA)
Greece	5 837.9	6 061.5	6 208.1	6 719.8	7 238.3	7 424.0	7 763.8	8 556.1	Grèce
Ireland	7 333.1	7 481.0	8 070.1	8 748.9	9 872.5	11 205.8	11 966.3	13 379.3	Irlande
Italy	11 755.5	12 399.0	13 184.7	14 246.3	15 302.2	16 274.0	17 166.6	18 310.3	Italie
Luxembourg	14 858.2	15 664.0	16 303.8	17 671.5	19 059.9	19 923.1	20 857.3	22 597.9	Luxembourg
Netherlands	11 860.7	12 419.9	12 874.3	13 632.0	14 805.3	15 949.6	16 427.2	17 530.7	Pays-Bas
Portugal	5 365.2	5 725.4	6 223.3	6 767.2	7 537.7	8 306.1	9 116.0	10 071.7	Portugal
Spain	8 000.4	8 425.6	9 165.7	9 986.5	10 895.2	11 754.6	12 704.7	13 278.5	Espagne
United Kingdom	11 462.2	12 232.1	13 173.2	14 328.8	15 236.2	15 888.0	15 580.2	16 824.5	Royaume-Uni
Other Europe - OECD									**Autres pays d'Europe - OCDE**
Austria	12 278.3	12 718.4	13 314.5	14 350.9	15 493.7	16 623.3	17 342.1	18 744.4	Autriche
Finland	11 681.9	12 154.9	12 886.7	13 815.4	15 056.7	15 566.1	14 815.9	14 318.3	Finlande
Iceland	13 104.5	14 214.8	15 871.3	16 427.3	17 130.7	17 962.4	18 695.3	19 554.2	Islande
Norway	12 668.9	13 474.2	14 107.8	14 501.6	15 161.2	16 005.9	16 764.8	18 550.9	Norvège
Sweden	13 057.0	13 655.3	14 473.2	15 300.5	16 240.0	17 004.4	16 839.2	17 138.6	Suède
Switzerland	15 968.8	16 731.7	17 478.5	18 530.7	20 164.1	21 283.2	21 758.2	22 999.0	Suisse
Turkey	3 327.1	3 580.6	3 956.3	4 100.8	4 191.3	4 660.1	4 811.0	5 019.0	Turquie

Source: OECD, National Account Statistics.

Source : OCDE, Statistiques des comptes nationaux.

Table / Tableau I.4.

Population
Population

Thousands / Milliers

	1985	1986	1987	1988	1989	1990	1991	1992	
North America									**Amérique du Nord**
Canada	25 942	26 204	26 550	26 895	27 379	27 791	28 118	28 436	Canada
United States	239 279	241 625	243 942	246 307	248 781	249 924	252 688	255 610	États-Unis
Pacific Area									**Pays du Pacifique**
Australia	15 788	16 018	16 264	16 532	16 814	17 065	17 284	17 489	Australie
Japan	120 750	121 490	122 090	122 610	123 120	123 540	123 920	124 320	Japon
New Zealand	3 272	3 277	3 304	3 317	3 330	3 363	3 406	3 443	Nouvelle-Zélande
European Community									**Communauté européenne**
Belgium	9 858	9 862	9 870	9 921	9 938	9 967	10 005	10 045	Belgique
Denmark	5 114	5 121	5 127	5 130	5 133	5 141	5 154	5 171	Danemark
France	55 284	55 547	55 824	56 118	56 423	56 735	57 055	57 374	France
Germany (FTFR)	60 975	61 010	61 077	61 450	62 063	63 254	64 074	64 865	Allemagne (ex- terr. de la RFA)
Greece	9 934	9 964	9 984	10 005	10 038	10 089	10 200	10 300	Grèce
Ireland	3 540	3 541	3 542	3 538	3 515	3 503	3 524	3 547	Irlande
Italy	56 674	56 675	56 674	56 688	56 705	56 737	56 760	56 859	Italie
Luxembourg	367	368	371	373	377	380	386	390	Luxembourg
Netherlands	14 491	14 572	14 665	14 760	14 849	14 951	15 070	15 184	Pays-Bas
Portugal	9 908	9 909	9 906	9 900	9 891	9 877	9 862	9 858	Portugal
Spain	38 505	38 668	38 716	38 809	38 888	38 959	39 025	39 085	Espagne
United Kingdom	56 618	56 763	56 930	57 065	57 236	57 411	57 801	57 998	Royaume-Uni
Other Europe - OECD									**Autres pays d'Europe - OCDE**
Austria	7 558	7 566	7 575	7 595	7 624	7 718	7 823	7 884	Autriche
Finland	4 902	4 918	4 932	4 946	4 964	4 986	5 029	5 042	Finlande
Iceland	241	243	246	250	253	255	258	260	Islande
Norway	4 153	4 169	4 187	4 209	4 227	4 241	4 262	4 287	Norvège
Sweden	8 350	8 370	8 398	8 436	8 493	8 566	8 617	8 668	Suède
Switzerland	6 533	6 573	6 619	6 672	6 647	6 712	6 800	6 875	Suisse
Turkey	50 664	51 630	52 747	53 970	55 255	56 570	57 306	58 400	Turquie

Source: OECD, National Account Statistics.

Source : OCDE, Statistiques des comptes nationaux.

Table / Tableau I.5.

Purchasing Power Parities
Parités de pouvoir d'achat

	1985	1986	1987	1988	1989	1990	1991	1992	
North America									**Amérique du Nord**
Canada	1.28	1.28	1.30	1.31	1.32	1.30	1.29	1.28	Canada
United States	1.00	1.00	1.00	1.00	1.00	1.00	1.00	1.00	États-Unis
Pacific Area									**Pays du Pacifique**
Australia	1.18	1.24	1.29	1.35	1.38	1.39	1.37	1.39	Australie
Japan	219.08	217.52	211.03	203.95	199.04	195.30	192.17	185.34	Japon
New Zealand	1.25	1.43	1.56	1.63	1.63	1.61	1.57	1.53	Nouvelle-Zélande
European Community									**Communauté européenne**
Belgium	40.31	40.83	40.52	39.71	39.86	39.45	39.28	37.43	Belgique
Denmark	9.25	9.44	9.59	9.54	9.53	9.39	9.21	9.06	Danemark
France	6.60	6.79	6.78	6.73	6.68	6.61	6.53	6.36	France
Germany (FTFR)	2.21	2.22	2.20	2.15	2.11	2.09	2.10	2.05	Allemagne (ex-terr. de la RFA)
Greece	79.63	91.31	101.19	112.61	121.37	140.80	161.67	168.47	Grèce
Ireland	0.72	0.74	0.74	0.73	0.73	0.69	0.67	0.63	Irlande
Italy	1 216.66	1 280.61	1 316.60	1 351.97	1 375.41	1 421.00	1 467.04	1 444.93	Italie
Luxembourg	37.64	38.74	37.62	37.96	39.36	39.68	39.60	38.52	Luxembourg
Netherlands	2.47	2.42	2.33	2.27	2.20	2.17	2.19	2.12	Pays-Bas
Portugal	66.29	77.92	83.94	89.60	95.64	103.70	110.27	114.48	Portugal
Spain	91.55	99.21	101.85	103.62	106.31	109.50	110.73	113.69	Espagne
United Kingdom	0.55	0.55	0.56	0.57	0.59	0.60	0.64	0.61	Royaume-Uni
Other Europe - OECD									**Autres pays d'Europe - OCDE**
Austria	14.53	14.78	14.69	14.37	14.16	14.04	14.21	13.85	Autriche
Finland	5.79	5.91	6.00	6.18	6.29	6.38	6.31	6.29	Finlande
Iceland	38.28	46.87	54.33	64.25	73.73	82.63	85.81	82.09	Islande
Norway	9.51	9.15	9.51	9.56	9.70	9.73	9.61	8.84	Norvège
Sweden	7.95	8.29	8.42	8.63	8.94	9.34	9.97	9.70	Suède
Switzerland	2.19	2.21	2.20	2.17	2.17	2.20	2.24	2.14	Suisse
Turkey	208.20	276.30	358.07	583.88	981.58	1 491.00	2 285.52	3 730.26	Turquie

Source: OECD, National Account Statistics.

Source: OCDE, Statistiques des comptes nationaux.

Table / Tableau I.6.

Coefficients for calculating full-time equivalents
Coefficients pour le calcul des équivalents plein-temps

	ISCED 0 CITE 0	ISCED 1 CITE 1	ISCED 2 CITE 2	ISCED 3 CITE 3 General Général	ISCED 3 CITE 3 Vocational Professionnel	ISCED 3 CITE 3 Apprenticeship Apprentissage	ISCED 3 CITE 3 Total Total	ISCED 5 CITE 5	ISCED 6 CITE 6	ISCED 7 CITE 7	ISCED 567 CITE 567	ISCED 9 CITE 9
North America												
Canada	2	1	1	1	1	1	1	3	3	3	3	3
United States	2	1	1	1	1	1	1	3	2.5	2.7	2.82	1
Pacific Area												
Australia	1	1	1	1	4	3.33	3.37	4.66	2.15	2.26	3.89	1
Japan	1	1	1	1	1	1	1	2	2	2	2	1
New Zealand	2	1	2	2	2	2	2	2	2	2	2	1
European Community												
Belgium	1	1	1	1	1	1	1	2	2	2	2	4
Denmark **	1	1	1	1	1	1	1	1	1	1	1	
France **		1	1	1	1	1	1	2	1	1	1	
Germany (FTFR)	1	1	1	1	1	1	1	2	2	2	2	1
Greece **		1	1	2	2	2	2	2	1	1	1	
Ireland	1	1	1	1	1	1	1	2	2	2	2	1
Italy **	1	1	1	2	2	2	2	2	1	1	1	
Luxembourg *		1	2	2	2	2	2	2	2	2	2	2
Netherlands	1	1	1	1	1	1	1	2	2	2	2	2
Portugal *	1	1	1	1	1	1	1	2	2	2	2	
Spain	1	1	1	2	2	2	2	2	2	2	2	1
United Kingdom	1	1	1	2	2	2	2	2.86	2.86	2.86	2.86	1
Other Europe - OECD												
Austria	1	1	1	1	1	1	1	2	2	2	2	1
Finland **	1	1	1	1	1	1	1	1	1	1	1	
Iceland	:	:	:	:	:	:	:	:	:	:	:	:
Norway	1	1	1	1	1	1	1	2	2	2	2	1
Sweden	1	2	2	2	2	2	2	1	1	1	1	1
Switzerland	1	1	1	1	1	1	1	2	2	2	2	
Turkey *	1	1	1	2	2	2	2	2	2	2	2	1
Central & Eastern Europe												
Czech Republic	1	1	1	1	1	1	1	2	2	2	2	1
Hungary	1	1	1	1	1	1	1	1	1	1	1	1

* coefficients determined by INES Secretariat   * coefficients définis par le secrétariat d'INES
** no part-time enrolments   ** pas d'engagement à temps partiel
New Zealand: 1985 to 1991, ISCED 0, coefficient 1.   Nouvelle-Zélande : 1985 à 1991, CITE 0, coefficient 1

25

Table / Tableau I.7.

Standardised unemployment rates
Taux de chômage standardisés
In percent / En pourcentage

	1985	1986	1987	1988	1989	1990	1991	1992	
North America									**Amérique du Nord**
Canada	10.4	9.5	8.8	7.7	7.5	8.1	10.2	11.2	Canada
United States	7.1	6.9	6.1	5.4	5.2	5.4	6.6	7.3	États-Unis
Pacific Area									**Pays du Pacifique**
Australia	8.2	8.0	8.0	7.2	6.1	6.9	9.5	10.7	Australie
Japan	2.6	2.8	2.8	2.5	2.3	2.1	2.1	2.2	Japon
New Zealand	:	4.0	4.1	5.6	7.1	7.7	10.2	10.3	Nouvelle-Zélande
European Community									**Communauté européenne**
Belgium	11.3	11.2	11.0	9.7	8.0	7.2	7.2	7.9	Belgique
Denmark	:	:	:	:	:	:	:	:	Danemark
France	10.2	10.4	10.5	10.0	9.4	8.9	9.4	10.4	France
Germany (FTFR)	7.1	6.4	6.2	6.2	5.6	4.8	4.2	4.6	Allemagne (ex- terr. de la RFA)
Greece	:	:	:	:	:	:	:	:	Grèce
Ireland	17.0	17.0	16.7	16.2	14.7	13.3	14.7	15.5	Irlande
Italy	9.6	10.5	10.9	11.0	10.9	10.3	9.9	10.5	Italie
Luxembourg	:	:	:	:	:	:	:	:	Luxembourg
Netherlands	10.6	9.9	9.6	9.1	8.3	7.5	7.0	6.7	Pays-Bas
Portugal	8.5	8.4	7.0	5.7	5.0	4.6	4.1	4.1	Portugal
Spain	21.1	20.8	20.1	19.1	16.9	15.9	16.0	18.1	Espagne
United Kingdom	11.2	11.2	10.3	8.6	7.2	7.0	8.8	10.0	Royaume-Uni
Other Europe - OECD									**Autres pays d'Europe - OCDE**
Austria	:	:	:	:	:	:	:	:	Autriche
Finland	5.0	5.3	5.0	4.5	3.4	3.4	7.5	13.0	Finlande
Iceland	:	:	:	:	:	:	:	:	Islande
Norway	2.6	2.0	2.1	3.2	4.9	5.2	5.5	5.9	Norvège
Sweden	2.8	2.7	1.9	1.6	1.4	1.5	2.7	4.8	Suède
Switzerland	:	:	:	:	:	:	:	:	Suisse
Turkey	:	:	:	:	:	:	:	:	Turquie

Source: OECD, Main economic indicators.

Source : OCDE, Principaux indicateurs économiques.

Table / Tableau I.8.

Hourly earnings in manufacturing
Gains horaires des industries manufacturières
(1990=100)

	1985	1986	1987	1988	1989	1990	1991	1992	
North America									**Amérique du Nord**
Canada	82	84	87	91	96	100	105	108	Canada
United States	88	90	92	94	97	100	103	106	États-Unis
Pacific Area									**Pays du Pacifique**
Australia	76	80	83	88	94	100	104	106	Australie
Japan	83	84	86	90	95	100	103	105	Japon
New Zealand	68	79	86	92	96	100	103	103	Nouvelle-Zélande
European Community									**Communauté européenne**
Belgium	86	88	90	91	96	100	105	110	Belgique
Denmark	75	78	86	91	95	100	104	108	Danemark
France	83	87	89	92	96	100	104	108	France
Germany (FTFR)	81	84	87	91	95	100	106	112	Allemagne (ex-terr. de la RFA)
Greece	48	54	59	70	84	100	117	133	Grèce
Ireland	76	81	86	90	95	100	105	110	Irlande
Italy	74	78	83	88	93	100	110	116	Italie
Luxembourg	:	:	:	:	:	:	:	:	Luxembourg
Netherlands	92	93	95	96	97	100	104	108	Pays-Bas
Portugal	:	:	:	:	:	:	:	:	Portugal
Spain	67	75	81	86	92	100	108	116	Espagne
United Kingdom	67	72	78	84	91	100	108	115	Royaume-Uni
Other Europe - OECD									**Autres pays d'Europe - OCDE**
Austria	79	82	86	90	94	100	106	112	Autriche
Finland	67	72	77	83	91	100	107	109	Finlande
Iceland	:	:	:	:	:	:	:	:	Islande
Norway	66	73	85	90	94	100	105	109	Norvège
Sweden	67	72	77	83	91	100	105	109	Suède
Switzerland	:	:	:	:	:	:	:	:	Suisse
Turkey	:	:	:	:	:	:	:	:	Turquie

Source: OECD, Main economic indicators.

Source: OCDE, Principaux indicateurs économiques.

Table / Tableau I.9.

National taxonomy for education

Country	Taxonomy	ISCED level Highest education attainment classified	Usual age of completion	Standard total years to complete	Comments
Belgium	1. Primary education	1	12	6	
	2. Lower secondary education	2	16	10	
	3. Upper secondary education	3	19	13	
	4. Non-university higher education (short courses)	5	22	16	
	5. Non-university higher education (long courses)	6	23	17	
	6. University education	6	24	18	
	7. Doctoral degree	7	27	21	
Canada	1. Completed grade 8 or less	0/1	14	8	ISCED 1 is the minimum level of education for the population. Secondary school is completed following grade 11 in Quebec and grade 12 in all other provinces. No information is available on the years to complete apprenticeship or trade certifications.
	2. Completed grade 9 or 10	2	15.5	9.5	
	3. Completed grade 11 to 13, no diploma	2	18	12	
	4. High school diploma	3	18	12	
	5. Some post-secondary / no diploma or certificate	3	19	13	
	6. Trade / vocational certificate or apprenticeship seal	5	20	14	
	7. Community college or CEGEP diploma	5	20	14	
	8. University certificate below bachelor's	5	20	15	
	9. Bachelor degree	6	22	16	
	10. University degree above bachelor including first professional degree	7	25	19	
Denmark	1. Compulsory *	2	16.1-17	9-10	Persons are classified according to the highest completed level of vocational/general education. * Completed compulsory is defined as completed grades 9 or 10. For 40 years old, compulsory corresponds to minimum of grade 7 (but most often grade 9 or 10). We include them in ISCED 2 (this level includes 7-9/10 grades and the length of education at different ISCED levels does not always correspond to the maximum). The drag and rate from compulsory are close to zero, so we assume all adults to have finished compulsory education.
	2. General secondary 2 stage	3	19.5	12	
	3. General / technical 2 stage	3	20.8	12	
	4. Vocational 2 stage	3	21.3	12	
	5. Higher education short cycle	5	26.6	14	
	6. Higher education university first degree	6	25.2	15	
	7. Higher education equivalent ISCED 6	6	28	15	
	8. Higher education university final degree	7	28.9	17-18	
	9. Ph.D.	7	32.5	20	

28

Table / Tableau 1.9.

Classification nationale de l'enseignement

Pays	Classification	Niveau CITE Niveau d'instruction le plus élevé	Age théorique de fin d'études	Nombre normal d'années d'études	Commentaires
Belgique	1. Enseignement primaire	1	12	6	
	2. Enseignement secondaire du 1er cycle	2	16	10	
	3. Enseignement secondaire du 2e cycle	3	19	13	
	4. Enseignement supérieur non universitaire (cycles courts)	5	22	16	
	5. Enseignement supérieur non universitaire (cycles longs)	6	23	17	
	6. Enseignement universitaire	6	24	18	
	7. Doctorat	7	27	21	
Canada	1. 8e année achevée ou moins	0/1	14	8	Le niveau CITE 1 est le niveau d'instruction minimum de la population.
	2. 9e ou 10e année achevée	2	15.5	9.5	L'enseignement secondaire est achevé à la fin de la 11e année au Québec et de la 12e année dans toutes les autres provinces.
	3. 11e à 13e année achevées, pas de diplôme	2	18	12	On ne dispose pas de renseignements sur le nombre d'années nécessaires pour achever la formation d'apprentissage ou obtenir les certificats professionnels.
	4. Diplôme de fin d'études secondaires	3	18	12	
	5. Etudes postsecondaires inachevées / ni certificat ni diplôme	3	19	13	
	6. Certificat d'enseignement professionnel / technique ou formation d'apprentissage	5	20	14	
	7. Collège communautaire ou CEGEP	5	20	14	
	8. Etudes universitaires inférieures au 1er diplôme (licence)	5	20	15	
	9. Bachelor's degree (licence)	6	22	16	
	10. Diplôme universitaire supérieur au bachelor's degree (y compris 1er diplôme professionnel)	7	25	19	
Danemark	1. Scolarité obligatoire *	2	16.1-17	9-10	Les individus sont classés en fonction du niveau le plus élevé atteint d'enseignement général / professionnel.
	2. Enseignement secondaire général du 2e cycle	3	19.5	12	* La scolarité obligatoire achevée comprend les 9e et 10e classes.
	3. Enseignement secondaire général / technique du 2e cycle	3	20.8	12	Pour les individus de 40 ans, la scolarité obligatoire correspond au minimum à la 7e classe (mais le plus souvent à la 9e ou à la 10e classe).
	4. Enseignement professionnel du 2e cycle	3	21.3	12	Nous les incluons dans le niveau CITE 2 (ce niveau comprend les classes 7-9/10 ; la durée des études suivies aux différents niveaux CITE ne correspond pas toujours au maximum).
	5. Enseignement supérieur (cycle court)	5	26.6	14	Le taux d'inachèvement de la scolarité obligatoire est proche de zéro de sorte que nous supposons que tous les adultes l'ont achevée.
	6. Enseignement universitaire 1er cycle	6	25.2	15	
	7. Enseignement supérieur équivalent CITE 6	6	28	15	
	8. Enseignement supérieur universitaire diplôme final	7	28.9	17-18	
	9. Doctorat	7	32.5	20	

Table / Tableau 1.9. National taxonomy for education *(cont'd)*

Country	Taxonomy	ISCED level Highest education attainment classified	Usual age of completion	Standard total years to complete	Comments
Finland	1. Primary education	1	13	6	The unit of classification is completed education or degree. Age of completion is the median age of students at the time of examinations. Standard years are the minimum number of years necessary to complete the program.
	2. Lower secondary education	2	16	9	
	3. Lower level of upper secondary education	3	20	10-11	
	4. Upper level of upper secondary education	3	19	12	
	5. Lowest level of tertiary education	5	25	13-14	
	6. Lower level of tertiary education	6	25	15	
	7. Higher degree level of tertiary education	6	27	16	
	8. Doctorate or equivalent level of tertiary education	7	35	19+	
France	1. Enseignement primaire	1	13.5	5	Certain categories combine different levels. In these cases we have retained the number of theoretical years that was greatest (permitting us to reach the highest level of the category). The age indicated is an average age noted in the Labor Force survey.
	2. Enseignement secondaire 1er cycle inachevé	2	15.5	7	
	3. Enseignement secondaire 1er cycle achevé	2	16.5	9	
	4. CAP ou BEP inachevé	3	15.7	9	
	5. CAP achevé	3	16.4	10	
	6. BEP achevé	3	17.7	11	
	7. Enseignement secondaire 2e cycle inachevé	3	17.7	11	
	8. Terminale baccalauréat professionnel	3	19.4	13	
	9. Terminale baccalauréat technologique	3	19.1	12	
	10. Terminal baccalauréat général	3	19	12	
	11. Diplôme de la santé	5	21.2	14	
	12. DUT or BTS	5	20.9	14	
	13. Université 1er cycle	6	20.9	14	
	14. Université 2e cycle	6	23.1	16	
	15. Université 3e cycle	7	24.6	17+	
Germany	1. Secondary general school certificate	2	15	9	The typical age of completion and duration of education/training can be determined only by combining theoretical information and national statistics. Indeed, there are many different reasons for deviations depending on the type of educational attainment.
	2. Intermediate school certificate	2	16	10	
	3. Fachhochschule entrance qualification *	3	18	12	
	4. University entrance qualification	3	19	13	
	5. Vocational full-time school certificate / graduation from vocational training (dual system)	3	19	13	
	6. Master craftman's qualification / trade and technical school graduation (vocational education)	5	21	15	
	7. Fachhochschule + degree	6	25	18	
	8. University degree	6	26	19	
	9. Doctor's degree	7	29-31	23-25	

30

Table / Tableau 1.9.

Classification nationale de l'enseignement (suite)

Pays	Classification	Niveau CITE Niveau d'instruction le plus élevé	Age théorique de fin d'études	Nombre normal d'années d'études	Commentaires
Finlande	1. Enseignement primaire	1	13	6	L'unité de classification est le cycle d'études achevé, ou le certificat, ou diplôme obtenu. L'âge d'achèvement est l'âge médian des élèves / étudiants au moment de l'examen. On entend par années standard le nombre minimum d'années nécessaires à l'achèvement du cycle d'études.
	2. 1er cycle de l'enseignement secondaire	2	16	9	
	3. 1er niveau de l'enseignement secondaire du 2e cycle	3	20	10-11	
	4. 2e niveau de l'enseignement secondaire du 2e cycle	3	19	12	
	5. 1er cycle de l'enseignement supérieur	5	25	13-14	
	6. 2e cycle de l'enseignement supérieur	6	25	15	
	7. 3e cycle (diplôme) de l'enseignement supérieur	6	27	16	
	8. Doctorat ou niveau équivalent de l'enseignement supérieur	7	35	19+	
France	1. Enseignement primaire	1	13.5	5	Certaines catégories associent plusieurs niveaux. Dans ces cas, nous avons retenu le nombre d'années théoriques le plus élevé (ce qui nous permet d'atteindre le niveau supérieur de la catégorie). L'âge indiqué est l'âge moyen noté dans l'Enquête sur la main-d'œuvre.
	2. Enseignement secondaire du 1er cycle inachevé	2	15.5	7	
	3. Enseignement secondaire du 1er cycle achevé	2	16.5	9	
	4. CAP ou BEP inachevé	3	15.7	9	
	5. CAP achevé	3	16.4	10	
	6. BEP achevé	3	17.7	11	
	7. Enseignement secondaire du 2e cycle inachevé	3	17.7	11	
	8. Terminale : baccalauréat professionnel	3	19.4	13	
	9. Terminale : baccalauréat technologique	3	19.1	12	
	10. Terminale : baccalauréat général	3	19	12	
	11. Diplôme de la santé	5	21.2	14	
	12. DUT ou BTS	5	20.9	14	
	13. Université 1er cycle	6	20.9	14	
	14. Université 2e cycle	6	23.1	16	
	15. Université 3e cycle	7	24.6	17+	
Allemagne	1. Certificat de l'enseignement secondaire général	2	15	9	L'âge normal d'achèvement d'un cycle d'études et la durée de l'enseignement / formation ne peuvent être obtenus qu'en associant l'information théorique et les statistiques nationales. Il existe en effet de nombreuses déviations qui s'expliquent par le type de niveau d'instruction.
	2. Certificat de l'école moyenne	2	16	10	
	3. Certificat d'accès à la Fachhochschule *	3	18	12	
	4. Certificat d'accès à l'université	3	19	13	
	5. Certificat d'enseignement professionnel à plein-temps Certificat de formation professionnelle (système combiné)	3	19	13	
	6. Certificat d'aptitude de maître artisan / ouvrier qualifié Diplôme de l'enseignement professionnel et technique (enseignement professionnel)	5	21	15	
	7. Fachhochschule et diplôme	6	25	18	
	8. Diplôme universitaire	6	26	19	
	9. Doctorat	7	29-31	23-25	

31

Table / Tableau I.9. National taxonomy for education *(cont'd)*

Country	Taxonomy	ISCED level Highest education attainment classified	Usual age of completion	Standard total years to complete	Comments
Ireland	1. No formal education	0	<12	none	The typical age of completion has been estimated from data on the age of students.
	2. Primary education	1	12.5	6	It is estimated at the time they completed a course of studies having taken an exam in the case of ISCED levels 2 & 3, and having obtained a tertiary qualification at higher levels.
	3. Junior certificate	2	15.5	9	
	4. Leaving certificate	3	17.5	11	
	5. Sub-degree tertiary	5	20	13.5	
	6. Bachelor degree	6	21	14.5	
	7. Post-graduate diploma	6	22	15.5	
	8. Master's degree	7	22.5	16.0	
	9. Doctorate degree	7	24.5	18.0	
Italy	1. Did not complete ISCED 1	0	–	–	What is listed for doctoral degree refers to the situation as it is now. 20 years ago 'usual' age and theoretical age were much closer. ISCED 3 courses were shorter than they are now.
	2. Completed primary school	1	10	5	
	3. Completed lower secondary	2	13	8	
	4. Completed upper secondary	3	18	13	
	5. Bachelor / master degree	6	25 (th. 28)	20	
	6. Doctoral degree	7	28 (th. 25)	23	
Netherlands	1. Basisonderwijs	1	12	6	Age of completion is a weighted average of age of students at the time of examinations.
	2. Mavo	2	16	10	Standard years are the minimum number of years necessary to complete the program.
	3. Havo Grade 3	2	16	9	Postgraduate students cannot yet be separated.
	4. Vwo Grade 3	2	15	9	
	5. Lbo	2	16	10	
	6. Havo	3	17.5	11	
	7. Vwo	3	18	12	
	8. Mbo	3	20	13	
	9. Hbo	6	24	15	
	10. Wo master's degree	6	25	16	
	11. Wo postgraduate and Ph.D.	6	28	20	
Norway	1. Completed lower secondary education / secondary level 1st stage	2	16	9	
	2. Completed upper secondary education / basic course second level, 1st stage	2	17	10	
	3. Completed upper secondary education / advanced course I, second level, 2nd stage	3	18	11	
	4. Completed upper secondary education / advanced course II, second level, 2nd stage	3	19	12	
	5. Completed higher education / 3rd level, 1st stage	5	20-21	13-14	
	6. Completed higher education (including lower degree) second level, 2nd stage	6	22-23	15-16	
	7. Completed higher education (including higher degree) second level, 2nd stage	7	24-25	17-18	
	8. Completed doctoral education	7	26-28	19+	

Table / Tableau 1.9.

Classification nationale de l'enseignement (suite)

Pays	Classification	Niveau CITE d'instruction le plus élevé	Age théorique de fin d'études	Nombre normal d'années d'études	Commentaires
Irlande	1. Pas d'instruction formelle	0	< 12	aucun	L'âge normal de fin d'études a été estimé à partir des données relatives à l'âge des élèves / étudiants.
	2. Enseignement primaire	1	12.5	6	Il est estimé au moment où ils ont terminé un cycle d'études et / ou passé un examen dans le cas des niveaux CITE 2 et 3, ou obtenu un diplôme de l'enseignement supérieur.
	3. Junior certificate (certificat de fin d'études secondaires du 1er cycle)	2	15.5	9	
	4. Leaving certificate (Certificat de fin d'études secondaires)	3	17.5	11	
	5. Enseignement supérieur avant le 1er diplôme	5	20	13.5	
	6. Bachelor's degree (1er diplôme)	6	21	14.5	
	7. Post-graduate diploma (2e diplôme)	6	22	15.5	
	8. Master's degree (3e diplôme)	7	22.5	16.0	
	9. Doctorat	7	24.5	18.0	
Italie	1. Niveau CITE 1 inachevé	0	–	–	Ce qui est énuméré pour le doctorat renvoie à la situation actuelle.
	2. Enseignement primaire achevé	1	10	5	Il y a 20 ans, l'âge "normal" et l'âge théorique étaient bien plus proches.
	3. Enseignement secondaire de 1er cycle achevé	2	13	8	Les cycles d'études de niveau CITE 3 étaient plus courts qu'ils ne le sont actuellement.
	4. Enseignement secondaire de 2e cycle achevé	3	18	13	
	5. 1er et 2e diplômes universitaires	6	25 (fr. 28)	20	
	6. Doctorat	7	28 (fr. 25)	23	
Pays-Bas	1. Basisonderwijs	1	12	6	L'âge d'achèvement est une moyenne pondérée de l'âge des élèves / étudiants au moment de l'examen.
	2. Mavo	2	16	10	On entend par années standards le nombre minimum d'années nécessaires à l'achèvement du cycle d'études.
	3. Havo degré 3	2	16	9	Il n'est pas encore possible de faire une classification distincte des étudiants de 3e cycle.
	4. Vwo degré 3	2	15	9	
	5. Lbo	2	16	10	
	6. Havo	3	17.5	11	
	7. Vwo	3	18	12	
	8. Mbo	3	20	13	
	9. Hbo	6	24	15	
	10. Wo maîtrise	6	25	16	
	11. Wo 3e cycle + doctorat	6	28	20	
Norvège	1. Enseignement secondaire du 1er cycle achevé / 2e niveau 1er degré	2	16	9	
	2. Enseignement secondaire du 2e cycle achevé / cours de base 2e niveau, 1er degré	2	17	10	
	3. Enseignement secondaire du 2e cycle achevé / cours supérieur I, 2e niveau, 2e degré	3	18	11	
	4. Enseignement secondaire du 2e cycle achevé / cours supérieur II, 2e niveau, 2e degré	3	19	12	
	5. Enseignement supérieur achevé / 3e niveau, 1er degré	5	20-21	13-14	
	6. Enseignement supérieur achevé (y compris 1er diplôme), 3e niveau, 2e degré	6	22-23	15-16	
	7. Enseignement supérieur achevé (y compris diplôme supérieur), 3e niveau, 2e degré	7	24-25	17-18	
	8. Doctorat complet	7	26-28	19+	

Table / Tableau I.9.

National taxonomy for education (cont'd)

Country	Taxonomy	ISCED level Highest education attainment classified	Usual age of completion	Standard total years to complete	Comments
New Zealand	1. No qualification achieved	0	–	–	
	2. School certificate	2	15	11	
	3. Sixth form certificate	3	16	12	
	4. Higher school certificate	3	17	13	
	5. Bursary	3	17	13	
	6. Trade certificate	4	20-22	14	
	7. National diploma	5	21	15	
	8. Teaching certificate / diploma	5	21	16	
	9. Nursing certificate / diploma	5	20	15	
	10. Undergraduate diploma	6	20	15	
	11. Bachelor's degree	6	21	16	
	12. Master's degree	7	23	18	
	13. PhD / doctorate	7	28	23	
Spain	1. No completo 1st E.G.B.	0	6	0	Excludes preschool.
	2. Completo 1st, 2nd, 3rd, 4th E.G.B.	0	8.5	2.5	
	3. Completo 5th E.G.B.	1	11	5	
	4. Completo 6th y 7th E.G.B.	1	12.5	6.5	
	5. Completo 8th de E.G.B.	2	14	8	
	6. Completo 1st y 2nd de BUP	2	15.5	9.5	
	7. Completo 3rd BUP y COU	3	18	12	
	8. FPI Completo	3	16	10	
	9. FPII Completo	3	19	13	
	10. Formacion Profecional Superior	5	20	14	
	11. Diplomado o equivalente	6	21	15	
	12. Licenciado o equivatente	6	23	17	
	13. Doctorado sin tesis	7	25	19	
Sweden	0. No level of education	–	–	–	There is a large difference between usual age of completion and average age of completion at levels 5,6, and 7.
	1. Presecondary education < 9 years	0/1	–	–	
	2. Presecondary 9-10 years	2	15	9	
	3. Secondary education 2 years or less	3	–	–	
	4. Secondary education, more than 2 years	3	18	12	
	5. Tertiary education, shorter than 3 years	5	20 (26.4)	14	
	6. Tertiary education, 3 years or more	6	25 (29.2)	16	
	7. Research education	7	32 (34.7)	20	
	8. Reserve	–	–	–	
	9. Education of unknown level	9	–	–	

34

Table / Tableau 1.9.

Classification nationale de l'enseignement (suite)

Pays	Classification	Niveau CITE Niveau d'instruction le plus élevé	Age théorique de fin d'études	Nombre normal d'années d'études	Commentaires
Nouvelle-Zélande	1. Aucun certificat	0	–	–	
	2. Certificat de fin d'études	2	15	11	
	3. Certificat de la 6ᵉ classe	3	16	12	
	4. Certificat d'études supérieures	3	17	13	
	5. Bursary (certificat donnant droit à l'attribution d'une bourse)	3	17	13	
	6. Certificat de métier	4	20-22	14	
	7. Diplôme national	5	21	15	
	8. Certificat / diplôme d'aptitude pédagogique	5	21	16	
	9. Certificat / diplôme de soins infirmiers	5	20	15	
	10. Diplôme de 1ᵉʳ cycle	6	20	15	
	11. Bachelor's degree (Licence)	6	21	16	
	12. Master's degree (Maîtrise)	7	23	18	
	13. Doctorat	7	28	23	
Espagne	1. No completo 1ᵉʳ E.G.B.	0	6	0	L'éducation préscolaire n'est pas incluse.
	2. Completo 1ᵉʳ, 2ᵉ, 3ᵉ, 4ᵉ E.G.B.	0	8.5	2.5	
	3. Completo 5ᵉ E.G.B.	1	11	5	
	4. Completo 6ᵉ et 7ᵉ E.G.B.	1	12.5	6.5	
	5. Completo 8ᵉ E.G.B.	2	14	8	
	6. Completo 1ᵉʳ et 2ᵉ BUP et COU	2	15.5	9.5	
	7. Completo 3ᵉ BUP et COU	2			
	8. FPI completo	3	18	12	
	9. FPII completo	3	16	10	
	10. Formacion profecional superior	3	19	13	
	11. Diplomado o equivalente	5	20	14	
	12. Licenciado o equivalente	6	21	15	
	13. Doctorado sin tesis	6	23	17	
		7	25	19	
Suède	0. Niveau d'instruction nul	–	–	–	Il existe une grande différence entre l'âge habituel d'achèvement et l'âge moyen d'achèvement aux niveaux 5, 6 et 7
	1. Enseignement préscondaire < 9 ans	0/1	–	–	
	2. Préscondaire 9-10 ans	2	15	9	
	3. Enseignement secondaire, 2 ans ou moins	3	–	–	
	4. Enseignement secondaire, plus de 2 ans	3	18	12	
	5. Enseignement supérieur, moins de 3 ans	5	20 (26.4)	14	
	6. Enseignement supérieur, 3 ans ou plus	6	25 (29.2)	16	
	7. Formation à la recherche	7	32 (34.7)	20	
	8. "Réserve"	–	–	–	
	9. Enseignement de niveau inconnu	9	–	–	

Table / Tableau I.9.

National taxonomy for education *(cont'd)*

Country	Taxonomy	ISCED level Highest education attainment classified	Usual age of completion	Standard total years to complete	Comments
Switzerland	1. Obligatorische Grundschule	0/1/2	15/16	9	The usual age for completion is correct, except for (*) categories 7 through 9 where it is rather meaningless. Typically, these qualifications involve part-time education, or interrupted educational careers in that the persons involved spend some intervening years in the labour force or in military service.
	2. Anlehre	0/1/2	17/18	11	
	3. Berufslehre	3	18/19/20	12.5	
	4. Vollzeitberufsschule	3	18/19/20	12	
	5. Diplommittelschule	3	17/18/19	11.5	
	6. Matura	3	20	12.5	
	7. Meisterdiplom	5	27-29*	14	
	8. Technikerschule	5	27-29*	15	
	9. Hohere Fachschule/Technikum	5	27-29*	16	
	10. Universitat / Hochschule	6/7	26	19.5	
	11. Andere Ausbildung	9	?	–	
Turkey	1. Primary school	1	11	5	
	2. Junior high school	2	14	8	
	3. Vocational junior high school	2	14	8	
	4. High school	3	17	11	
	5. Vocational high school	3	17	11	
	6. College	5	19	13	
	7. Faculty	6	21	15	
	8. Master degree	7	23	17	
	9. Doctoral degree	7	25	20	

Table / Tableau 1.9. **Classification nationale de l'enseignement** (suite)

Pays	Classification	Niveau CITE Niveau d'instruction le plus élevé	Age théorique de fin d'études	Nombre normal d'années d'études	Commentaires
Suisse	1. Obligatorische Grundschule (scolarité obligatoire)	0/1/2	15/16	9	L'âge habituel d'achèvement est correct, exception faite (*) des catégories 7 à 9 où il n'a guère de sens. En général, ces qualifications sanctionnent l'enseignement à temps partiel ou les parcours scolaires interrompus, ce qui veut dire que les individus passent les années intermédiaires dans la vie active ou dans l'armée.
	2. Anlehre	0/1/2	17/18	11	
	3. Berufslehre	3	18/19/20	12.5	
	4. Vollzeitberufsschule	3	18/19/20	12	
	5. Diplomittelschule	3	17/18/19	11.5	
	6. Matura (Maturité)	3	20	12.5	
	7. Meisterdiplom	5	27-29*	14	
	8. Technikerschule	5	27-29*	15	
	9. Höhere Fachschule / Technikum	5	27-29*	16	
	10. Universität / Hochschule	6/7	26	19.5	
	11. Andere Ausbildung (autres études)	9	?	–	
Turquie	1. Enseignement primaire	1	11	5	
	2. Enseignement secondaire du 1er cycle	2	14	8	
	3. Enseignement professionnel secondaire du 1er cycle	2	14	8	
	4. Enseignement secondaire du 2e cycle	3	17	11	
	5. Enseignement professionnel secondaire	3	17	11	
	6. Collège	5	19	13	
	7. Faculté	6	21	15	
	8. Maîtrise	7	23	17	
	9. Doctorat	7	25	20	

Table / Tableau I.9.

National taxonomy for education (cont'd)

Country	Taxonomy	ISCED level Highest education attainment classified	Usual age of completion	Standard total years to complete	Comments
United Kingdom	1. No qualification held	2	16	11	Item 3 is a catchall category which will be a mixture of vocational qualifications of probably short duration and foreign qualifications not allocated to other categories.
	2. Youth training certificate	2	18	13	
	3. "Other qualifications"	3	unknown	> 11	Items marked (*) are particularly difficult to give 'usual' completion ages for because of the number of different age groups who enroll in the courses.
	4. CSE below grade 1	3	16	11	
	5. GCE / O-level or equivalent	3	16	11	
	6. GCE / A-level or equivalent	3	18	13	
	7. BTEC academy diploma & certificate	3	18*	13	Generally the ages and durations are those that apply if an individual proceeded to those courses immediately after leaving compulsory education.
	8. Trade apprenticeship completed	3	18	13	
	9. City and guilde award	3	18*	13	
	10. Nursing qualifications	5	21*	16	
	11. Teaching qualifications	5	21	16	
	12. GTEC - Higher national diploma	5	20*	15	
	13. Master of professional institution	6/7	22	17	
	14. Bachelor's degree	6	21	16	
	15. Master's degree	7	22	17	
	16. Doctorate and other higher degrees	7	25	20 7	
United States	1. Did not complete grade 1	0	6	0	In the United States, kindergarten is treated as preprimary education. Thus, all estimates of duration exclude the kindergarten year.
	2. Completed grades 1,2,3, or 4	0	8.5	2.5	Categories 2, 3, and 4 combine people who have completed various grade levels. No attempt at a sophisticated calculation was made to determine average age of completion or average standard total years. For example, column 4 for category 2 is calculated as (1+2+3+4)/4=2.5. Similarly, column 2 for category 2 is calculated as (7+8+9+10)/4=8.5.
	3. Completed grades 5 or 6	1	11.5	5.5	
	4. Completed grades 7 or 8	1	13.5	7.5	
	5. Completed grade 9	2	15	9	
	6. Completed grade 10	2	16	10	
	7. Completed grade 11	2	17	11	
	8. Completed grade 12, no diploma	2	18	12	
	9. High school diploma (or equivalent)	3	18	12	
	10. Some college, no degree	3	19	13	
	11. Associates degree, academic field	5	20	14	
	12. Associates degree, vocational field	5	20	14	
	13. Bachelor's degree	6	22	16	
	14. Master's degree	7	24	18	
	15. Professional degree	7	25	19	
	16. Doctoral degree	7	26	20	

Table / Tableau 1.9. **Classification nationale de l'enseignement** (suite)

Pays	Classification	Niveau CITE Niveau d'instruction le plus élevé	Âge théorique de fin d'études	Nombre normal d'années d'études	Commentaires
Royaume-Uni	1. Aucun certificat	2	16	11	L'item 3 est une catégorie générale qui associe certaines qualifications professionnelles sanctionnant en général des études courtes et des qualifications étrangères ne correspondant à aucune autre catégorie.
	2. Youth training certificate	2	18	13	
	3. "Autres qualifications"	3	inconnu	> 11	Il est particulièrement difficile de donner les âges "habituels" d'achèvement pour les items marqués (*) par suite des tranches d'âge très diverses qui en composent les effectifs.
	4. CSE (certificat d'enseignement spécial) inférieur à la 1ʳᵉ classe	3	16	11	
	5. GCE (certificat d'enseignement général) / O-level ou équivalent	3	16	11	
	6. GCE / A-level ou équivalent	3	18	13	
	7. BTEC Academy diploma & certificate	3	18*	13	En général, les âges et les durées d'études sont ceux qui s'appliquent quand l'individu entreprend ces cycles d'études dès la sortie de la scolarité obligatoire.
	8. Formation d'apprentissage achevée	3	18	13	
	9. City and Guilds Awards	3	18*	13	
	10. Diplôme d'infirmier / infirmière	5	21*	16	
	11. Certificat d'aptitude pédagogique	5	21	16	
	12. GTEC - Higher national diploma	5	20*	15	
	13. Master of professional institution	6/7	22	17	
	14. Bachelor's degree	6	21	16	
	15. Master's degree	7	22	17	
	16. Doctorat et autres diplômes supérieurs	7	25	20	
États-Unis	1. 1ʳᵉ classe inachevée	0	6	0	Aux États-Unis, le jardin d'enfants fait partie de l'éducation préscolaire. C'est pourquoi toutes les estimations de durée excluent l'année de jardin d'enfants.
	2. 1ʳᵉ, 2ᵉ, 3ᵉ ou 4ᵉ classe achevée	0	8.5	2.5	Les catégories 2, 3 et 4 associent des individus qui ont achevé des classes de niveaux divers. Aucune tentative élaborée n'a été faite pour déterminer l'âge moyen d'achèvement ou le nombre moyen d'années d'études.
	3. 5ᵉ ou 6ᵉ classe achevée	1	11.5	5.5	
	4. 7ᵉ ou 8ᵉ classe achevée	1	13.5	7.5	
	5. 9ᵉ classe achevée	2	15	9	
	6. 10ᵉ classe achevée	2	16	10	Par exemple, la colonne 4 pour la catégorie 2 est calculée comme suit (1+2+3+4)/4=2.5. De même, la colonne 2 pour la catégorie 2 est calculée comme suit (7+8+9+10)/4=8.5.
	7. 11ᵉ classe achevée	2	17	11	
	8. 12ᵉ classe achevée, pas de diplôme	2	18	12	
	9. Diplôme de fin d'études secondaires ou équivalent	3	18	12	
	10. Études supérieures inachevées, pas de diplôme	3	19	13	
	11. Diplômes d'"associé", domaines théoriques	5	20	14	
	12. Diplômes d'"associé", domaines techniques	5	20	14	
	13. Bachelor's degree	6	22	16	
	14. Master's degree	7	24	18	
	15. Professional degree	7	25	19	
	16. Doctorat	7	26	20	

Chapter/*Chapitre* II

Expenditure on education
Dépenses de l'éducation

The tables in this chapter show the relative parts of current and capital expenditure in total expenditure on education, broken down into broad groupings of expenditure for tertiary education and expenditure for primary and secondary education. The following section, on expenditure before transfers by level of government, gives indications of the comparative importance of central, regional and local levels of government as initial provider of funds. Finally, compensation of staff tables compare the costs of teaching and non-teaching personnel in the public sector and public and private sector combined. All data have been converted from national currencies to US dollars using the PPP rates.

There may be breaks in series or differences in definition between data covering the period 1985-1991 and that for 1992 due to a revision of the expenditure questionnaire.

*

* *

Les tableaux inclus dans ce chapitre montrent la part relative des dépenses de fonctionnement et des dépenses en capital dans les dépenses totales d'enseignement, avec une sous-répartition en deux groupes principaux, les dépenses pour l'enseignement supérieur et les dépenses pour l'enseignement primaire et secondaire. La section suivante, sur les dépenses avant transfert par niveau de gouvernement, donne des indications sur l'importance comparative des niveaux central, régional et local des gouvernements en tant que source de financement. Enfin, les tableaux sur la rémunération du personnel comparent les coûts du personnel enseignant à ceux du personnel non enseignant dans les secteurs public et privé. Toutes les données ont été converties des monnaies nationales en dollars américains en utilisant les taux de conversion des PPA.

Il peut y avoir des ruptures dans les séries ou des différences de définition entre les données couvrant la période 1985-1991 et celles se rapportant à 1992 dues à la révision du questionnaire sur les dépenses.

Table / Tableau II.1.1.

Total public and private expenditure for all levels (PPV), millions US$
Dépenses publiques et privées totales pour tous les niveaux (PPV), millions $ US
ISCED / CITE 0-9

	1985	1986	1987	1988	1989	1990	1991	1992	
North America									*Amérique du Nord*
Canada	25 130	26 604	29 248	30 872	33 511	35 370	38 256	39 000	Canada
United States	..	..	..	..	..	358 912	387 157	405 815	États-Unis
Pacific Area									*Pays du Pacifique*
Australia	..	..	..	..	..	..	15 390	16 101	Australie
Japan	..	77 612	81 068	87 024	93 585	99 492	111 689	114 453	Japon
New Zealand	..	..	..	..	..	..	..	..	Nouvelle-Zélande
European Community									*Communauté européenne*
Belgium	..	..	..	..	..	..	9 262	..	Belgique
Denmark	4 130	4 183	4 523	4 909	5 135	5 332	5 552	6 080	Danemark
France	..	..	..	..	52 475	56 696	61 998	62 917	France
Germany (FTFR)	..	..	..	..	..	..	79 116	64 496	Allemagne (ex- terr. de la RFA)
Greece	..	..	..	..	..	..	..	..	Grèce
Ireland	..	..	..	..	..	..	..	2 596	Irlande
Italy	..	..	..	..	..	..	..	..	Italie
Luxembourg	..	..	..	..	..	..	..	..	Luxembourg
Netherlands	11 111	11 879	12 872	13 018	13 356	14 196	14 510	12 898	Pays-Bas
Portugal	..	..	..	..	..	..	..	..	Portugal
Spain	15 053	15 840	17 270	19 546	22 552	25 003	27 654	25 972	Espagne
United Kingdom	..	..	..	..	..	..	..	..	Royaume-Uni
Other Europe - OECD									*Autres pays d'Europe - OCDE*
Austria	..	..	..	..	..	..	..	..	Autriche
Finland	3 634	3 879	4 174	4 497	4 887	5 340	6 032	5 778	Finlande
Iceland	..	..	..	..	..	..	..	..	Islande
Norway	..	..	..	..	..	..	..	..	Norvège
Sweden	..	6 818	7 080	7 360	7 406	8 115	9 016	9 747	Suède
Switzerland	..	..	..	..	..	..	..	..	Suisse
Turkey	..	..	..	..	..	..	..	..	Turquie
Central & Eastern Europe									*Europe centrale et orientale*
Czech Republic	..	..	..	..	..	..	..	..	République tchèque
Hungary	..	..	..	..	..	..	4 175	5 229	Hongrie

Table / Tableau II.1.2.

Total public expenditure for all levels (PPV), millions US$
Dépenses publiques totales pour tous les niveaux (PPV), millions $ US
ISCED / CITE 0-9

	1985	1986	1987	1988	1989	1990	1991	1992	
North America									**Amérique du Nord**
Canada	..	..	..	..	..	..	..	36 325	Canada
United States	193 690	209 896	226 573	243 843	257 628	298 232	321 712	306 913	États-Unis
Pacific Area									**Pays du Pacifique**
Australia	11 282	11 861	11 957	12 703	..	..	13 054	13 946	Australie
Japan	..	61 102	63 012	66 641	..	..	..	86 610	Japon
New Zealand	..	2 211	2 077	2 083	2 618	..	..	2 849	Nouvelle-Zélande
European Community									**Communauté européenne**
Belgium	7 509	7 589	7 542	7 768	8 575	8 544	..	9 955	Belgique
Denmark	4 108	4 162	4 500	4 882	5 109	5 297	5 517	5 599	Danemark
France	..	..	..	..	..	..	..	57 360	France
Germany (FTFR)	38 128	39 017	40 432	41 937	..	..	51 313	50 967	Allemagne (ex- terr. de la RFA)
Greece	..	..	..	..	..	..	..	..	Grèce
Ireland	1 462	1 542	1 698	1 686	1 758	1 950	2 188	2 360	Irlande
Italy	31 197	33 597	36 179	39 422	43 689	47 630	46 492	49 793	Italie
Luxembourg	..	298	347	377	408	..	..	..	Luxembourg
Netherlands	..	..	..	..	..	..	13 799	11 959	Pays-Bas
Portugal	..	2 404	2 711	..	3 624	3 978	4 913	..	Portugal
Spain	11 189	11 758	13 101	15 241	17 712	19 926	22 155	22 336	Espagne
United Kingdom	33 106	33 541	35 978	38 317	40 757	44 527	46 198	45 000	Royaume-Uni
Other Europe - OECD									**Autres pays d'Europe - OCDE**
Austria	5 239	5 628	5 754	5 941	6 246	6 713	7 339	8 034	Autriche
Finland	..	..	..	..	..	..	..	5 641	Finlande
Iceland	..	..	..	..	..	..	..	..	Islande
Norway	2 937	3 351	3 669	3 928	4 159	4 361	4 878	5 789	Norvège
Sweden	..	6 818	7 080	7 360	7 406	8 115	9 016	9 567	Suède
Switzerland	5 348	5 599	5 786	6 331	..	..	8 037	8 100	Suisse
Turkey	..	..	..	..	..	..	..	..	Turquie
Central & Eastern Europe									**Europe centrale et orientale**
Czech Republic	..	..	..	..	..	..	..	3 554	République tchèque
Hungary	..	..	..	..	..	..	..	4 556	Hongrie

Table / Tableau II.1.3.

Public and private current expenditure for all levels (PPV), millions US$
Dépenses publiques et privées de fonctionnement pour tous les niveaux (PPV), millions $ US

ISCED / CITE 0-9

	1985	1986	1987	1988	1989	1990	1991	1992	
North America									*Amérique du Nord*
Canada	23 436	24 942	27 219	29 057	31 266	33 158	35 720	38 781	*Canada*
United States	..	..	..	..	..	324 825	350 549	373 127	*États-Unis*
Pacific Area									*Pays du Pacifique*
Australia	..	..	..	..	..	..	13 947	..	*Australie*
Japan	..	63 570	67 268	72 003	77 893	83 339	93 068	93 566	*Japon*
New Zealand	..	..	..	..	..	..	..	..	*Nouvelle-Zélande*
European Community									*Communauté européenne*
Belgium	..	..	..	..	..	..	9 024	..	*Belgique*
Denmark	3 967	3 815	4 370	4 752	4 984	4 970	5 173	..	*Danemark*
France	..	..	..	..	49 053	52 648	57 334	57 669	*France*
Germany (FTFR)	..	..	..	..	..	..	..	..	*Allemagne (ex- terr. de la RFA)*
Greece	..	..	..	..	..	..	..	..	*Grèce*
Ireland	..	..	..	..	..	..	..	..	*Irlande*
Italy	..	..	..	..	..	..	..	..	*Italie*
Luxembourg	..	..	..	..	..	..	..	..	*Luxembourg*
Netherlands	9 812	10 636	11 440	11 827	12 257	12 710	13 118	12 207	*Pays-Bas*
Portugal	..	..	..	..	..	..	..	..	*Portugal*
Spain	13 919	14 729	16 031	17 843	20 140	22 744	25 103	23 290	*Espagne*
United Kingdom	..	..	..	..	..	..	..	..	*Royaume-Uni*
Other Europe - OECD									*Autres pays d'Europe - OCDE*
Austria	..	..	..	..	..	..	..	7 070	*Autriche*
Finland	3 392	3 667	3 921	4 269	4 606	5 013	5 742	5 960	*Finlande*
Iceland	..	..	..	..	..	..	..	..	*Islande*
Norway	..	..	..	..	..	..	..	..	*Norvège*
Sweden	..	6 467	6 697	7 037	7 098	7 737	8 669	..	*Suède*
Switzerland	..	..	..	..	..	..	..	..	*Suisse*
Turkey	..	..	..	..	..	..	..	..	*Turquie*
Central & Eastern Europe									*Europe centrale et orientale*
Czech Republic	..	..	..	..	..	..	..	..	*République tchèque*
Hungary	..	..	..	..	..	..	3 697	4 687	*Hongrie*

Table / Tableau II.1.4.

Public current expenditure for all levels (PPV), millions US$
Dépenses publiques de fonctionnement pour tous les niveaux (PPV), millions $ US
ISCED / CITE 0-9

	1985	1986	1987	1988	1989	1990	1991	1992	
North America									**Amérique du Nord**
Canada	..	..	..	..	..	..	..	..	Canada
United States	178 418	184 048	205 926	222 039	235 726	270 007	291 101	..	États-Unis
Pacific Area									**Pays du Pacifique**
Australia	10 307	10 833	11 088	11 640	..	..	11 936	..	Australie
Japan	..	..	..	..	..	..	..	..	Japon
New Zealand	..	2 021	1 895	1 891	2 385	..	..	..	Nouvelle-Zélande
European Community									**Communauté européenne**
Belgium	7 422	7 493	7 459	7 675	8 165	8 320	..	..	Belgique
Denmark	3 944	3 794	4 348	4 725	4 958	4 935	5 137	..	Danemark
France	..	..	..	..	..	..	..	..	France
Germany (FTFR)	34 427	35 201	36 529	37 908	..	..	46 216	..	Allemagne (ex- terr. de la RFA)
Greece	..	..	..	..	..	..	..	..	Grèce
Ireland	1 329	1 407	1 570	1 601	1 682	1 851	2 083	..	Irlande
Italy	29 305	31 253	33 786	36 775	40 356	44 176	44 208	..	Italie
Luxembourg	..	260	303	324	335	..	..	..	Luxembourg
Netherlands	..	..	..	..	..	..	..	..	Pays-Bas
Portugal	..	2 113	2 398	..	3 318	3 648	4 623	..	Portugal
Spain	10 055	10 647	11 863	13 538	15 300	17 668	19 604	..	Espagne
United Kingdom	30 284	30 606	33 099	35 406	37 620	40 735	42 376	..	Royaume-Uni
Other Europe - OECD									**Autres pays d'Europe - OCDE**
Austria	4 717	5 093	5 212	5 417	5 792	6 205	6 703	..	Autriche
Finland	..	..	..	..	..	..	..	..	Finlande
Iceland	..	..	..	..	..	..	..	..	Islande
Norway	2 764	3 140	3 385	3 628	3 866	4 069	4 533	..	Norvège
Sweden	..	6 467	6 697	7 037	7 098	7 737	8 669	..	Suède
Switzerland	4 864	5 055	5 243	5 664	..	..	7 175	..	Suisse
Turkey	..	..	..	..	..	..	..	..	Turquie
Central & Eastern Europe									**Europe centrale et orientale**
Czech Republic	..	..	..	..	..	..	..	..	République tchèque
Hungary	..	..	..	..	..	..	..	..	Hongrie

Table / Tableau II.1.5.

Public and private capital expenditure for all levels (PPV), millions US$
Dépenses publiques et privées en capital pour tous les niveaux (PPV), millions $ US

ISCED / CITE 0-9

	1985	1986	1987	1988	1989	1990	1991	1992	
North America									Amérique du Nord
Canada	1 693	1 662	2 028	1 815	2 245	2 212	2 536	2 859	Canada
United States	..	..	..	..	..	30 073	32 026	32 688	États-Unis
Pacific Area									Pays du Pacifique
Australia	..	..	..	..	..	..	1 444	..	Australie
Japan	..	14 042	13 800	15 020	15 692	16 154	18 621	20 659	Japon
New Zealand	..	..	..	..	..	..	..	..	Nouvelle-Zélande
European Community									Communauté européenne
Belgium	..	..	..	..	..	..	130	..	Belgique
Denmark	164	369	152	157	151	361	379	..	Danemark
France	..	..	..	..	3 421	4 048	4 663	5 249	France
Germany (FTFR)	..	..	..	..	..	..	..	..	Allemagne (ex- terr. de la RFA)
Greece	..	..	..	..	..	..	..	..	Grèce
Ireland	..	..	..	..	..	..	..	..	Irlande
Italy	..	..	..	..	..	..	..	..	Italie
Luxembourg	..	..	..	..	..	..	..	..	Luxembourg
Netherlands	582	609	651	598	658	722	667	691	Pays-Bas
Portugal	..	..	..	..	..	..	..	..	Portugal
Spain	1 134	1 111	1 238	1 703	2 412	2 238	2 527	2 530	Espagne
United Kingdom	..	..	..	..	..	..	..	..	Royaume-Uni
Other Europe - OECD									Autres pays d'Europe - OCDE
Austria	..	..	..	..	..	..	..	965	Autriche
Finland	241	212	254	228	281	327	290	250	Finlande
Iceland	..	..	..	..	..	..	..	..	Islande
Norway	..	..	..	..	..	..	..	..	Norvège
Sweden	..	350	382	322	308	377	347	..	Suède
Switzerland	..	..	..	..	..	..	..	..	Suisse
Turkey	..	..	..	..	..	..	..	..	Turquie
Central & Eastern Europe									Europe centrale et orientale
Czech Republic	..	..	..	..	..	..	..	..	République tchèque
Hungary	..	..	..	..	..	..	478	542	Hongrie

Table / Tableau II.1.6.

Public capital expenditure for all levels (PPV), millions US$
Dépenses publiques en capital pour tous les niveaux (PPV), millions $ US
ISCED / CITE 0-9

	1985	1986	1987	1988	1989	1990	1991	1992	
North America									*Amérique du Nord*
Canada	..	..	..	..	..	..	..	..	Canada
United States	12 535	23 172	17 485	18 437	18 692	24 437	26 286	..	États-Unis
Pacific Area									*Pays du Pacifique*
Australia	975	1 028	869	1 063	..	..	1 117	..	Australie
Japan	..	..	..	..	..	..	..	..	Japon
New Zealand	..	190	181	192	234	..	..	..	Nouvelle-Zélande
European Community									*Communauté européenne*
Belgium	87	96	83	93	309	123	..	..	Belgique
Denmark	164	369	152	157	151	361	379	..	Danemark
France	..	..	..	..	..	..	..	..	France
Germany (FTFR)	3 701	3 817	3 904	4 029	..	..	5 177	..	Allemagne (ex- terr. de la RFA)
Greece	..	..	..	..	..	..	..	..	Grèce
Ireland	133	135	128	84	76	99	105	..	Irlande
Italy	1 892	2 344	2 393	27	3 334	3 455	2 284	..	Italie
Luxembourg	..	38	44	53	73	..	..	..	Luxembourg
Netherlands	..	..	..	..	..	..	..	..	Pays-Bas
Portugal	..	291	314	291	306	330	289	..	Portugal
Spain	1 134	1 111	1 238	1 703	2 412	2 238	2 527	..	Espagne
United Kingdom	1 326	1 377	1 368	1 468	1 557	2 202	2 291	..	Royaume-Uni
Other Europe - OECD									*Autres pays d'Europe - OCDE*
Austria	481	497	506	488	455	509	636	..	Autriche
Finland	..	..	..	..	..	..	..	..	Finlande
Iceland	..	..	..	..	..	..	..	..	Islande
Norway	173	211	284	300	293	292	345	..	Norvège
Sweden	..	350	382	322	308	377	347	..	Suède
Switzerland	484	543	543	666	..	..	863	..	Suisse
Turkey	..	..	..	..	..	..	..	..	Turquie
Central & Eastern Europe									*Europe centrale et orientale*
Czech Republic	..	..	..	..	..	..	..	..	République tchèque
Hungary	..	..	..	..	..	..	..	..	Hongrie

Table / Tableau II.1.7.

Total public and private expenditure for higher education (PPV), millions US$
Dépenses publiques et privées totales pour l'enseignement supérieur (PPV), millions $ US
ISCED / CITE 567

	1985	1986	1987	1988	1989	1990	1991	1992	
North America									**Amérique du Nord**
Canada	8 396	9 027	10 402	10 944	11 790	12 781	13 315	12 654	Canada
United States	78 107	85 381	93 136	100 293	107 931	122 581	133 079	143 433	États-Unis
Pacific Area									**Pays du Pacifique**
Australia	..	..	..	..	..	..	5 524	5 458	Australie
Japan	..	12 733	13 689	15 225	16 498	17 733	19 784	20 212	Japon
New Zealand	..	..	..	..	..	..	..	..	Nouvelle-Zélande
European Community									**Communauté européenne**
Belgium	..	..	..	..	..	..	1 538	..	Belgique
Denmark	828	875	877	994	1 068	1 126	1 155	1 183	Danemark
France	..	..	..	..	8 069	8 926	9 973	10 605	France
Germany (FTFR)	..	..	..	..	..	..	12 417	13 100	Allemagne (ex- terr. de la RFA)
Greece	..	..	..	..	..	..	..	..	Grèce
Ireland	..	..	..	..	..	..	..	636	Irlande
Italy	..	..	..	..	..	..	..	..	Italie
Luxembourg	..	..	..	..	..	..	..	..	Luxembourg
Netherlands	2 842	3 077	3 532	3 478	3 646	4 094	4 113	3 723	Pays-Bas
Portugal	..	..	..	..	..	..	..	..	Portugal
Spain	1 824	2 068	2 434	2 808	3 400	4 140	4 736	4 744	Espagne
United Kingdom	..	..	..	..	..	..	..	7 534	Royaume-Uni
Other Europe - OECD									**Autres pays d'Europe - OCDE**
Austria	..	..	..	..	..	..	..	..	Autriche
Finland	651	661	763	879	1 003	1 164	1 511	1 401	Finlande
Iceland	..	..	..	..	..	..	..	..	Islande
Norway	..	..	..	..	..	..	..	..	Norvège
Sweden	..	1 071	1 131	1 269	1 196	1 491	1 646	1 474	Suède
Switzerland	..	..	..	..	..	..	..	..	Suisse
Turkey	..	..	..	..	..	..	..	..	Turquie
Central & Eastern Europe									**Europe centrale et orientale**
Czech Republic	..	..	..	..	..	..	..	..	République tchèque
Hungary	..	..	..	..	..	..	628	1 118	Hongrie

Table / Tableau II.1.8.

Total public expenditure for higher education (PPV), millions US$
Dépenses publiques totales pour l'enseignement supérieur (PPV), millions $ US
ISCED / CITE 567

	1985	1986	1987	1988	1989	1990	1991	1992	
North America									*Amérique du Nord*
Canada	..	..	..	..	..	..	..	11 167	Canada
United States	51 550	56 589	60 345	65 056	60 459	80 985	87 212	71 183	États-Unis
Pacific Area									*Pays du Pacifique*
Australia	3 495	3 774	3 843	4 157	..	..	4 358	4 430	Australie
Japan	..	5 577	5 862	6 510	..	..	..	8 026	Japon
New Zealand	..	631	589	641	732	..	..	690	Nouvelle-Zélande
European Community									*Communauté européenne*
Belgium	1 176	1 234	1 249	1 270	1 333	1 393	..	1 134	Belgique
Denmark	828	875	877	994	1 068	1 126	1 155	1 155	Danemark
France	..	..	..	..	..	..	..	8 881	France
Germany (FTFR)	8 082	8 396	8 785	9 346	..	..	11 515	12 118	Allemagne (ex- terr. de la RFA)
Greece	..	..	..	..	..	..	..	..	Grèce
Ireland	236	258	313	304	318	389	438	470	Irlande
Italy	4 269	5 045	5 437	6 320	6 432	9 178	6 250	8 232	Italie
Luxembourg	..	11	12	13	15	..	..	..	Luxembourg
Netherlands	..	..	..	..	..	..	3 777	3 205	Pays-Bas
Portugal	310	387	460	580	644	723	783	..	Portugal
Spain	1 220	1 428	1 779	2 134	2 637	3 341	3 862	3 905	Espagne
United Kingdom	6 989	6 655	7 002	7 248	7 656	8 242	8 916	7 534	Royaume-Uni
Other Europe - OECD									*Autres pays d'Europe - OCDE*
Austria	916	1 104	1 127	1 206	1 277	1 353	1 548	1 584	Autriche
Finland	..	..	..	..	..	..	..	1 365	Finlande
Iceland	..	..	..	..	..	..	..	..	Islande
Norway	425	513	558	623	696	791	916	1 087	Norvège
Sweden	..	1 071	1 131	1 269	1 196	1 491	1 646	1 457	Suède
Switzerland	1 003	1 087	1 140	1 254	..	..	1 723	1 700	Suisse
Turkey	..	..	..	..	..	..	..	..	Turquie
Central & Eastern Europe									*Europe centrale et orientale*
Czech Republic	..	..	..	..	..	..	..	476	République tchèque
Hungary	..	..	..	..	..	..	..	812	Hongrie

Table / Tableau II.1.9.

Public and private current expenditure for higher education (PPV), millions US$
Dépenses publiques et privées de fonctionnement pour l'enseignement supérieur (PPV), millions $ US
ISCED / CITE 567

	1985	1986	1987	1988	1989	1990	1991	1992	
North America									**Amérique du Nord**
Canada	7 844	8 561	9 987	10 603	11 148	12 255	12 761	14 286	Canada
United States	71 523	68 574	84 413	90 971	98 033	111 464	121 979	132 667	États-Unis
Pacific Area									**Pays du Pacifique**
Australia	..	..	..	..	..	..	4 972	..	Australie
Japan	..	10 103	10 832	11 923	13 043	14 324	15 746	15 557	Japon
New Zealand	..	..	..	..	..	..	..	..	Nouvelle-Zélande
European Community									**Communauté européenne**
Belgium	..	..	..	..	..	..	1 446	1 644	Belgique
Denmark	782	798	844	961	1 035	1 046	1 075	1 012	Danemark
France	..	..	..	..	7 719	8 474	9 421	9 677	France
Germany (FTFR)	..	..	..	..	..	..	..	..	Allemagne (ex- terr. de la RFA)
Greece	..	..	..	..	..	..	..	..	Grèce
Ireland	..	..	..	..	..	..	..	..	Irlande
Italy	..	..	..	..	..	..	..	..	Italie
Luxembourg	..	..	..	..	..	..	..	..	Luxembourg
Netherlands	2 524	2 834	3 176	3 304	3 476	3 749	3 807	3 465	Pays-Bas
Portugal	..	..	..	..	..	..	..	..	Portugal
Spain	1 702	1 909	2 181	2 482	2 832	3 501	4 027	3 912	Espagne
United Kingdom	..	..	..	..	..	..	..	9 316	Royaume-Uni
Other Europe - OECD									**Autres pays d'Europe - OCDE**
Austria	..	..	..	..	..	..	..	1 280	Autriche
Finland	583	626	722	841	952	1 111	1 422	1 439	Finlande
Iceland	..	..	..	..	..	..	..	..	Islande
Norway	..	..	..	..	..	..	..	..	Norvège
Sweden	..	1 003	1 054	1 199	1 137	1 432	1 579	..	Suède
Switzerland	..	..	..	..	..	..	..	..	Suisse
Turkey	..	..	..	..	..	..	..	..	Turquie
Central & Eastern Europe									**Europe centrale et orientale**
Czech Republic	..	..	..	..	..	..	..	..	République tchèque
Hungary	..	..	..	..	..	..	562	1 013	Hongrie

Table / Tableau II.1.10.

Public current expenditure for higher education (PPV), millions US$
Dépenses publiques de fonctionnement pour l'enseignement supérieur (PPV), millions $ US
ISCED / CITE 567

	1985	1986	1987	1988	1989	1990	1991	1992	
North America									**Amérique du Nord**
Canada	..	..	..	..	..	..	..	..	Canada
United States	47 209	42 409	54 553	58 857	54 740	74 438	80 676	..	États-Unis
Pacific Area									**Pays du Pacifique**
Australia	3 124	3 302	3 426	3 600	..	..	3 923	..	Australie
Japan	..	..	..	..	..	..	..	..	Japon
New Zealand	..	567	517	552	613	..	..	..	Nouvelle-Zélande
European Community									**Communauté européenne**
Belgium	1 149	1 193	1 209	1 219	1 276	1 341	..	..	Belgique
Denmark	782	798	844	961	1 035	1 046	1 075	..	Danemark
France	..	..	..	..	..	..	..	..	France
Germany (FTFR)	7 152	7 386	7 702	8 157	..	..	9 849	..	Allemagne (ex- terr. de la RFA)
Greece	..	..	..	..	..	..	..	..	Grèce
Ireland	214	225	279	281	300	344	392	..	Irlande
Italy	3 546	3 794	4 207	4 989	5 194	7 735	5 753	..	Italie
Luxembourg	..	8	10	11	11	..	..	..	Luxembourg
Netherlands	..	..	..	..	..	..	..	..	Pays-Bas
Portugal	245	292	357	476	514	595	692	..	Portugal
Spain	1 098	1 269	1 526	1 808	2 069	2 702	3 153	..	Espagne
United Kingdom	6 546	6 178	6 499	6 762	7 162	7 695	8 378	..	Royaume-Uni
Other Europe - OECD									**Autres pays d'Europe - OCDE**
Austria	807	984	1 017	1 085	1 157	1 225	1 366	..	Autriche
Finland	..	..	..	..	..	..	..	..	Finlande
Iceland	..	..	..	..	..	..	..	..	Islande
Norway	384	467	499	560	609	703	758	..	Norvège
Sweden	..	1 003	1 054	1 199	1 137	1 432	1 579	..	Suède
Switzerland	881	947	978	1 059	..	..	..	..	Suisse
Turkey	..	..	..	..	..	..	..	..	Turquie
Central & Eastern Europe									**Europe centrale et orientale**
Czech Republic	..	..	..	..	..	..	..	..	République tchèque
Hungary	..	..	..	..	..	..	..	..	Hongrie

Table / Tableau II.1.11.

Public and private capital expenditure for higher education (PPV), millions US$
Dépenses publiques et privées en capital pour l'enseignement supérieur (PPV), millions $ US
ISCED / CITE 567

	1985	1986	1987	1988	1989	1990	1991	1992	
North America									**Amérique du Nord**
Canada	552	467	415	340	642	525	554	798	Canada
United States	6 585	16 807	8 723	9 321	9 899	11 118	11 100	10 766	États-Unis
Pacific Area									**Pays du Pacifique**
Australia	..	..	..	..	..	..	551	..	Australie
Japan	..	2 630	2 858	3 301	3 455	3 409	4 038	4 655	Japon
New Zealand	..	..	..	..	..	..	..	..	Nouvelle-Zélande
European Community									**Communauté européenne**
Belgium	..	..	..	..	..	..	18	16	Belgique
Denmark	45	77	33	34	33	80	79	171	Danemark
France	..	..	..	..	349	452	553	928	France
Germany (FTFR)	..	..	..	..	..	..	..	..	Allemagne (ex- terr. de la RFA)
Greece	..	..	..	..	..	..	..	..	Grèce
Ireland	..	..	..	..	..	..	..	..	Irlande
Italy	..	..	..	..	..	..	..	..	Italie
Luxembourg	..	..	..	..	..	..	..	..	Luxembourg
Netherlands	177	190	212	176	231	257	243	259	Pays-Bas
Portugal	..	..	..	..	..	..	..	..	Portugal
Spain	122	159	253	326	568	621	687	924	Espagne
United Kingdom	..	..	..	..	..	..	..	527	Royaume-Uni
Other Europe - OECD									**Autres pays d'Europe - OCDE**
Austria	..	..	..	..	..	..	..	304	Autriche
Finland	69	35	40	38	50	53	89	78	Finlande
Iceland	..	..	..	..	..	..	..	..	Islande
Norway	..	..	..	..	..	..	..	..	Norvège
Sweden	..	68	77	70	59	59	67	..	Suède
Switzerland	..	..	..	..	..	..	..	..	Suisse
Turkey	..	..	..	..	..	..	..	..	Turquie
Central & Eastern Europe									**Europe centrale et orientale**
Czech Republic	..	..	..	..	..	..	..	..	République tchèque
Hungary	..	..	..	..	..	..	66	104	Hongrie

Table / Tableau II.1.12.

Public capital expenditure for higher education (PPV), millions US$
Dépenses publiques en capital pour l'enseignement supérieur (PPV), millions $ US
ISCED / CITE 567

	1985	1986	1987	1988	1989	1990	1991	1992	
North America									*Amérique du Nord*
Canada	..	..	..	..	..	..	..	..	Canada
United States	4 341	14 179	5 792	6 199	5 719	6 546	6 536	..	États-Unis
Pacific Area									*Pays du Pacifique*
Australia	371	473	417	557	..	..	435	..	Australie
Japan	..	..	..	..	..	..	..	..	Japon
New Zealand	..	64	71	89	119	..	..	..	Nouvelle-Zélande
European Community									*Communauté européenne*
Belgium	27	41	40	51	35	29	..	..	Belgique
Denmark	45	77	33	34	33	80	79	..	Danemark
France	..	..	..	..	..	..	..	..	France
Germany (FTFR)	930	1 010	1 083	1 188	..	..	1 423	..	Allemagne (ex- terr. de la RFA)
Greece	..	..	..	..	..	..	..	..	Grèce
Ireland	22	33	34	23	18	44	46	..	Irlande
Italy	723	1 251	1 230	1 331	1 238	1 443	497	..	Italie
Luxembourg	..	3	2	3	4	..	..	..	Luxembourg
Netherlands	..	..	..	..	..	..	..	..	Pays-Bas
Portugal	65	96	102	104	131	128	91	..	Portugal
Spain	122	159	253	326	568	621	687	..	Espagne
United Kingdom	334	376	403	393	399	472	470	..	Royaume-Uni
Other Europe - OECD									*Autres pays d'Europe - OCDE*
Austria	109	121	109	121	120	129	183	..	Autriche
Finland	..	..	..	..	..	..	..	..	Finlande
Iceland	..	..	..	..	..	..	..	..	Islande
Norway	41	46	59	63	86	124	159	..	Norvège
Sweden	..	68	77	70	59	59	67	..	Suède
Switzerland	122	140	162	195	..	..	..	..	Suisse
Turkey	..	..	..	..	..	..	..	..	Turquie
Central & Eastern Europe									*Europe centrale et orientale*
Czech Republic	..	..	..	..	..	..	..	..	République tchèque
Hungary	..	..	..	..	..	..	..	..	Hongrie

Table / Tableau II.1.13.

Total public and private expenditure for primary and secondary education (PPV), millions US$
Dépenses publiques et privées totales pour l'enseignement primaire et secondaire (PPV), millions $ US

ISCED / CITE 123

	1985	1986	1987	1988	1989	1990	1991	1992	
North America									*Amérique du Nord*
Canada	..	..	..	..	..	..	..	26 346	*Canada*
United States	..	..	..	..	..	216 249	231 660	246 860	*États-Unis*
Pacific Area									*Pays du Pacifique*
Australia	..	..	..	..	..	..	9 703	..	*Australie*
Japan	..	52 449	53 874	56 865	60 912	64 359	69 918	73 694	*Japon*
New Zealand	..	..	..	..	..	..	..	..	*Nouvelle-Zélande*
European Community									*Communauté européenne*
Belgium	..	..	..	..	..	..	5 701	..	*Belgique*
Denmark	3 035	3 044	3 371	3 603	3 752	3 828	4 018	3 732	*Danemark*
France	..	..	..	..	34 615	37 257	40 613	42 948	*France*
Germany (FTFR)	..	..	..	..	..	..	43 859	45 440	*Allemagne (ex- terr. de la RFA)*
Greece	..	..	..	..	..	..	..	..	*Grèce*
Ireland	..	..	..	..	..	..	..	1 688	*Irlande*
Italy	..	..	..	..	..	..	..	..	*Italie*
Luxembourg	..	..	..	..	..	..	..	..	*Luxembourg*
Netherlands	7 217	7 663	8 184	8 338	8 407	8 811	9 128	7 764	*Pays-Bas*
Portugal	..	..	..	..	..	..	..	..	*Portugal*
Spain	10 888	11 325	12 306	14 201	16 081	17 367	19 062	18 737	*Espagne*
United Kingdom	..	..	..	..	..	..	..	..	*Royaume-Uni*
Other Europe - OECD									*Autres pays d'Europe - OCDE*
Austria	..	..	..	..	..	..	..	..	*Autriche*
Finland	2 619	2 837	2 995	3 177	3 396	3 652	3 938	3 590	*Finlande*
Iceland	..	..	..	..	..	..	..	..	*Islande*
Norway	..	..	..	..	..	..	..	..	*Norvège*
Sweden	..	5 537	5 725	5 872	5 992	6 399	7 134	6 634	*Suède*
Switzerland	..	..	..	..	..	..	..	..	*Suisse*
Turkey	..	..	..	..	..	..	..	..	*Turquie*
Central & Eastern Europe									*Europe centrale et orientale*
Czech Republic							..	..	*République tchèque*
Hungary	..	..	..	..	..	..	2 861	3 387	*Hongrie*

Table / Tableau II.1.14.

Total public expenditure for primary and secondary education (PPV), millions US$
Dépenses publiques totales pour l'enseignement primaire et secondaire (PPV), millions $ US

ISCED / CITE 123

	1985	1986	1987	1988	1989	1990	1991	1992	
North America									**Amérique du Nord**
Canada	..	..	..	..	..	..	..	25 158	Canada
United States	133 801	143 804	155 389	166 858	183 812	201 580	217 020	224 401	États-Unis
Pacific Area									**Pays du Pacifique**
Australia	7 333	7 566	7 559	8 005	..	..	8 533	8 374	Australie
Japan	..	48 210	49 384	51 832	..	..	..	67 132	Japon
New Zealand	..	1 183	1 112	1 058	1 351	..	..	1 558	Nouvelle-Zélande
European Community									**Communauté européenne**
Belgium	4 793	4 776	4 693	4 848	5 152	5 223	..	5 857	Belgique
Denmark	3 014	3 024	3 350	3 577	3 727	3 796	3 985	3 661	Danemark
France	..	..	..	..	..	..	..	39 539	France
Germany (FTFR)	23 260	23 699	24 412	25 214	..	..	31 639	33 329	Allemagne (ex- terr. de la RFA)
Greece	..	..	..	..	..	..	..	..	Grèce
Ireland	1 031	1 058	1 185	1 186	1 253	1 357	1 519	1 627	Irlande
Italy	21 396	22 932	24 914	26 495	29 831	30 578	32 052	34 686	Italie
Luxembourg	..	228	263	286	308	..	..	..	Luxembourg
Netherlands	..	..	..	..	..	..	8 794	7 386	Pays-Bas
Portugal	1 826	1 914	2 123	2 594	2 776	3 032	3 822	..	Portugal
Spain	9 123	9 460	10 401	12 090	13 872	15 050	16 559	16 420	Espagne
United Kingdom	21 292	23 743	25 504	27 396	29 098	31 853	32 551	36 765	Royaume-Uni
Other Europe - OECD									**Autres pays d'Europe - OCDE**
Austria	3 480	3 647	3 821	3 930	4 119	4 459	4 815	5 243	Autriche
Finland	..	..	..	..	..	..	..	3 516	Finlande
Iceland	..	..	..	..	..	..	..	..	Islande
Norway	2 306	2 578	2 786	2 916	2 969	2 912	3 179	3 806	Norvège
Sweden	..	5 537	5 725	5 872	5 992	6 399	7 134	6 634	Suède
Switzerland	4 345	4 512	4 646	5 076	..	..	5 655	5 892	Suisse
Turkey	..	..	..	..	..	..	..	..	Turquie
Central & Eastern Europe									**Europe centrale et orientale**
Czech Republic	..	..	..	..	..	..	..	2 228	République tchèque
Hungary	..	..	..	..	..	..	..	3 094	Hongrie

Table / Tableau II.1.15.

Public and private current expenditure for primary and secondary education (PPV), millions US$
Dépenses publiques et privées de fonctionnement pour l'enseignement primaire et secondaire (PPV), millions $ US

ISCED / CITE 123

	1985	1986	1987	1988	1989	1990	1991	1992	
North America									*Amérique du Nord*
Canada	..	..	..	..	..	..	..	24 494	*Canada*
United States	..	..	..	..	..	195 017	208 147	226 594	*États-Unis*
Pacific Area									*Pays du Pacifique*
Australia	..	..	..	..	..	..	8 828	..	*Australie*
Japan	..	42 918	45 161	47 820	51 424	54 477	58 848	61 498	*Japon*
New Zealand	..	..	..	..	..	..	..	..	*Nouvelle-Zélande*
European Community									*Communauté européenne*
Belgium	..	..	..	..	..	..	5 658	..	*Belgique*
Denmark	2 920	2 767	3 256	3 485	3 638	3 562	3 734	..	*Danemark*
France	..	..	..	..	31 807	33 947	36 814	38 879	*France*
Germany (FTFR)	..	..	..	..	..	..	..	..	*Allemagne (ex- terr. de la RFA)*
Greece	..	..	..	..	..	..	..	..	*Grèce*
Ireland	..	..	..	..	..	..	..	..	*Irlande*
Italy	..	..	..	..	..	..	..	..	*Italie*
Luxembourg									*Luxembourg*
Netherlands	6 442	6 863	7 307	7 497	7 667	7 859	8 232	7 384	*Pays-Bas*
Portugal	..	..	..	..	..	..	..	..	*Portugal*
Spain	9 978	10 477	11 407	12 943	14 430	15 873	17 364	16 832	*Espagne*
United Kingdom	..	..	..	..	..	..	..	..	*Royaume-Uni*
Other Europe - OECD									*Autres pays d'Europe - OCDE*
Austria	..	..	..	..	..	..	..	4 661	*Autriche*
Finland	2 460	2 669	2 797	2 997	3 174	3 388	3 744	3 555	*Finlande*
Iceland	..	..	..	..	..	..	..	..	*Islande*
Norway	..	..	..	..	..	..	..	..	*Norvège*
Sweden	..	5 262	5 428	5 625	5 752	6 093	6 865	6 647	*Suède*
Switzerland	..	..	..	..	..	..	..	..	*Suisse*
Turkey	..	..	..	..	..	..	..	..	*Turquie*
Central & Eastern Europe									*Europe centrale et orientale*
Czech Republic	..	..	..	..	..	..	..	..	*République tchèque*
Hungary	..	..	..	..	..	..	..	2 991	*Hongrie*

Table / Tableau II.1.16.

Public current expenditure for primary and secondary education (PPV), millions US$
Dépenses publiques de fonctionnement pour l'enseignement primaire et secondaire (PPV), millions $ US
ISCED / CITE 123

	1985	1986	1987	1988	1989	1990	1991	1992	
North America									**Amérique du Nord**
Canada	..	..	..	..	..	..	..	..	Canada
United States	123 439	132 791	141 417	152 204	168 639	181 319	194 550	..	États-Unis
Pacific Area									**Pays du Pacifique**
Australia	6 747	7 032	7 125	7 516	..	..	7 866	..	Australie
Japan	..	..	..	..	..	..	..	..	Japon
New Zealand	..	1 171	1 107	1 054	1 345	..	..	..	Nouvelle-Zélande
European Community									**Communauté européenne**
Belgium	4 758	4 751	4 676	4 829	5 141	5 204	..	..	Belgique
Denmark	2 899	2 747	3 235	3 459	3 613	3 529	3 701	..	Danemark
France	..	..	..	..	..	..	..	..	France
Germany (FTFR)	21 741	22 127	22 833	23 623	..	..	28 109	..	Allemagne (ex- terr. de la RFA)
Greece	..	..	..	..	..	..	..	..	Grèce
Ireland	933	969	1 101	1 133	1 202	1 309	1 468	..	Irlande
Italy	20 649	22 221	24 163	25 693	27 705	29 356	31 054	..	Italie
Luxembourg	..	201	231	248	255	..	..	..	Luxembourg
Netherlands	..	..	..	..	..	..	..	..	Pays-Bas
Portugal	1 654	1 722	1 918	2 410	2 607	2 839	3 630	..	Portugal
Spain	8 212	8 612	9 502	10 832	12 220	13 556	14 861	..	Espagne
United Kingdom	19 113	21 473	23 324	25 135	26 675	28 863	29 523	..	Royaume-Uni
Other Europe - OECD									**Autres pays d'Europe - OCDE**
Austria	3 114	3 281	3 441	3 568	3 813	4 118	4 417	..	Autriche
Finland	..	..	..	..	..	..	..	..	Finlande
Iceland	..	..	..	..	..	..	..	..	Islande
Norway	2 182	2 432	2 596	2 726	2 805	2 782	3 044	..	Norvège
Sweden	..	5 262	5 428	5 625	5 752	6 093	6 865	..	Suède
Switzerland	3 983	4 108	4 265	4 605	..	..	..	..	Suisse
Turkey	..	..	..	..	..	..	..	..	Turquie
Central & Eastern Europe									**Europe centrale et orientale**
Czech Republic	..	..	..	..	..	..	..	..	République tchèque
Hungary	..	..	..	..	..	..	..	..	Hongrie

Table / Tableau II.1.17.

Public and private capital expenditure for primary and secondary education (PPV), millions US$
Dépenses publiques et privées en capital pour l'enseignement primaire et secondaire (PPV), millions $ US
ISCED / CITE 123

	1985	1986	1987	1988	1989	1990	1991	1992	
North America									**Amérique du Nord**
Canada	..	..	..	..	..	..	..	2 061	Canada
United States	..	..	..	..	..	17 523	19 289	20 934	États-Unis
Pacific Area									**Pays du Pacifique**
Australia	..	..	..	..	..	..	876	..	Australie
Japan	..	9 530	8 713	9 045	9 487	9 883	11 070	12 196	Japon
New Zealand	..	..	..	..	..	..	..	..	Nouvelle-Zélande
European Community									**Communauté européenne**
Belgium	..	..	..	..	..	..	21	..	Belgique
Denmark	115	277	115	118	114	266	285	..	Danemark
France	..	..	..	..	2 808	3 309	3 800	4 069	France
Germany (FTFR)	..	..	..	..	..	..	..	..	Allemagne (ex- terr. de la RFA)
Greece	..	..	..	..	..	..	..	..	Grèce
Ireland	..	..	..	..	..	..	..	..	Irlande
Italy	..	..	..	..	..	..	..	..	Italie
Luxembourg	..	..	..	..	..	..	..	..	Luxembourg
Netherlands	312	342	364	367	358	410	373	381	Pays-Bas
Portugal	..	..	..	..	..	..	..	..	Portugal
Spain	910	848	899	1 258	1 652	1 492	1 697	1 453	Espagne
United Kingdom	..	..	..	..	..	..	..	..	Royaume-Uni
Other Europe - OECD									**Autres pays d'Europe - OCDE**
Austria	..	..	..	..	..	..	..	582	Autriche
Finland	159	168	198	180	222	264	194	160	Finlande
Iceland	..	..	..	..	..	..	..	..	Islande
Norway	..	..	..	..	..	..	..	..	Norvège
Sweden	..	275	297	247	240	306	269	..	Suède
Switzerland	..	..	..	..	..	..	..	..	Suisse
Turkey	..	..	..	..	..	..	..	..	Turquie
Central & Eastern Europe									**Europe centrale et orientale**
Czech Republic	..	..	..	..	..	..	..	..	République tchèque
Hungary	..	..	..	..	..	..	340	396	Hongrie

Table / Tableau II.1.18.

Public capital expenditure for primary and secondary education (PPV), millions US$
Dépenses publiques en capital pour l'enseignement primaire et secondaire (PPV), millions $ US

ISCED / CITE 123

	1985	1986	1987	1988	1989	1990	1991	1992	
North America									**Amérique du Nord**
Canada	..	..	..	..	..	..	..	..	Canada
United States	7 768	8 488	11 000	11 492	12 163	16 720	18 433	..	États-Unis
Pacific Area									**Pays du Pacifique**
Australia	586	533	433	490	..	..	667	..	Australie
Japan	..	..	..	..	..	..	..	..	Japon
New Zealand	..	12	5	5	6	..	..	..	Nouvelle-Zélande
European Community									**Communauté européenne**
Belgium	35	24	17	19	10	19	..	..	Belgique
Denmark	115	277	115	118	114	266	285	..	Danemark
France	..	..	..	..	..	..	..	..	France
Germany (FTFR)	1 519	1 573	1 579	1 591	..	..	2 137	..	Allemagne (ex- terr. de la RFA)
Greece	..	..	..	..	..	..	..	..	Grèce
Ireland	98	90	84	54	51	47	51	..	Irlande
Italy	747	711	751	803	1 399	1 222	998	..	Italie
Luxembourg	..	27	31	38	53	..	..	..	Luxembourg
Netherlands	..	..	..	..	..	..	..	..	Pays-Bas
Portugal	172	192	205	184	169	194	192	..	Portugal
Spain	910	848	899	1 258	1 652	1 492	1 697	..	Espagne
United Kingdom	863	923	876	1 012	1 048	1 597	1 686	..	Royaume-Uni
Other Europe - OECD									**Autres pays d'Europe - OCDE**
Austria	325	328	343	326	306	342	399	..	Autriche
Finland	..	..	..	..	..	..	..	..	Finlande
Iceland	..	..	..	..	..	..	..	..	Islande
Norway	124	146	190	190	164	131	134	..	Norvège
Sweden	..	275	297	247	240	306	269	..	Suède
Switzerland	362	403	381	471	..	..	..	..	Suisse
Turkey	..	..	..	..	..	..	..	..	Turquie
Central & Eastern Europe									**Europe centrale et orientale**
Czech Republic	..	..	..	..	..	..	..	..	République tchèque
Hungary	..	..	..	..	..	..	..	..	Hongrie

Table / Tableau II.2.1.

Federal / central sources for all levels (PPV), millions US$
Sources fédérales / centrales pour tous les niveaux (PPV), millions $ US

ISCED / CITE 0-9

	1985	1986	1987	1988	1989	1990	1991	1992	
North America									**Amérique du Nord**
Canada	..	..	..	..	..	..	..	4 369	Canada
United States	23 599	25 664	27 081	28 723	30 896	38 553	41 964	48 023	États-Unis
Pacific Area									**Pays du Pacifique**
Australia	4 324	4 488	4 677	4 640	..	..	4 986	7 008	Australie
Japan	..	20 148	20 265	21 512	22 564	22 965	24 928	26 155	Japon
New Zealand	..	..	..	..	..	..	..	3 149	Nouvelle-Zélande
European Community									**Communauté européenne**
Belgium	..	..	..	..	..	..	..	1 536	Belgique
Denmark	2 269	2 220	2 122	2 224	2 387	2 497	2 753	2 932	Danemark
France	..	..	..	..	36 080	39 187	43 154	44 350	France
Germany (FTFR)	29 149	29 831	31 001	32 122	..	..	2 882	2 913	Allemagne (ex- terr. de la RFA)
Greece	..	..	..	..	..	..	..	..	Grèce
Ireland	1 438	1 516	1 642	1 638	1 713	1 906	1 972	2 332	Irlande
Italy	22 602	25 010	26 994	29 519	32 078	34 182	36 381	39 266	Italie
Luxembourg	..	229	260	283	305	..	..	..	Luxembourg
Netherlands	10 203	10 825	11 727	11 836	12 158	12 993	13 176	13 776	Pays-Bas
Portugal	..	2 404	2 711	3 211	3 462	3 978	4 913	..	Portugal
Spain	6 230	6 328	6 885	8 069	9 123	10 080	10 987	10 798	Espagne
United Kingdom	..	..	..	..	..	..	..	11 502	Royaume-Uni
Other Europe - OECD									**Autres pays d'Europe - OCDE**
Austria	3 779	4 109	4 157	4 320	4 547	4 850	5 321	5 716	Autriche
Finland	2 542	2 568	2 738	3 054	3 241	3 604	4 271	4 484	Finlande
Iceland	..	..	..	..	..	..	..	..	Islande
Norway	..	..	..	..	..	..	..	..	Norvège
Sweden	..	3 817	3 899	4 199	4 094	4 629	5 446	..	Suède
Switzerland	..	..	..	788	..	..	..	1 038	Suisse
Turkey	..	..	..	..	..	..	..	..	Turquie
Central & Eastern Europe									**Europe centrale et orientale**
Czech Republic	..	..	..	..	..	..	..	2 649	République tchèque
Hungary	..	..	..	..	..	..	..	3 405	Hongrie

Before intergovernmental transfers

Avant transferts intergouvernementaux

Table / Tableau II.2.2.

Provincial / regional sources for all levels (PPV), millions US$
Sources provinciales / régionales pour tous les niveaux (PPV), millions $ US

ISCED / CITE 0-9

	1985	1986	1987	1988	1989	1990	1991	1992	
North America									**Amérique du Nord**
Canada	..	..	..	..	..	..	..	25 109	Canada
United States	98 977	107 940	116 998	124 811	133 029	145 719	155 847	157 323	États-Unis
Pacific Area									**Pays du Pacifique**
Australia	6 950	7 368	7 275	8 058	..	..	8 287	9 162	Australie
Japan	..	40 954	42 747	45 129	48 722	52 655	57 573	78 014	Japon
New Zealand	..	..	..	..	..	..	..	..	Nouvelle-Zélande
European Community									**Communauté européenne**
Belgium	7 006	7 093	7 061	7 238	7 965	8 128	8 708	9 077	Belgique
Denmark	315	393	395	459	489	528	511	524	Danemark
France	..	..	..	..	3 132	3 568	4 040	5 411	France
Germany (FTFR)	..	..	..	..	..	..	39 270	41 334	Allemagne (ex- terr. de la RFA)
Greece	..	..	..	..	..	..	..	..	Grèce
Ireland	..	..	..	..	..	..	..	..	Irlande
Italy	843	805	872	885	1 121	1 107	1 114	2 850	Italie
Luxembourg	..	..	..	..	..	..	..	..	Luxembourg
Netherlands	6	8	9	10	9	8	9	8	Pays-Bas
Portugal	..	..	..	..	..	..	..	..	Portugal
Spain	4 271	4 659	5 375	6 274	7 527	8 681	9 898	10 734	Espagne
United Kingdom	..	..	..	..	..	..	..	..	Royaume-Uni
Other Europe - OECD									**Autres pays d'Europe - OCDE**
Austria	446	495	525	545	546	621	655	844	Autriche
Finland	..	..	..	..	..	..	..	..	Finlande
Iceland	..	..	..	..	..	..	..	..	Islande
Norway	..	..	..	..	..	..	..	..	Norvège
Sweden	..	297	302	319	314	354	366	..	Suède
Switzerland	..	..	..	3 394	..	..	..	4 628	Suisse
Turkey	..	..	..	..	..	..	..	..	Turquie
Central & Eastern Europe									**Europe centrale et orientale**
Czech Republic	..	..	..	..	..	..	..	..	République tchèque
Hungary	..	..	..	..	..	..	..	x	Hongrie

Before intergovernmental transfers
x: included in local / municipal sources

Avant transferts intergouvernementaux
x : inclus dans sources locales / municipales

Table / Tableau II.2.3.

Local / municipal sources for all levels (PPV), millions US$
Sources locales / municipales pour tous les niveaux (PPV), millions $ US

ISCED / CITE 0-9

	1985	1986	1987	1988	1989	1990	1991	1992	
North America									*Amérique du Nord*
Canada	4 038	4 368	4 757	5 542	6 059	6 825	7 726	8 665	*Canada*
United States	64 592	68 979	74 833	80 944	93 102	98 731	106 426	108 624	*États-Unis*
Pacific Area									*Pays du Pacifique*
Australia	8	5	5	5	..	..	5	14	*Australie*
Japan	x	x	x	x	x	x	x	x	*Japon*
New Zealand	..	..	..	..	..	..	..	..	*Nouvelle-Zélande*
European Community									*Communauté européenne*
Belgium	504	496	481	530	610	416	553	359	*Belgique*
Denmark	1994	1985	1984	2 199	2 233	2 272	2 253	3 446	*Danemark*
France	..	..	..	..	7 431	7 868	8 423	8 962	*France*
Germany (FTFR)	7 342	7 461	7 582	7 845	..	..	9 161	9 668	*Allemagne (ex- terr. de la RFA)*
Greece	..	..	..	..	..	..	..	..	*Grèce*
Ireland	4	4	4	4	4	2	2	2	*Irlande*
Italy	7 752	7 782	8 313	9 018	10 527	12 342	8 997	9 188	*Italie*
Luxembourg	..	69	87	94	103	..	..	..	*Luxembourg*
Netherlands	536	562	525	524	502	528	614	540	*Pays-Bas*
Portugal	..	..	..	..	..	..	..	..	*Portugal*
Spain	688	770	840	898	1 062	1 166	1 270	1 251	*Espagne*
United Kingdom	..	..	..	..	..	..	..	35 998	*Royaume-Uni*
Other Europe - OECD									*Autres pays d'Europe - OCDE*
Austria	1 014	1 024	1 072	1 075	1 153	1 243	1 362	1 640	*Autriche*
Finland	880	1 007	1 107	1 133	1 277	1 325	1 295	1 590	*Finlande*
Iceland	..	..	..	..	..	..	..	..	*Islande*
Norway	..	..	..	..	..	..	..	..	*Norvège*
Sweden	..	2 704	2 879	2 842	2 998	3 132	3 205	..	*Suède*
Switzerland	..	..	..	2 157	..	..	..	3 072	*Suisse*
Turkey	..	..	..	..	..	..	..	..	*Turquie*
Central & Eastern Europe									*Europe centrale et orientale*
Czech Republic	..	..	..	..	..	..	..	920	*République tchèque*
Hungary	..	..	..	..	..	..	..	1 283	*Hongrie*

Before intergovernmental transfers
x: included in provincial / regional sources

Avant transferts intergouvernementaux
x : inclus dans sources provinciales / régionales

Table / Tableau II.2.4.

International sources for all levels (PPV), millions US$
Sources internationales pour tous les niveaux (PPV), millions $ US
ISCED / CITE 0-9

	1985	1986	1987	1988	1989	1990	1991	1992	
North America									**Amérique du Nord**
Canada	..	..	..	..	..	..	..	x	Canada
United States	..	..	..	..	..	..	..	.	États-Unis
Pacific Area									**Pays du Pacifique**
Australia	..	..					..	.	Australie
Japan	..	..	..	..	..	..	..	–	Japon
New Zealand	..	..	..	..	..	..	..	.	Nouvelle-Zélande
European Community									**Communauté européenne**
Belgium	..	..	..	..	..	..	..	–	Belgique
Denmark	..	..	..	..	..	..	..	14	Danemark
France	..	..	..	..	..	..	..	–	France
Germany (FTFR)	1 637	1 725	1 849	1 969	..	..	..	.	Allemagne (ex- terr. de la RFA)
Greece	..	..	..	..	..	..	..	.	Grèce
Ireland	43	43	72	68	70	79	256	207	Irlande
Italy	..	..	..	..	..	..	..	–	Italie
Luxembourg	..	..	..	..	..	..	..	..	Luxembourg
Netherlands	..	..	..	..	..	..	..	–	Pays-Bas
Portugal	..	..	..	..	..	..	..	..	Portugal
Spain	..	..	..	..	..	..	..	144	Espagne
United Kingdom	..	..	..	..	..	..	..	–	Royaume-Uni
Other Europe - OECD									**Autres pays d'Europe - OCDE**
Austria	..	..	..	..	..	..	..	–	Autriche
Finland	..	..	..	..	..	..	..	–	Finlande
Iceland	..	..	..	..	..	..	..	..	Islande
Norway	..	..	..	..	..	..	..	..	Norvège
Sweden	..	..	..	..	..	..	..	.	Suède
Switzerland	..	..	..	..	..	..	..	..	Suisse
Turkey	..	..	..	..	..	..	..	..	Turquie
Central & Eastern Europe									**Europe centrale et orientale**
Czech Republic	..	..	..	..	..	..	..	.	République tchèque
Hungary	..	..	..	..	..	..	..	.	Hongrie

Before intergovernmental transfers
x: included in private sources

Avant transferts intergouvernementaux
x : inclus dans sources privées

Table / Tableau II.2.5.

Federal / central sources for higher education (PPV), millions US$
Sources fédérales / centrales pour l'enseignement supérieur (PPV), millions $ US

ISCED / CITE 567

	1985	1986	1987	1988	1989	1990	1991	1992	
North America									*Amérique du Nord*
Canada	..	..	..	..	..	..	..	3 772	Canada
United States	..	..	..	..	..	22 392	23 992	28 341	États-Unis
Pacific Area									*Pays du Pacifique*
Australia	..	..	..	..	..	..	3 127	4 172	Australie
Japan	..	4 980	5 144	5 748	5 938	6 048	6 527	6 902	Japon
New Zealand	..	..	..	..	..	..	..	984	Nouvelle-Zélande
European Community									*Communauté européenne*
Belgium	..	..	..	..	..	..	..	..	Belgique
Denmark	..	..	867	975	1 047	1 097	1 147	1 614	Danemark
France	..	..	..	..	..	..	..	8 849	France
Germany (FTFR)	..	..	..	..	..	..	..	2 220	Allemagne (ex- terr. de la RFA)
Greece	..	..	..	..	..	..	..	..	Grèce
Ireland	239	259	298	296	299	384	327	454	Irlande
Italy	2 845	3 579	3 781	4 493	4 427	5 437	6 250	8 481	Italie
Luxembourg	..	..	..	..	..	..	..	..	Luxembourg
Netherlands	2 658	2 872	3 316	3 210	3 366	3 779	3 777	4 550	Pays-Bas
Portugal	..	..	..	..	635	723	783	..	Portugal
Spain	1 136	1 057	1 077	1 201	1 454	1 880	2 047	2 067	Espagne
United Kingdom	..	..	..	..	..	..	..	9 075	Royaume-Uni
Other Europe - OECD									*Autres pays d'Europe - OCDE*
Austria	..	..	..	..	..	..	..	1 633	Autriche
Finland	..	..	..	..	..	..	..	1 493	Finlande
Iceland	..	..	..	..	..	..	..	..	Islande
Norway	..	..	..	..	..	..	..	..	Norvège
Sweden	..	994	1 047	1 182	1 125	1 408	1 567	..	Suède
Switzerland	..	..	..	..	..	..	..	809	Suisse
Turkey	..	..	..	..	..	..	..	..	Turquie
Central & Eastern Europe									*Europe centrale et orientale*
Czech Republic	..	..	..	..	..	..	..	490	République tchèque
Hungary	..	..	..	..	..	..	..	934	Hongrie

Before intergovernmental transfers

Avant transferts intergouvernementaux

Table / Tableau II.2.6.

Provincial / regional sources for higher education (PPV), millions US$
Sources provinciales / régionales pour l'enseignement supérieur (PPV), millions $ US
ISCED / CITE 567

	1985	1986	1987	1988	1989	1990	1991	1992	
North America									*Amérique du Nord*
Canada	..	..	..	..	..	..	..	9 062	*Canada*
United States	..	..	..	..	..	43 954	46 278	45 321	*États-Unis*
Pacific Area									*Pays du Pacifique*
Australia	..	..	..	..	..	..	1 455	1 501	*Australie*
Japan	..	598	718	762	828	907	1 236	1 147	*Japon*
New Zealand	..	..	..	..	..	..	..	–	*Nouvelle-Zélande*
European Community									*Communauté européenne*
Belgium	1 155	1 203	1 217	1 255	1 307	1 377	1 505	1 568	*Belgique*
Denmark	..	..	9	13	15	23	6	25	*Danemark*
France	..	..	..	..	..	..	..	460	*France*
Germany (FTFR)	..	..	..	..	..	..	..	11 501	*Allemagne (ex- terr. de la RFA)*
Greece	..	..	..	..	..	..	..	..	*Grèce*
Ireland	..	..	..	..	..	..	..	.	*Irlande*
Italy	..	..	..	..	..	..	..	x	*Italie*
Luxembourg	..	..	..	..	..	..	..	..	*Luxembourg*
Netherlands	..	..	..	..	..	..	..	–	*Pays-Bas*
Portugal	..	..	..	..	..	..	..	–	*Portugal*
Spain	47	340	664	903	1 151	1 419	1 769	2 111	*Espagne*
United Kingdom	..	..	..	..	..	..	..	..	*Royaume-Uni*
Other Europe - OECD									*Autres pays d'Europe - OCDE*
Austria	..	..	..	..	..	..	..	6	*Autriche*
Finland	..	..	..	..	..	..	..	.	*Finlande*
Iceland	..	..	..	..	..	..	..	..	*Islande*
Norway	..	..	..	..	..	..	..	..	*Norvège*
Sweden	..	47	51	55	47	57	61	..	*Suède*
Switzerland	..	..	..	..	..	..	..	995	*Suisse*
Turkey	..	..	..	..	..	..	..	..	*Turquie*
Central & Eastern Europe									*Europe centrale et orientale*
Czech Republic	..	..	..	..	..	..	..	.	*République tchèque*
Hungary	..	..	..	..	..	..	..	x	*Hongrie*

Before intergovernmental transfers
x: included in local / municipal sources

Avant transferts intergouvernementaux
x : inclus dans sources locales / municipales

Table / Tableau II.2.7.

Local / municipal sources for higher education (PPV), millions US$
Sources locales / municipales pour l'enseignement supérieur (PPV), millions $ US

ISCED / CITE 567

	1985	1986	1987	1988	1989	1990	1991	1992	
North America									*Amérique du Nord*
Canada	1	1	2	2	2	3	3	3	*Canada*
United States	..	..	..	..	..	4 149	4 583	4 579	*États-Unis*
Pacific Area									*Pays du Pacifique*
Australia	..	..	..	..	..	..	..	.	*Australie*
Japan	x	x	x	x	x	x	x	x	*Japon*
New Zealand	..	..	..	..	..	..	..	..	*Nouvelle-Zélande*
European Community									*Communauté européenne*
Belgium	21	31	32	15	27	16	33	19	*Belgique*
Denmark	..	..	1	6	7	6	1	185	*Danemark*
France	..	..	..	..	..	..	..	350	*France*
Germany (FTFR)	..	..	..	..	..	..	..	118	*Allemagne (ex- terr. de la RFA)*
Greece	..	..	..	..	..	..	..	..	*Grèce*
Ireland	..	..	..	..	..	..	..	–	*Irlande*
Italy	1 424	1 466	1 657	1 827	2 005	3 739	..	49	*Italie*
Luxembourg	..	..	..	..	..	..	..	..	*Luxembourg*
Netherlands	..	..	..	..	..	..	..	–	*Pays-Bas*
Portugal	..	..	..	..	..	..	..	..	*Portugal*
Spain	37	32	38	29	33	43	46	39	*Espagne*
United Kingdom	..	..	..	..	..	..	..	623	*Royaume-Uni*
Other Europe - OECD									*Autres pays d'Europe - OCDE*
Austria	..	..	..	..	..	..	..	15	*Autriche*
Finland	..	..	..	..	..	..	..	135	*Finlande*
Iceland	..	..	..	..	..	..	..	..	*Islande*
Norway	..	..	..	..	..	..	..	..	*Norvège*
Sweden	..	31	33	32	24	26	18	..	*Suède*
Switzerland	..	..	..	..	..	..	..	13	*Suisse*
Turkey	..	..	..	..	..	..	..	..	*Turquie*
Central & Eastern Europe									*Europe centrale et orientale*
Czech Republic	..	..	..	..	..	..	..	..	*République tchèque*
Hungary	..	..	..	..	..	..	..	..	*Hongrie*

Before intergovernmental transfers
x: included in provincial / regional sources

Avant transferts intergouvernementaux
x : inclus dans sources provinciales / régionales

Table / Tableau II.2.8.

International sources for higher education (PPV), millions US$
Sources internationales pour l'enseignement supérieur (PPV), millions $ US

ISCED / CITE 567

	1985	1986	1987	1988	1989	1990	1991	1992	
North America									**Amérique du Nord**
Canada	..	..	..	..	..	..	.	x	*Canada*
United States	..	..	..	..	..	..	..	.	*États-Unis*
Pacific Area									**Pays du Pacifique**
Australia	..	..	..	..	..	..	..	.	*Australie*
Japan	..	..	..	..	..	..	..	−	*Japon*
New Zealand	..	..	..	..	..	..	..	.	*Nouvelle-Zélande*
European Community									**Communauté européenne**
Belgium	..	..	..	..	..	..	..	−	*Belgique*
Denmark	..	..	..	..	..	..	..	14	*Danemark*
France	..	..	..	..	..	..	..	−	*France*
Germany (FTFR)	..	..	..	..	..	..	..	..	*Allemagne (ex- terr. de la RFA)*
Greece	..	..	..	..	..	..	..	..	*Grèce*
Ireland	22	23	38	36	51	45	157	132	*Irlande*
Italy	..	..	..	..	..	..	..	−	*Italie*
Luxembourg	..	..	..	..	..	..	..	..	*Luxembourg*
Netherlands	..	..	..	..	..	..	..	−	*Pays-Bas*
Portugal	..	..	..	..	..	..	..	..	*Portugal*
Spain	..	..	..	..	..	..	..	..	*Espagne*
United Kingdom	..	..	..	..	..	..	..	−	*Royaume-Uni*
Other Europe - OECD									**Autres pays d'Europe - OCDE**
Austria	..	..	..	..	..	..	..	−	*Autriche*
Finland	..	..	..	..	..	..	..	−	*Finlande*
Iceland	..	..	..	..	..	..	..	..	*Islande*
Norway	..	..	..	..	..	..	..	..	*Norvège*
Sweden	..	..	..	..	..	..	..	.	*Suède*
Switzerland	..	..	..	..	..	..	..	.	*Suisse*
Turkey	..	..	..	..	..	..	..	..	*Turquie*
Central & Eastern Europe									**Europe centrale et orientale**
Czech Republic	..	..	..	..	..	..	..	.	*République tchèque*
Hungary	..	..	..	..	..	..	..	−	*Hongrie*

Before intergovernmental transfers
x: included in private sources

Avant transferts intergouvernementaux
x : inclus dans sources privées

Table / Tableau II.2.9.

Federal / central sources for primary and secondary education (PPV), millions US$
Sources fédérales / centrales pour l'enseignement primaire et secondaire (PPV), millions $ US

ISCED / CITE 123

	1985	1986	1987	1988	1989	1990	1991	1992	
North America									**Amérique du Nord**
Canada	..	..	..	..	..	..	..	597	Canada
United States	..	..	..	..	..	13 780	15 068	17 028	États-Unis
Pacific Area									**Pays du Pacifique**
Australia	..	..	..	..	..	..	1 712	2 573	Australie
Japan	..	13 126	13 069	13 592	14 232	14 471	15 736	16 435	Japon
New Zealand	..	..	..	..	..	..	..	1 564	Nouvelle-Zélande
European Community									**Communauté européenne**
Belgium	..	..	..	..	..	..	..	x	Belgique
Denmark	..	..	..	..	..	..	..	1 175	Danemark
France	..	..	..	..	..	..	..	29 989	France
Germany (FTFR)	..	..	..	..	..	..	..	223	Allemagne (ex- terr. de la RFA)
Greece									Grèce
Ireland	1 004	1 032	1 145	1 148	1 227	1 320	1 419	1 608	Irlande
Italy	17 590	19 190	20 958	22 235	24 795	25 590	26 804	27 420	Italie
Luxembourg	..	..	..	..	..	..	..	..	Luxembourg
Netherlands	6 722	7 078	7 477	7 620	7 706	8 149	8 416	8 088	Pays-Bas
Portugal	..	..	..	..	2 617	3 032	3 822	..	Portugal
Spain	4 834	5 018	5 531	6 540	7 276	7 544	8 219	8 058	Espagne
United Kingdom	..	..	..	..	..	..	..	2 403	Royaume-Uni
Other Europe - OECD									**Autres pays d'Europe - OCDE**
Austria	..	..	..	..	..	..	..	3 649	Autriche
Finland	..	..	..	..	..	..	..	2 594	Finlande
Iceland	..	..	..	..	..	..	..	..	Islande
Norway	..	..	..	..	..	..	..	..	Norvège
Sweden	..	2 726	2 753	2 921	2 878	3 134	3 793	..	Suède
Switzerland	..	..	..	..	..	..	..	214	Suisse
Turkey	..	..	..	..	..	..	..	..	Turquie
Central & Eastern Europe									**Europe centrale et orientale**
Czech Republic	..	..	..	..	..	..	..	1 525	République tchèque
Hungary	..	..	..	..	..	..	..	2 230	Hongrie

Before intergovernmental transfers *Avant transferts intergouvernementaux*

Provincial / regional sources for primary and secondary education (PPV), millions US$
Sources provinciales / régionales pour l'enseignement primaire et secondaire (PPV), millions $ US

ISCED / CITE 123

	1985	1986	1987	1988	1989	1990	1991	1992	
North America									*Amérique du Nord*
Canada	..	..	..	..	..	..	..	16 047	Canada
United States	..	..	..	..	..	95 014	102 160	107 505	États-Unis
Pacific Area									*Pays du Pacifique*
Australia	..	..	..	..	..	..	6 675	6 315	Australie
Japan	..	35 084	36 345	38 240	41 201	44 194	48 012	..	Japon
New Zealand	..	..	..	..	..	..	..	..	Nouvelle-Zélande
European Community									*Communauté européenne*
Belgium	4 446	4 448	4 388	4 513	4 737	4 938	5 297	5 958	Belgique
Denmark	..	..	..	..	..	..	..	471	Danemark
France	..	..	..	..	..	..	..	4 711	France
Germany (FTFR)	..	..	..	..	..	..	..	27 727	Allemagne (ex- terr. de la RFA)
Greece	..	..	..	..	..	..	..	..	Grèce
Ireland	..	..	..	..	..	..	..	..	Irlande
Italy	..	..	..	..	..	..	..	1 671	Italie
Luxembourg	..	..	..	..	..	..	..	..	Luxembourg
Netherlands	..	..	1	3	1	1	3	1	Pays-Bas
Portugal	..	..	..	..	..	..	..	..	Portugal
Spain	3 780	3 863	4 241	4 866	5 785	6 534	7 286	7 439	Espagne
United Kingdom	..	..	..	..	..	..	..	..	Royaume-Uni
Other Europe - OECD									*Autres pays d'Europe - OCDE*
Austria	..	..	..	..	..	..	..	2 255	Autriche
Finland	..	..	..	..	..	..	..	..	Finlande
Iceland	..	..	..	..	..	..	..	..	Islande
Norway	..	..	..	..	..	..	..	..	Norvège
Sweden	..	250	250	264	267	296	304	..	Suède
Switzerland	..	..	..	..	..	..	..	3 290	Suisse
Turkey	..	..	..	..	..	..	..	..	Turquie
Central & Eastern Europe									*Europe centrale et orientale*
Czech Republic	..	..	..	..	..	..	..	.	République tchèque
Hungary	..	..	..	..	..	..	..	x	Hongrie

Before intergovernmental transfers
x: Included in local / municipal sources

Avant transferts intergouvernementaux
x : inclus dans sources locales / municipales

Table / Tableau II.2.11.

Local / municipal sources for primary and secondary education (PPV), millions US$
Sources locales / municipales pour l'enseignement primaire et secondaire (PPV), millions $ US

ISCED / CITE 123

	1985	1986	1987	1988	1989	1990	1991	1992	
North America									*Amérique du Nord*
Canada	..	..	..	..	..	..	..	8 514	*Canada*
United States	..	..	..	..	..	88 274	94 918	99 867	*États-Unis*
Pacific Area									*Pays du Pacifique*
Australia	..	..	..	..	..	..	..	5	*Australie*
Japan	x	x	x	x	x	x	x	x	*Japon*
New Zealand	..	..	..	..	..	..	..	.	*Nouvelle-Zélande*
European Community									*Communauté européenne*
Belgium	347	328	305	335	414	285	404	267	*Belgique*
Denmark	..	..	..	..	..	..	..	2 495	*Danemark*
France	..	..	..	..	..	..	..	5 417	*France*
Germany (FTFR)	..	..	..	..	..	..	..	6 607	*Allemagne (ex- terr. de la RFA)*
Greece	..	..	..	..	..	..	..	..	*Grèce*
Ireland	4	4	4	4	4	2	2	2	*Irlande*
Italy	3 806	3 742	3 956	4 260	5 036	4 986	5 248	5 599	*Italie*
Luxembourg	..	..	..	..	..	..	..	..	*Luxembourg*
Netherlands	350	359	357	378	351	353	375	299	*Pays-Bas*
Portugal	..	..	..	..	..	..	..	..	*Portugal*
Spain	508	579	630	684	811	973	1 054	1 044	*Espagne*
United Kingdom	..	..	..	..	..	..	..	34 698	*Royaume-Uni*
Other Europe - OECD									*Autres pays d'Europe - OCDE*
Austria	..	..	..	..	..	..	..	1 065	*Autriche*
Finland	..	..	..	..	..	..	..	1 081	*Finlande*
Iceland	..	..	..	..	..	..	..	..	*Islande*
Norway	..	..	..	..	..	..	..	..	*Norvège*
Sweden	..	2 561	15 908	2 687	2 847	2 969	3 037	..	*Suède*
Switzerland	..	..	..	..	..	..	..	2 798	*Suisse*
Turkey	..	..	..	..	..	..	..	..	*Turquie*
Central & Eastern Europe									*Europe centrale et orientale*
Czech Republic	..	..	..	..	..	..	..	704	*République tchèque*
Hungary	..	..	..	..	..	..	..	876	*Hongrie*

Before intergovernmental transfers
x: included in provincial / regional sources

Avant transferts intergouvernementaux
x : inclus dans sources provinciales / régionales

Table / Tableau II.2.12.

International sources for primary and secondary education (PPV), millions US$
Sources internationales pour l'enseignement primaire et secondaire (PPV), millions $ US

ISCED / CITE 123

	1985	1986	1987	1988	1989	1990	1991	1992	
North America									**Amérique du Nord**
Canada	..	..	..	..	..	..	..	x	Canada
United States	..	..	..	..	..	..	..	..	États-Unis
Pacific Area									**Pays du Pacifique**
Australia	..	..	..	..	..	..	..	..	Australie
Japan	..	..	..	..	..	..	..	–	Japon
New Zealand	..	..	..	..	..	..	..	..	Nouvelle-Zélande
European Community									**Communauté européenne**
Belgium	..	..	..	..	..	..	..	–	Belgique
Denmark	..	..	..	..	..	..	..	..	Danemark
France	..	..	..	..	..	..	..	–	France
Germany (FTFR)	..	..	..	..	..	..	..	..	Allemagne (ex- terr. de la RFA)
Greece	..	..	..	..	..	..	..	..	Grèce
Ireland	20	20	33	32	19	31	94	70	Irlande
Italy	..	..	..	..	..	..	..	–	Italie
Luxembourg	..	..	..	..	..	..	..	..	Luxembourg
Netherlands	..	..	..	..	..	..	..	–	Pays-Bas
Portugal	..	..	..	..	..	..	..	..	Portugal
Spain	..	..	..	..	..	..	..	144	Espagne
United Kingdom	..	..	..	..	..	..	..	–	Royaume-Uni
Other Europe - OECD									**Autres pays d'Europe - OCDE**
Austria	..	..	..	..	..	..	..	–	Autriche
Finland	..	..	..	..	..	..	..	–	Finlande
Iceland	..	..	..	..	..	..	..	..	Islande
Norway	..	..	..	..	..	..	..	..	Norvège
Sweden	..	..	..	..	..	..	..	..	Suède
Switzerland	..	..	..	..	..	..	..	..	Suisse
Turkey	..	..	..	..	..	..	..	..	Turquie
Central & Eastern Europe									**Europe centrale et orientale**
Czech Republic	..	..	..	..	..	..	..	..	République tchèque
Hungary	..	..	..	..	..	..	..	..	Hongrie

Before intergovernmental transfers
x: included in private sources

Avant transferts intergouvernementaux
x : inclus dans sources privées

Table / Tableau II.3.1.

Total staff: public and private expenditure for all levels (PPV), millions US$
Dépenses publiques et privées pour l'ensemble du personnel pour tous les niveaux (PPV), millions $ US

ISCED / CITE 0-9

	1985	1986	1987	1988	1989	1990	1991	1992	
North America									*Amérique du Nord*
Canada	14 774	15 556	16 613	17 656	19 222	20 579	22 648	27 566	*Canada*
United States	..	..	..	..	..	..	..	..	*États-Unis*
Pacific Area									*Pays du Pacifique*
Australia	..	..	..	..	..	..	9 759	..	*Australie*
Japan	..	40 425	42 839	45 559	48 732	52 187	56 889	60 168	*Japon*
New Zealand	..	..	..	..	..	..	..	..	*Nouvelle-Zélande*
European Community									*Communauté européenne*
Belgium	..	..	..	..	..	..	..	..	*Belgique*
Denmark	2 687	2 576	2 963	3 213	3 364	3 368	3 507	..	*Danemark*
France	..	..	..	..	34 891	37 706	41 344	41 572	*France*
Germany (FTFR)	..	..	..	..	..	..	..	..	*Allemagne (ex- terr. de la RFA)*
Greece	..	..	..	..	..	..	..	..	*Grèce*
Ireland	..	..	..	..	..	..	..	..	*Irlande*
Italy	..	..	..	..	..	..	..	..	*Italie*
Luxembourg	..	..	..	..	..	..	..	..	*Luxembourg*
Netherlands	7 223	7 525	7 816	8 020	8 319	8 717	8 967	9 336	*Pays-Bas*
Portugal	..	..	..	..	..	..	..	..	*Portugal*
Spain	6 915	7 354	8 084	9 052	10 282	11 594	13 051	18 978	*Espagne*
United Kingdom	..	..	..	..	..	..	..	..	*Royaume-Uni*
Other Europe - OECD									*Autres pays d'Europe - OCDE*
Austria	..	..	..	..	..	..	..	4 894	*Autriche*
Finland	2 276	2 480	2 612	2 859	3 082	3 323	3 839	3 965	*Finlande*
Iceland	..	..	..	..	..	..	..	..	*Islande*
Norway	..	..	..	..	..	..	..	..	*Norvège*
Sweden	..	..	..	..	..	..	..	..	*Suède*
Switzerland	..	..	..	..	..	..	..	..	*Suisse*
Turkey	..	..	..	..	..	..	..	..	*Turquie*
Central & Eastern Europe									*Europe centrale et orientale*
Czech Republic	..	..	..	..	..	..	..	..	*République tchèque*
Hungary	..	..	..	..	..	..	2 633	..	*Hongrie*

Table / Tableau II.3.2.

Total staff: public expenditure for all levels (PPV), millions US$
Dépenses publiques pour l'ensemble du personnel pour tous les niveaux (PPV), millions $ US

ISCED / CITE 0-9

	1985	1986	1987	1988	1989	1990	1991	1992	
North America									**Amérique du Nord**
Canada	..	..	..	..	..	..	..	..	Canada
United States	..	..	..	..	..	..	..	..	États-Unis
Pacific Area									**Pays du Pacifique**
Australia	7 319	7 819	7 903	9 048	..	..	8 431	..	Australie
Japan	..	..	..	..	..	..	..	..	Japon
New Zealand	..	1 334	1 269	1 248	1 553	..	..	..	Nouvelle-Zélande
European Community									**Communauté européenne**
Belgium	..	..	..	..	..	..	..	..	Belgique
Denmark	2 671	2 561	2 947	3 193	3 346	3 342	3 481	..	Danemark
France	..	..	..	..	..	..	..	..	France
Germany (FTFR)	25 565	26 234	27 324	28 530	..	..	34 358	..	Allemagne (ex- terr. de la RFA)
Greece	..	..	..	..	..	..	..	..	Grèce
Ireland	1 022	1 072	1 235	1 356	1 422	1 573	1 748	..	Irlande
Italy	23 142	24 991	26 992	28 877	32 032	35 428	34 182	..	Italie
Luxembourg	..	218	253	271	521	..	..	..	Luxembourg
Netherlands	..	..	..	..	..	..	..	..	Pays-Bas
Portugal	..	1 823	2 081	2 572	2 947	3 231	4 084	..	Portugal
Spain	6 915	7 354	8 084	9 052	10 282	11 594	13 051	..	Espagne
United Kingdom	18 926	21 440	23 432	25 160	27 062	28 449	28 771	..	Royaume-Uni
Other Europe - OECD									**Autres pays d'Europe - OCDE**
Austria	3 082	3 263	3 457	3 604	3 856	4 128	4 479	..	Autriche
Finland	..	..	..	..	..	..	..	..	Finlande
Iceland	..	..	..	..	..	..	..	..	Islande
Norway	2 010	2 322	2 493	2 723	2 897	3 042	3 332	..	Norvège
Sweden	..	..	..	..	..	..	..	..	Suède
Switzerland	3 647	3 754	3 873	4 177	..	..	5 382	..	Suisse
Turkey	..	..	..	..	..	..	..	..	Turquie
Central & Eastern Europe									**Europe centrale et orientale**
Czech Republic	..	..	..	..	..	..	..	..	République tchèque
Hungary	..	..	..	..	..	..	..	..	Hongrie

Table / Tableau II.3.3.

Teaching staff: public and private expenditure for all levels (PPV), millions US$
Dépenses publiques et privées en personnel enseignant pour tous les niveaux (PPV), millions $ US

ISCED / CITE 0-9

	1985	1986	1987	1988	1989	1990	1991	1992	
North America									**Amérique du Nord**
Canada	11 098	11 631	12 327	13 118	14 318	15 046	16 579	20 056	Canada
United States	..	..	..	..	..	..	..	..	États-Unis
Pacific Area									**Pays du Pacifique**
Australia	..	..	..	..	..	..	7 687	..	Australie
Japan	..	..	..	..	..	..	..	..	Japon
New Zealand	..	..	..	..	..	..	..	..	Nouvelle-Zélande
European Community									**Communauté européenne**
Belgium	..	..	..	..	..	..	..	..	Belgique
Denmark	2 117	2 026	2 337	2 531	2 649	2 646	2 757	..	Danemark
France	..	..	..	..	..	..	..	..	France
Germany (FTFR)	..	..	..	..	..	..	..	..	Allemagne (ex- terr. de la RFA)
Greece	..	..	..	..	..	..	..	..	Grèce
Ireland	..	..	..	..	..	..	..	..	Irlande
Italy	..	..	..	..	..	..	..	..	Italie
Luxembourg	..	..	..	..	..	..	..	..	Luxembourg
Netherlands	..	..	..	..	..	..	..	..	Pays-Bas
Portugal	..	..	..	..	..	..	..	..	Portugal
Spain	..	..	..	..	..	..	..	..	Espagne
United Kingdom	..	..	..	..	..	..	..	..	Royaume-Uni
Other Europe - OECD									**Autres pays d'Europe - OCDE**
Austria	..	..	..	..	..	..	..	3 752	Autriche
Finland	1 729	1 907	2 001	2 198	2 357	2 541	2 914	3 037	Finlande
Iceland	..	..	..	..	..	..	..	..	Islande
Norway	..	..	..	..	..	..	..	..	Norvège
Sweden	..	..	..	..	..	..	..	..	Suède
Switzerland	..	..	..	..	..	..	..	..	Suisse
Turkey	..	..	..	..	..	..	..	..	Turquie
Central & Eastern Europe									**Europe centrale et orientale**
Czech Republic									République tchèque
Hungary	..	..	..	..	..	..	..	..	Hongrie

Table / Tableau II.3.4.

Teaching staff: public expenditure for all levels (PPV), millions US$
Dépenses publiques en personnel enseignant pour tous les niveaux (PPV), millions $ US
ISCED / CITE 0-9

	1985	1986	1987	1988	1989	1990	1991	1992	
North America									*Amérique du Nord*
Canada	..	..	..	..	..	..	..	..	Canada
United States	..	..	..	..	..	..	..	..	États-Unis
Pacific Area									*Pays du Pacifique*
Australia	..	..	..	6 611	..	..	6 747	..	Australie
Japan	..	..	..	..	..	..	..	..	Japon
New Zealand	..	1 267	1 204	1 177	1 471	..	..	..	Nouvelle-Zélande
European Community									*Communauté européenne*
Belgium	..	..	..	..	..	..	..	..	Belgique
Denmark	2 104	2 014	2 324	2 515	2 634	2 626	2 736	..	Danemark
France	..	..	..	..	..	..	..	..	France
Germany (FTFR)	..	..	..	..	..	..	..	..	Allemagne (ex- terr. de la RFA)
Greece	..	..	..	..	..	..	..	..	Grèce
Ireland	984	1 028	1 188	1 218	1 282	1 414	1 577	..	Irlande
Italy	17 136	18 825	20 557	22 565	25 491	27 134	26 786	..	Italie
Luxembourg	..	192	222	237	244	..	..	..	Luxembourg
Netherlands	..	..	..	..	..	..	..	..	Pays-Bas
Portugal	..	..	..	..	2 862	3 140	3 946	..	Portugal
Spain	..	..	..	..	..	..	..	..	Espagne
United Kingdom	15 279	15 972	17 394	18 608	20 102	21 189	21 744	..	Royaume-Uni
Other Europe - OECD									*Autres pays d'Europe - OCDE*
Austria	2 402	2 548	2 698	2 805	2 987	3 205	3 465	..	Autriche
Finland	..	..	..	..	..	..	..	..	Finlande
Iceland	..	..	..	..	..	..	..	..	Islande
Norway	..	..	..	..	..	..	2 670	..	Norvège
Sweden	..	..	..	..	..	..	..	..	Suède
Switzerland	3 004	3 089	3 176	3 398	..	..	4 393	..	Suisse
Turkey	..	..	..	..	..	..	..	..	Turquie
Central & Eastern Europe									*Europe centrale et orientale*
Czech Republic	..	..	..	..	..	..	..	..	République tchèque
Hungary	..	..	..	..	..	..	..	..	Hongrie

Table / Tableau II.3.5.

Non-teaching staff: public and private expenditure for all levels (PPV), millions US$
Dépenses publiques et privées en personnel non enseignant pour tous les niveaux (PPV), millions $ US
ISCED / CITE 0-9

	1985	1986	1987	1988	1989	1990	1991	1992	
North America									*Amérique du Nord*
Canada	3 676	3 925	4 286	4 538	4 904	5 533	6 069	7 510	Canada
United States	..	..	..	..	..	..	..	..	États-Unis
Pacific Area									*Pays du Pacifique*
Australia	..	..	..	..	..	..	2 072	..	Australie
Japan	..	9 216	9 859	10 538	11 321	12 149	13 263	..	Japon
New Zealand	..	..	..	..	..	..	..	..	Nouvelle-Zélande
European Community									*Communauté européenne*
Belgium	..	..	..	..	..	..	..		Belgique
Denmark	570	550	626	682	716	722	750	..	Danemark
France	..	..	..	..	..	..	..	..	France
Germany (FTFR)	..	..	..	..	..	..	..	..	Allemagne (ex- terr. de la RFA)
Greece	..	..	..	..	..	..	..	..	Grèce
Ireland	..	..	..	..	..	..	..	..	Irlande
Italy	..	..	..	..	..	..	..	..	Italie
Luxembourg	..	..	..	..	..	..	..	..	Luxembourg
Netherlands	..	..	..	..	..	..	..	..	Pays-Bas
Portugal	..	..	..	..	..	..	..	..	Portugal
Spain	..	..	..	..	..	..	..	..	Espagne
United Kingdom	..	..	..	..	..	..	..	..	Royaume-Uni
Other Europe - OECD									*Autres pays d'Europe - OCDE*
Austria	..	..	..	..	..	..	..	1 142	Autriche
Finland	547	573	611	662	725	782	925	928	Finlande
Iceland	..	..	..	..	..	..	..	..	Islande
Norway	..	..	..	..	..	..	..	..	Norvège
Sweden	..	..	..	..	..	..	..	..	Suède
Switzerland	..	..	..	..	..	..	..	..	Suisse
Turkey	..	..	..	..	..	..	..	..	Turquie
Central & Eastern Europe									*Europe centrale et orientale*
Czech Republic	..	..	..	..	..	..	..	..	République tchèque
Hungary	..	..	..	..	..	..	..	..	Hongrie

Table / Tableau II.3.6.

Non-teaching staff: public expenditure for all levels (PPV), millions US$
Dépenses publiques en personnel non enseignant pour tous les niveaux (PPV), millions $ US
ISCED / CITE 0-9

	1985	1986	1987	1988	1989	1990	1991	1992	
North America									*Amérique du Nord*
Canada	..	..	..	..	..	..	..	..	*Canada*
United States	..	..	..	..	..	..	..	..	*États-Unis*
Pacific Area									*Pays du Pacifique*
Australia	..	..	..	2 437	..	..	1 684	..	*Australie*
Japan	..	..	..	..	..	..	..	..	*Japon*
New Zealand	..	67	64	71	82	..	..	..	*Nouvelle-Zélande*
European Community									*Communauté européenne*
Belgium	..	..	..	..	..	..	..	..	*Belgique*
Denmark	567	547	623	678	712	717	745	..	*Danemark*
France	..	..	..	..	..	..	..	..	*France*
Germany (FTFR)	..	..	..	..	..	..	..	..	*Allemagne (ex- terr. de la RFA)*
Greece	..	..	..	..	..	..	..	..	*Grèce*
Ireland	37	44	47	138	140	159	171	..	*Irlande*
Italy	6 005	6 166	6 435	6 312	6 541	8 294	7 396	..	*Italie*
Luxembourg	..	25	30	34	276	..	..	..	*Luxembourg*
Netherlands	..	..	..	..	..	..	..	..	*Pays-Bas*
Portugal	..	..	..	..	85	91	137	..	*Portugal*
Spain	..	..	..	..	..	..	..	..	*Espagne*
United Kingdom	3 646	5 468	6 038	6 552	6 960	7 260	7 027	..	*Royaume-Uni*
Other Europe - OECD									*Autres pays d'Europe - OCDE*
Austria	680	716	760	799	869	924	1 014	..	*Autriche*
Finland	..	..	..	..	..	..	..	..	*Finlande*
Iceland	..	..	..	..	..	..	..	..	*Islande*
Norway	..	..	..	..	..	..	662	..	*Norvège*
Sweden	..	..	..	..	..	..	..	..	*Suède*
Switzerland	643	666	697	779	..	..	989	..	*Suisse*
Turkey	..	..	..	..	..	..	..	..	*Turquie*
Central & Eastern Europe									*Europe centrale et orientale*
Czech Republic	..	..	..	..	..	..	..	..	*République tchèque*
Hungary	..	..	..	..	..	..	..	..	*Hongrie*

Table / Tableau II.3.7.

Total staff: public and private expenditure for higher education (PPV), millions US$
Dépenses publiques et privées pour l'ensemble du personnel pour l'enseignement supérieur (PPV), millions $ US

ISCED / CITE 567

	1985	1986	1987	1988	1989	1990	1991	1992	
North America									*Amérique du Nord*
Canada	4 039	4 248	4 906	5 154	5 719	6 468	6 805	9 071	*Canada*
United States	..	..	..	..	..	..	..	80 123	*États-Unis*
Pacific Area									*Pays du Pacifique*
Australia	..	..	..	..	..	..	3 031	..	*Australie*
Japan	..	6 163	6 599	7 130	7 745	8 412	9 216	9 857	*Japon*
New Zealand	..	..	..	..	..	..	..	..	*Nouvelle-Zélande*
European Community									*Communauté européenne*
Belgium	..	..	..	..	..	..	..	906	*Belgique*
Denmark	418	426	451	513	553	558	574	607	*Danemark*
France	..	..	..	..	4 782	5 275	5 917	6 556	*France*
Germany (FTFR)	..	..	..	..	..	..	..	..	*Allemagne (ex- terr. de la RFA)*
Greece	..	..	..	..	..	..	..	..	*Grèce*
Ireland	..	..	..	..	..	..	..	..	*Irlande*
Italy	..	..	..	..	..	..	..	..	*Italie*
Luxembourg	..	..	..	..	..	..	..	..	*Luxembourg*
Netherlands	1 722	1 780	1 911	1 977	2 096	2 253	2 323	2 466	*Pays-Bas*
Portugal	..	..	..	..	..	..	..	..	*Portugal*
Spain	821	947	1 125	1 217	1 403	1 928	2 267	3 141	*Espagne*
United Kingdom	..	..	..	..	..	..	..	3 853	*Royaume-Uni*
Other Europe - OECD									*Autres pays d'Europe - OCDE*
Austria	..	..	..	..	..	..	..	714	*Autriche*
Finland	319	350	395	453	508	579	767	747	*Finlande*
Iceland	..	..	..	..	..	..	..	..	*Islande*
Norway	..	..	..	..	..	..	..	..	*Norvège*
Sweden	..	..	..	..	..	..	..	..	*Suède*
Switzerland	..	..	..	..	..	..	..	..	*Suisse*
Turkey	..	..	..	..	..	..	..	..	*Turquie*
Central & Eastern Europe									*Europe centrale et orientale*
Czech Republic	..	..	..	..	..	..	..	..	*République tchèque*
Hungary	..	..	..	..	..	..	389	..	*Hongrie*

Table / Tableau II.3.8.

Total staff: public expenditure for higher education (PPV), millions US$
Dépenses publiques pour l'ensemble du personnel pour l'enseignement supérieur (PPV), millions $ US

ISCED / CITE 567

	1985	1986	1987	1988	1989	1990	1991	1992	
North America									*Amérique du Nord*
Canada	..	..	..	..	..	..	..	..	Canada
United States	..	..	..	..	..	..	..	..	États-Unis
Pacific Area									*Pays du Pacifique*
Australia	2 292	2 423	2 514	2 642	..	..	2 392	..	Australie
Japan	..	..	..	..	..	..	..	..	Japon
New Zealand	..	154	157	176	232	..	..	..	Nouvelle-Zélande
European Community									*Communauté européenne*
Belgium	..	..	..	..	..	..	..	..	Belgique
Denmark	418	426	451	513	553	558	574	..	Danemark
France	..	..	..	..	..	..	..	..	France
Germany (FTFR)	5 312	5 494	5 745	6 095	..	..	7 153	..	Allemagne (ex- terr. de la RFA)
Greece	..	..	..	..	..	..	..	..	Grèce
Ireland	121	127	147	208	219	253	269	..	Irlande
Italy	2 387	2 576	2 798	3 383	3 534	5 895	3 732	..	Italie
Luxembourg	..	4	5	5	5	..	..	..	Luxembourg
Netherlands	..	..	..	..	..	..	..	..	Pays-Bas
Portugal	153	200	254	322	376	423	..	..	Portugal
Spain	821	947	1 125	1 217	1 403	1 928	2 267	..	Espagne
United Kingdom	2 566	3 353	3 562	3 519	3 753	4 078	4 112	..	Royaume-Uni
Other Europe - OECD									*Autres pays d'Europe - OCDE*
Austria	439	466	498	523	574	604	661	..	Autriche
Finland	..	..	..	..	..	..	..	..	Finlande
Iceland	..	..	..	..	..	..	..	..	Islande
Norway	274	330	354	384	400	433	479	..	Norvège
Sweden	..	..	..	..	..	..	..	..	Suède
Switzerland	623	641	665	732	..	..	..	..	Suisse
Turkey	..	..	..	..	..	..	..	..	Turquie
Central & Eastern Europe									*Europe centrale et orientale*
Czech Republic	..	..	..	..	..	..	..	..	République tchèque
Hungary	..	..	..	..	..	..	..	..	Hongrie

Table / Tableau II.3.9.

Teaching staff: public and private expenditure for higher education (PPV), millions US$
Dépenses publiques et privées en personnel enseignant pour l'enseignement supérieur (PPV), millions $ US

ISCED / CITE 567

	1985	1986	1987	1988	1989	1990	1991	1992	
North America									*Amérique du Nord*
Canada	2 535	2 640	3 050	3 193	3 612	3 898	4 089	5 530	Canada
United States	..	..	..	..	..	..	..	53 834	États-Unis
Pacific Area									*Pays du Pacifique*
Australia	..	..	..	..	..	..	1 816	..	Australie
Japan	..	4 166	4 477	4 851	5 298	5 772	6 364	..	Japon
New Zealand	..	..	..	..	..	..	..	..	Nouvelle-Zélande
European Community									*Communauté européenne*
Belgium	..	..	..	..	..	..	..	901	Belgique
Denmark	284	290	306	349	376	380	391	425	Danemark
France	..	..	..	..	..	..	..	..	France
Germany (FTFR)	..	..	..	..	..	..	..	..	Allemagne (ex- terr. de la RFA)
Greece	..	..	..	..	..	..	..	..	Grèce
Ireland	..	..	..	..	..	..	..	..	Irlande
Italy	..	..	..	..	..	..	..	..	Italie
Luxembourg	..	..	..	..	..	..	..	..	Luxembourg
Netherlands	..	..	..	..	..	..	..	..	Pays-Bas
Portugal	..	..	..	..	..	..	..	..	Portugal
Spain	..	..	..	..	..	..	..	..	Espagne
United Kingdom	..	..	..	..	..	..	..	2 348	Royaume-Uni
Other Europe - OECD									*Autres pays d'Europe - OCDE*
Austria	..	..	..	..	..	..	..	413	Autriche
Finland	202	240	269	310	349	400	532	525	Finlande
Iceland	..	..	..	..	..	..	..	..	Islande
Norway	..	..	..	..	..	..	..	..	Norvège
Sweden	..	350	352	426	483	183	..	..	Suède
Switzerland	..	..	..	..	..	..	..	..	Suisse
Turkey	..	..	..	..	..	..	..	..	Turquie
Central & Eastern Europe									*Europe centrale et orientale*
Czech Republic	..	..	..	..	..	..	..	..	République tchèque
Hungary	..	..	..	..	..	..	..	..	Hongrie

Teaching staff: public expenditure for higher education (PPV), millions US$
Dépenses publiques en personnel enseignant pour l'enseignement supérieur (PPV), millions $ US

ISCED / CITE 567

	1985	1986	1987	1988	1989	1990	1991	1992	
North America									**Amérique du Nord**
Canada	..	..	..	..	..	..	..	..	Canada
United States	..	..	..	..	..	..	..	..	États-Unis
Pacific Area									**Pays du Pacifique**
Australia	1 389	1 468	1 523	1 600	..	..	1 432	..	Australie
Japan	..	..	..	..	..	..	..	..	Japon
New Zealand	..	153	156	174	230	..	..	..	Nouvelle-Zélande
European Community									**Communauté européenne**
Belgium	..	..	..	..	..	..	..	..	Belgique
Denmark	284	290	306	349	376	380	391	..	Danemark
France	..	..	..	..	..	..	..	..	France
Germany (FTFR)	..	..	..	..	..	..	..	..	Allemagne (ex- terr. de la RFA)
Greece	..	..	..	..	..	..	..	..	Grèce
Ireland	121	127	146	135	139	160	172	..	Irlande
Italy	1 245	1 466	1 608	1 948	1 966	3 698	2 417	..	Italie
Luxembourg	..	3	3	3	3	..	..	..	Luxembourg
Netherlands	..	..	..	..	..	..	..	..	Pays-Bas
Portugal	..	..	..	..	..	..	491	..	Portugal
Spain	..	..	..	..	..	..	..	..	Espagne
United Kingdom	1 842	2 115	2 257	2 281	2 438	2 495	2 516	..	Royaume-Uni
Other Europe - OECD									**Autres pays d'Europe - OCDE**
Austria	263	279	299	311	336	359	388	..	Autriche
Finland	..	..	..	..	..	..	..	..	Finlande
Iceland	..	..	..	..	..	..	..	..	Islande
Norway	137	140	148	156	148	..	236	..	Norvège
Sweden	..	350	352	426	483	183	..	..	Suède
Switzerland	396	407	417	434	..	..	..	..	Suisse
Turkey	..	..	..	..	..	..	..	..	Turquie
Central & Eastern Europe									**Europe centrale et orientale**
Czech Republic	..	..	..	..	..	..	..	..	République tchèque
Hungary	..	..	..	..	..	..	..	..	Hongrie

Table / Tableau II.3.11.

Non-teaching staff: public and private expenditure for higher education (PPV), millions US$
Dépenses publiques et privées en personnel non enseignant pour l'enseignement supérieur (PPV), millions $ US

ISCED / CITE 567

	1985	1986	1987	1988	1989	1990	1991	1992	
North America									*Amérique du Nord*
Canada	1 504	1 608	1 856	1 961	2 107	2 570	2 716	3 540	*Canada*
United States	..	..	..	..	..	..	..	26 289	*États-Unis*
Pacific Area									*Pays du Pacifique*
Australia	..	..	..	..	..	..	1 215	..	*Australie*
Japan	..	1997	2 122	2 279	2 447	2 640	2 852	..	*Japon*
New Zealand	..	..	..	..	..	..	..	..	*Nouvelle-Zélande*
European Community									*Communauté européenne*
Belgium	..	..	..	..	..	..	..	5	*Belgique*
Denmark	134	136	144	164	177	179	184	181	*Danemark*
France	..	..	..	..	..	..	..	..	*France*
Germany (FTFR)	..	..	..	..	..	..	..	..	*Allemagne (ex- terr. de la RFA)*
Greece	..	..	..	..	..	..	..	..	*Grèce*
Ireland	..	..	..	..	..	..	..	..	*Irlande*
Italy	..	..	..	..	..	..	..	..	*Italie*
Luxembourg	..	..	..	..	..	..	..	..	*Luxembourg*
Netherlands	..	..	..	..	..	..	..	..	*Pays-Bas*
Portugal	..	..	..	..	..	..	..	..	*Portugal*
Spain	..	..	..	..	..	..	..	..	*Espagne*
United Kingdom	..	..	..	..	..	..	..	1 505	*Royaume-Uni*
Other Europe - OECD									*Autres pays d'Europe - OCDE*
Austria	..	..	..	..	..	..	..	301	*Autriche*
Finland	116	110	126	143	159	179	235	221	*Finlande*
Iceland	..	..	..	..	..	..	..	..	*Islande*
Norway	..	..	..	..	..	..	..	..	*Norvège*
Sweden	..	..	..	..	..	..	..	..	*Suède*
Switzerland	..	..	..	..	..	..	..	..	*Suisse*
Turkey	..	..	..	..	..	..	..	..	*Turquie*
Central & Eastern Europe									*Europe centrale et orientale*
Czech Republic	..	..	..	..	..	..	..	..	*République tchèque*
Hungary	..	..	..	..	..	..	..	..	*Hongrie*

Table / Tableau II.3.12.

Non-teaching staff: public expenditure for higher education (PPV), millions US$
Dépenses publiques en personnel non enseignant pour l'enseignement supérieur (PPV), millions $ US

ISCED / CITE 567

	1985	1986	1987	1988	1989	1990	1991	1992	
North America									*Amérique du Nord*
Canada	..	..	..	..	..	..	..	..	*Canada*
United States	..	..	..	..	..	..	..	..	*États-Unis*
Pacific Area									*Pays du Pacifique*
Australia	904	955	991	1 041	..	..	959	..	*Australie*
Japan	..	..	..	..	..	..	..	..	*Japon*
New Zealand	..	2	2	2	3	..	..	..	*Nouvelle-Zélande*
European Community									*Communauté européenne*
Belgium	..	..	..	..	..	..	..	..	*Belgique*
Denmark	134	136	144	164	177	179	184	..	*Danemark*
France	..	..	..	..	..	..	..	..	*France*
Germany (FTFR)	..	..	..	..	..	..	..	..	*Allemagne (ex- terr. de la RFA)*
Greece	..	..	..	..	..	..	..	..	*Grèce*
Ireland	0	0	1	73	80	93	97	..	*Irlande*
Italy	1 141	1 110	1 190	1 434	1 567	2 197	1 316	..	*Italie*
Luxembourg	..	1	2	2	1	..	..	..	*Luxembourg*
Netherlands	..	..	..	..	..	..	..	..	*Pays-Bas*
Portugal	..	..	..	..	..	..	..	..	*Portugal*
Spain	..	..	..	..	..	..	..	..	*Espagne*
United Kingdom	723	1 238	1 305	1 238	1 315	1 583	1 596	..	*Royaume-Uni*
Other Europe - OECD									*Autres pays d'Europe - OCDE*
Austria	175	187	199	212	238	245	273	..	*Autriche*
Finland	..	..	..	..	..	..	..	..	*Finlande*
Iceland	..	..	..	..	..	..	..	..	*Islande*
Norway	136	191	206	227	253	..	243	..	*Norvège*
Sweden	..	..	..	..	..	..	..	..	*Suède*
Switzerland	228	234	248	299	..	..	..	..	*Suisse*
Turkey	..	..	..	..	..	..	..	..	*Turquie*
Central & Eastern Europe									*Europe centrale et orientale*
Czech Republic	..	..	..	..	..	..	..	..	*République tchèque*
Hungary	..	..	..	..	..	..	..	..	*Hongrie*

Table / Tableau II.3.13.

Total staff: public and private expenditure for primary and secondary education (PPV), millions US$
Dépenses publiques et privées pour l'ensemble du personnel pour l'enseignement primaire et secondaire (PPV), millions $ US

ISCED / CITE 123

	1985	1986	1987	1988	1989	1990	1991	1992	
North America									**Amérique du Nord**
Canada	..	..	..	..	..	..	..	18 495	Canada
United States	..	..	..	..	..	..	..	..	États-Unis
Pacific Area									**Pays du Pacifique**
Australia	..	..	..	..	..	..	6 617	..	Australie
Japan	..	28 810	30 388	32 120	34 140	36 343	39 476	41 501	Japon
New Zealand	..	..	..	..	..	..	..	..	Nouvelle-Zélande
European Community									**Communauté européenne**
Belgium	..	..	..	..	..	..	..	..	Belgique
Denmark	2 089	1980	2 327	2 489	2 596	2 553	2 674	..	Danemark
France	..	..	..	..	23 706	25 494	27 850	28 116	France
Germany (FTFR)	..	..	..	..	..	..	..	..	Allemagne (ex- terr. de la RFA)
Greece	..	..	..	..	..	..	..	..	Grèce
Ireland	..	..	..	..	..	..	..	..	Irlande
Italy	..	..	..	..	..	..	..	..	Italie
Luxembourg	..	..	..	..	..	..	..	..	Luxembourg
Netherlands	4 944	5 141	5 319	5 408	5 554	5 766	6 023	5 998	Pays-Bas
Portugal	..	..	..	..	..	..	..	..	Portugal
Spain	5 481	5 775	6 283	7 101	8 065	8 549	9 521	13 928	Espagne
United Kingdom	..	..	..	..	..	..	..	..	Royaume-Uni
Other Europe - OECD									**Autres pays d'Europe - OCDE**
Austria	..	..	..	..	..	..	..	3 806	Autriche
Finland	1 733	1 889	1 962	2 129	2 267	2 417	2 698	2 588	Finlande
Iceland	..	..	..	..	..	..	..	..	Islande
Norway	..	..	..	..	..	..	..	..	Norvège
Sweden	..	..	..	..	..	..	..	..	Suède
Switzerland	..	..	..	..	..	..	..	..	Suisse
Turkey	..	..	..	..	..	..	..	..	Turquie
Central & Eastern Europe									**Europe centrale et orientale**
Czech Republic	..	..	..	..	..	..	..	..	République tchèque
Hungary	..	..	..	..	..	..	1 825	..	Hongrie

Table / Tableau II.3.14.

Total staff: public expenditure for primary and secondary education (PPV), millions US$
Dépenses publiques pour l'ensemble du personnel pour l'enseignement primaire et secondaire (PPV), millions $ US

ISCED / CITE 123

	1985	1986	1987	1988	1989	1990	1991	1992	
North America									**Amérique du Nord**
Canada	..	..	..	..	..	..	..	..	Canada
United States	..	..	..	..	..	..	..	..	États-Unis
Pacific Area									**Pays du Pacifique**
Australia	4 710	5 024	4 995	5 998	..	..	5 930	..	Australie
Japan	..	..	..	..	..	..	..	..	Japon
New Zealand	..	1 042	978	929	1 159	..	..	..	Nouvelle-Zélande
European Community									**Communauté européenne**
Belgium	..	..	..	..	..	..	..	..	Belgique
Denmark	2 074	1 965	2 311	2 470	2 579	2 529	2 650	..	Danemark
France	..	..	..	..	..	..	..	..	France
Germany (FTFR)	17 742	18 152	18 833	19 530	..	..	23 181	..	Allemagne (ex- terr. de la RFA)
Greece	..	..	..	..	..	..	..	..	Grèce
Ireland	753	799	929	991	1 052	1 158	1 298	..	Irlande
Italy	18 806	20 408	22 155	23 017	26 158	27 001	27 878	..	Italie
Luxembourg	..	175	202	217	221	..	..	..	Luxembourg
Netherlands	..	..	..	..	..	..	..	..	Pays-Bas
Portugal	1 440	1 537	1 716	2 089	2 421	2 644	..	..	Portugal
Spain	5 481	5 775	6 283	7 101	8 065	8 549	9 521	..	Espagne
United Kingdom	14 129	16 458	18 063	19 714	21 202	22 104	22 184	..	Royaume-Uni
Other Europe - OECD									**Autres pays d'Europe - OCDE**
Austria	2 470	2 613	2 762	2 875	3 059	3 277	3 543	..	Autriche
Finland	..	..	..	..	..	..	..	..	Finlande
Iceland	..	..	..	..	..	..	..	..	Islande
Norway	1 566	1 783	1 889	2 041	2 153	2 120	2 279	..	Norvège
Sweden	..	..	..	..	..	..	..	..	Suède
Switzerland	3 024	3 113	3 208	3 445	..	..	..	..	Suisse
Turkey	..	..	..	..	..	..	..	..	Turquie
Central & Eastern Europe									**Europe centrale et orientale**
Czech Republic	..	..	..	..	..	..	..	..	République tchèque
Hungary	..	..	..	..	..	..	..	..	Hongrie

Table / Tableau II.3.15.

Teaching staff: public and private expenditure for primary and secondary education (PPV), millions US$
Dépenses publiques et privées en personnel enseignant pour l'enseignement primaire et secondaire (PPV), millions $ US

ISCED / CITE 123

	1985	1986	1987	1988	1989	1990	1991	1992	
North America									**Amérique du Nord**
Canada	..	..	..	..	..	..	..	14 526	Canada
United States	..	..	..	..	..	..	..	..	États-Unis
Pacific Area									**Pays du Pacifique**
Australia	..	..	..	..	..	..	5 774	..	Australie
Japan	..	24 225	25 500	26 918	28 585	30 425	33 032	..	Japon
New Zealand	..	..	..	..	..	..	..	..	Nouvelle-Zélande
European Community									**Communauté européenne**
Belgium	..	..	..	..	..	..	..	..	Belgique
Denmark	1 690	1 602	1 884	2 015	2 103	2 064	2 163	..	Danemark
France	..	..	..	..	..	..	..	..	France
Germany (FTFR)	..	..	..	..	..	..	..	..	Allemagne (ex- terr. de la RFA)
Greece	..	..	..	..	..	..	..	..	Grèce
Ireland	..	..	..	..	..	..	..	..	Irlande
Italy	..	..	..	..	..	..	..	..	Italie
Luxembourg	..	..	..	..	..	..	..	..	Luxembourg
Netherlands	..	..	..	..	..	..	..	..	Pays-Bas
Portugal	..	..	..	..	..	..	..	..	Portugal
Spain	..	..	..	..	..	..	..	..	Espagne
United Kingdom	..	..	..	..	..	..	..	..	Royaume-Uni
Other Europe - OECD									**Autres pays d'Europe - OCDE**
Austria	..	..	..	..	..	..	..	3 287	Autriche
Finland	1 372	1 502	1 558	1 698	1 800	1 918	2 136	2 075	Finlande
Iceland	..	..	..	..	..	..	..	..	Islande
Norway	..	..	..	..	..	..	..	..	Norvège
Sweden	..	2 609	2 779	2 883	3 098	3 832	..	3 306	Suède
Switzerland	..	..	..	..	..	..	..	..	Suisse
Turkey	..	..	..	..	..	..	..	6 667	Turquie
Central & Eastern Europe									**Europe centrale et orientale**
Czech Republic	..	..	..	..	..	..	..	..	République tchèque
Hungary	..	..	..	..	..	..	..	..	Hongrie

Table / Tableau II.3.16.

Teaching staff: public expenditure for primary and secondary education (PPV), millions US$
Dépenses publiques en personnel enseignant pour l'enseignement primaire et secondaire (PPV), millions $ US

ISCED / CITE 123

	1985	1986	1987	1988	1989	1990	1991	1992	
North America									**Amérique du Nord**
Canada	..	..	..	..	..	..	..	..	Canada
United States	..	..	..	..	..	..	..	..	États-Unis
Pacific Area									**Pays du Pacifique**
Australia	..	..	..	4 713	..	..	5 219	..	Australie
Japan	..	..	..	..	..	..	..	..	Japon
New Zealand	..	1 042	978	929	1 159	..	..	..	Nouvelle-Zélande
European Community									**Communauté européenne**
Belgium	..	..	..	..	..	..	..	..	Belgique
Denmark	1 678	1 590	1 871	2 001	2 089	2 045	2 143	..	Danemark
France	..	..	..	..	..	..	..	..	France
Germany (FTFR)	..	..	..	..	..	..	..	..	Allemagne (ex- terr. de la RFA)
Greece	..	..	..	..	..	..	..	..	Grèce
Ireland	743	783	905	950	1 007	1 107	1 241	..	Irlande
Italy	14 722	16 173	17 657	19 155	21 837	21 522	22 404	..	Italie
Luxembourg	..	157	180	193	199	..	..	..	Luxembourg
Netherlands	..	..	..	..	..	..	..	..	Pays-Bas
Portugal	..	..	..	..	..	..	3 359	..	Portugal
Spain	..	..	..	..	..	..	..	..	Espagne
United Kingdom	12 422	12 776	13 947	15 018	16 212	17 108	17 004	..	Royaume-Uni
Other Europe - OECD									**Autres pays d'Europe - OCDE**
Austria	2 128	2 258	2 387	2 482	2 638	2 832	3 060	..	Autriche
Finland	..	..	..	..	..	..	..	..	Finlande
Iceland	..	..	..	..	..	..	..	..	Islande
Norway	1 020	1 221	1 244	1 356	1 441	..	1 964	..	Norvège
Sweden	..	2 609	2 779	2 883	3 098	3 832	..	..	Suède
Switzerland	2 609	2 682	2 759	2 965	..	..	..	..	Suisse
Turkey	..	..	..	..	..	..	..	..	Turquie
Central & Eastern Europe									**Europe centrale et orientale**
Czech Republic	..	..	..	..	..	..	..	..	République tchèque
Hungary	..	..	..	..	..	..	..	..	Hongrie

Table / Tableau II.3.17.

Non-teaching staff: public and private expenditure for primary and secondary education (PPV), millions US$
Dépenses publiques et privées en personnel non enseignant pour l'enseignement primaire et secondaire (PPV), millions $ US

ISCED / CITE 123

	1985	1986	1987	1988	1989	1990	1991	1992	
North America									*Amérique du Nord*
Canada	..	..	..	..	..	..	..	3 969	*Canada*
United States	..	..	..	..	..	..	..	..	*États-Unis*
Pacific Area									*Pays du Pacifique*
Australia	..	..	..	..	..	..	844	..	*Australie*
Japan	..	4 585	4 888	5 202	5 555	5 918	6 444	..	*Japon*
New Zealand	..	..	..	..	..	..	..	..	*Nouvelle-Zélande*
European Community									*Communauté européenne*
Belgium									*Belgique*
Denmark	398	378	443	473	493	489	511	..	*Danemark*
France									*France*
Germany (FTFR)									*Allemagne (ex- terr. de la RFA)*
Greece									*Grèce*
Ireland	..	..	..	..	..	..	..	..	*Irlande*
Italy	..	..	..	..	..	..	..	..	*Italie*
Luxembourg	..	..	..	..	..	..	..	..	*Luxembourg*
Netherlands	..	..	..	..	..	..	..	..	*Pays-Bas*
Portugal	..	..	..	..	..	..	..	..	*Portugal*
Spain	..	..	..	..	..	..	..	..	*Espagne*
United Kingdom	..	..	..	..	..	..	..	..	*Royaume-Uni*
Other Europe - OECD									*Autres pays d'Europe - OCDE*
Austria	..	..	..	..	..	..	..	520	*Autriche*
Finland	360	387	404	431	467	499	562	513	*Finlande*
Iceland	..	..	..	..	..	..	..	..	*Islande*
Norway	..	..	..	..	..	..	..	..	*Norvège*
Sweden	..	..	..	..	..	..	..	..	*Suède*
Switzerland	..	..	..	..	..	..	..	..	*Suisse*
Turkey	..	..	..	..	..	..	..	..	*Turquie*
Central & Eastern Europe									*Europe centrale et orientale*
Czech Republic	..	..	..	..	..	..	..	..	*République tchèque*
Hungary	..	..	..	..	..	..	..	..	*Hongrie*

Table / Tableau II.3.18.

Non-teaching staff: public expenditure for primary and secondary education (PPV), millions US$
Dépenses publiques en personnel non enseignant pour l'enseignement primaire et secondaire (PPV), millions $ US

ISCED / CITE 123

	1985	1986	1987	1988	1989	1990	1991	1992	
North America									**Amérique du Nord**
Canada	..	..	..	..	..	..	..	..	Canada
United States	..	..	..	..	..	..	..	..	États-Unis
Pacific Area									**Pays du Pacifique**
Australia	..	..	..	1 285	..	..	711	..	Australie
Japan	..	..	..	..	..	..	..	..	Japon
New Zealand	..	..	..	..	..	..	..	..	Nouvelle-Zélande
European Community									**Communauté européenne**
Belgium	..	..	..	..	..	..	..	..	Belgique
Denmark	396	375	440	470	490	484	506	..	Danemark
France	..	..	..	..	..	..	..	..	France
Germany (FTFR)	..	..	..	..	..	..	..	..	Allemagne (ex- terr. de la RFA)
Greece	..	..	..	..	..	..	..	..	Grèce
Ireland	11	16	25	41	45	51	57	..	Irlande
Italy	4 084	4 234	4 498	3 861	4 315	5 479	5 473	..	Italie
Luxembourg	..	18	22	24	22	..	..	..	Luxembourg
Netherlands	..	..	..	..	..	..	..	..	Pays-Bas
Portugal	..	..	..	..	..	..	..	..	Portugal
Spain	..	..	..	..	..	..	..	..	Espagne
United Kingdom	1 706	3 682	4 116	4 696	4 990	4 996	4 675	..	Royaume-Uni
Other Europe - OECD									**Autres pays d'Europe - OCDE**
Austria	342	355	376	393	421	445	482	..	Autriche
Finland	..	..	..	..	..	..	..	..	Finlande
Iceland	..	..	..	..	..	..	..	..	Islande
Norway	546	563	645	685	711	..	315	..	Norvège
Sweden	..	..	..	..	..	..	..	..	Suède
Switzerland	415	431	449	480	..	..	..	..	Suisse
Turkey	..	..	..	..	..	..	..	..	Turquie
Central & Eastern Europe									**Europe centrale et orientale**
Czech Republic	..	..	..	..	..	..	..	..	République tchèque
Hungary	..	..	..	..	..	..	..	..	Hongrie

Chapter/*Chapitre* III

Personnel
Personnel

Chapter III deals with numbers of staff, teaching and non-teaching, including the proportion of women in teaching staff. As with the expenditure tables ISCED levels have been broadly grouped into tertiary education and primary and secondary education. Staff often function at more than one ISCED level, and countries may have difficulty estimating the number of personnel at a given level. For government-dependent and independent private institutions totals only are published, again due to the difficulty of obtaining more detailed information.

Tables in the section on staff characteristics and school processes give additional basic data collected during the development of indicators on human resources. A separate section of notes on these tables can be found in the Annex.

*
* *

Le chapitre III traite des effectifs du personnel, enseignant et non enseignant, en incluant la proportion de femmes pour le personnel enseignant. Comme pour les tableaux sur les dépenses, les niveaux de la CITE ont été regroupés en enseignement supérieur et en enseignement primaire et secondaire. Le personnel travaille souvent pour plus d'un niveau donné de la CITE à la fois. Pour les établissements privés non subventionnés et les subventionnés, seuls les totaux sont publiés vu les difficultés pour obtenir une information plus détaillée.

Dans la section sur les spécificités des enseignants et les processus scolaires, les tableaux fournissent des données supplémentaires collectées lors du développement des indicateurs sur les ressources humaines. Une section séparée de notes correspondant à ces tableaux se trouve dans l'annexe.

Table / Tableau III.1.1.

Total staff - all schools (FTE, PPV)
Ensemble du personnel dans l'enseignement - tous les établissements (EPT, PPV)
ISCED / CITE 0-9

	1985	1986	1987	1988	1989	1990	1991	1992	
North America									**Amérique du Nord**
Canada	..	..	..	..	..	..	..	..	Canada
United States	..	..	..	..	..	..	7 083 427	8 033 136	États-Unis
Pacific Area									**Pays du Pacifique**
Australia	..	..	..	..	..	..	359 383	360 598	Australie
Japan	1 922 282	1 932 962	1 942 413	1 953 237	1 964 662	1 984 316	1 992 285	2 010 126	Japon
New Zealand	..	..	..	..	..	..	..	..	Nouvelle-Zélande
European Community									**Communauté européenne**
Belgium	..	..	..	..	..	..	259 639	256 285	Belgique
Denmark	121 800	122 600	124 400	125 000	125 000	..	144 700	167 500	Danemark
France	..	..	..	..	..	..	1 429 578	1 382 698	France
Germany (FTFR)	..	..	..	..	..	..	..	..	Allemagne (ex- terr. de la RFA)
Greece	..	..	..	..	..	..	..	..	Grèce
Ireland	..	..	..	..	..	..	..	..	Irlande
Italy	..	..	..	..	..	..	..	1 355 815	Italie
Luxembourg	..	..	..	..	..	..	..	..	Luxembourg
Netherlands	250 161	254 333	259 210	254 846	249 550	238 129	242 829	..	Pays-Bas
Portugal	..	..	..	..	..	..	..	..	Portugal
Spain	..	..	..	..	..	..	..	..	Espagne
United Kingdom	..	..	..	..	..	..	..	..	Royaume-Uni
Other Europe - OECD									**Autres pays d'Europe - OCDE**
Austria	..	..	..	..	..	..	..	..	Autriche
Finland	118 000	..	123 000	125 000	126 192	132 125	133 297	128 000	Finlande
Iceland	..	..	..	..	..	..	..	..	Islande
Norway	..	..	..	..	..	..	..	..	Norvège
Sweden	..	..	..	..	..	..	..	..	Suède
Switzerland	..	..	..	..	..	..	129 063	..	Suisse
Turkey	..	..	..	..	..	..	..	..	Turquie
Central & Eastern Europe									**Europe centrale et orientale**
Czech Republic	..	..	..	..	..	..	..	205 637	République tchèque
Hungary	..	..	..	..	..	..	307 393	285 131	Hongrie

Table / Tableau III.1.2.

Non-teaching staff - all schools (FTE, PPV)
Personnel non enseignant - tous les établissements (EPT, PPV)
ISCED / CITE 0-9

	1985	1986	1987	1988	1989	1990	1991	1992	
North America									**Amérique du Nord**
Canada	..	..	..	..	..	..	..	..	Canada
United States	..	..	..	..	..	..	3 730 047	4 614 741	États-Unis
Pacific Area									**Pays du Pacifique**
Australia	..	..	..	..	..	..	105 300	127 218	Australie
Japan	457 851	454 325	454 359	454 825	455 806	454 843	455 552	..	Japon
New Zealand	..	..	..	..	..	..	..	..	Nouvelle-Zélande
European Community									**Communauté européenne**
Belgium	..	..	..	..	..	..	46 713	51 129	Belgique
Denmark	39 000	39 200	39 800	39 800	40 000	..	61 800	71 200	Danemark
France	..	..	..	..	..	..	..	542 333	France
Germany (FTFR)	..	..	..	..	..	..	..	..	Allemagne (ex- terr. de la RFA)
Greece	..	..	..	..	..	..	..	..	Grèce
Ireland	..	..	..	..	..	..	..	..	Irlande
Italy	..	..	..	..	..	..	..	331 472	Italie
Luxembourg	..	..	..	..	..	..	..	..	Luxembourg
Netherlands	47 871	48 848	50 274	49 043	47 782	44 582	48 682	..	Pays-Bas
Portugal	..	..	..	..	..	..	..	..	Portugal
Spain	..	..	..	..	..	..	..	..	Espagne
United Kingdom	..	..	..	..	..	..	..	..	Royaume-Uni
Other Europe - OECD									**Autres pays d'Europe - OCDE**
Austria	..	..	..	..	..	..	..	..	Autriche
Finland	53 780	54 445	56 301	60 927	56 890	61 546	61 697	49 300	Finlande
Iceland	..	..	..	..	..	..	..	..	Islande
Norway	..	..	..	..	..	..	..	..	Norvège
Sweden	..	..	..	..	..	..	..	..	Suède
Switzerland	..	..	..	..	..	..	..	..	Suisse
Turkey	..	..	..	..	..	..	..	..	Turquie
Central & Eastern Europe									**Europe centrale et orientale**
Czech Republic	..	..	..	..	..	..	..	34 345	République tchèque
Hungary	..	..	..	..	..	..	117 133	97 820	Hongrie

Table / Tableau III.2.1.

Total teaching staff (FTE, PPV)
Ensemble du personnel enseignant (EPT, PPV)
ISCED / CITE 0-9

	1985	1986	1987	1988	1989	1990	1991	1992	
North America									*Amérique du Nord*
Canada	..	..	..	..	..	..	..	..	*Canada*
United States	..	..	..	..	..	..	3 353 380	3 418 395	*États-Unis*
Pacific Area									*Pays du Pacifique*
Australia	..	..	..	..	..	..	254 083	255 057	*Australie*
Japan	1 464 431	1 478 638	1 488 054	1 498 407	1 508 856	1 529 472	1 536 733	1 551 646	*Japon*
New Zealand	..	..	..	..	..	..	..	..	*Nouvelle-Zélande*
European Community									*Communauté européenne*
Belgium	..	..	..	..	..	..	212 926	205 157	*Belgique*
Denmark	82 800	83 400	84 600	85 200	85 000	83 600	82 900 |	96 300	*Danemark*
France	..	..	..	..	..	..	..	840 365	*France*
Germany (FTFR)	..	..	..	..	..	..	727 855	750 984	*Allemagne (ex- terr. de la RFA)*
Greece	..	..	..	..	..	..	..	..	*Grèce*
Ireland	..	..	47 369	47 292	45 993	46 181	47 345	48 476	*Irlande*
Italy	982 529	986 786	991 741	1 026 266	1 029 889	1 027 779	..	1 024 343	*Italie*
Luxembourg	..	..	..	..	..	..	..	..	*Luxembourg*
Netherlands	202 290	205 485	208 936	205 803	201 768	193 547	194 147 |	170 994	*Pays-Bas*
Portugal	..	..	..	..	..	..	173 808	..	*Portugal*
Spain	434 627	443 850	444 351	454 997	471 792	491 451	499 932	513 739	*Espagne*
United Kingdom	..	..	..	627 718	694 430	678 958	683 618	690 743	*Royaume-Uni*
Other Europe - OECD									*Autres pays d'Europe - OCDE*
Austria	124 668	127 308	129 250	129 605	130 701	132 399	134 434	140 949	*Autriche*
Finland	64 220	65 555	66 699	68 073	69 302	70 579	71 600 |	78 700	*Finlande*
Iceland	..	..	..	..	..	..	..	..	*Islande*
Norway	..	..	..	..	..	..	..	..	*Norvège*
Sweden	..	..	..	..	..	..	..	..	*Suède*
Switzerland	..	..	..	..	..	..	..	..	*Suisse*
Turkey	368 904	379 383	390 113	401 873	406 332	423 169	426 835	448 805	*Turquie*
Central & Eastern Europe									*Europe centrale et orientale*
Czech Republic	..	..	..	..	..	..	..	171 292	*République tchèque*
Hungary	..	..	..	..	..	..	..	187 311	*Hongrie*

Denmark: from 1992, pre-primary education
includes children under 5
Netherlands: 1992, change in definition of teaching staff
Finland: ISCED 0 excluded, prior to 1992

Danemark : depuis 1992, éducation préscolaire
comprend les enfants de moins de 5 ans
Pays-Bas : 1992, changement de définition pour le personnel enseignant
Finlande : CITE 0 exclue, avant 1992

Table / Tableau III.2.2.

Total teaching staff (FTE, PPV), percent women
Ensemble du personnel enseignant (EPT, PPV), *pourcentage femmes*
ISCED / CITE 0-9

	1985	1986	1987	1988	1989	1990	1991	1992	
North America									**Amérique du Nord**
Canada	..	..	..	..	..	..	..	..	Canada
United States	..	..	..	..	..	..	..	..	États-Unis
Pacific Area									**Pays du Pacifique**
Australia	..	..	..	..	..	..	..	..	Australie
Japan	..	..	..	..	..	..	41.3	41.8	Japon
New Zealand	..	..	..	..	..	..	..	..	Nouvelle-Zélande
European Community									**Communauté européenne**
Belgium	..	..	..	..	..	..	58.7	59.2	Belgique
Denmark	56.5	56.5	56.5	56.9	52.2	56.5	56.0	56.6	Danemark
France	..	..	..	..	..	..	..	61.4	France
Germany (FTFR)	..	..	..	..	..	..	46.0	46.9	Allemagne (ex- terr. de la RFA)
Greece	..	..	..	..	..	..	..	..	Grèce
Ireland	..	..	..	..	..	..	..	..	Irlande
Italy	71.6	71.7	72.3	72.2	72.3	72.4	..	..	Italie
Luxembourg	..	..	..	..	..	..	..	..	Luxembourg
Netherlands	34.6	35.9	34.7	35.1	34.8	35.3	38.9	39.2	Pays-Bas
Portugal	..	..	..	..	..	..	70.9	..	Portugal
Spain	55.2	55.6	56.5	56.5	56.7	57.4	58.0	58.3	Espagne
United Kingdom	..	..	..	58.1	55.2	56.8	56.5	56.6	Royaume-Uni
Other Europe - OECD									**Autres pays d'Europe - OCDE**
Austria	59.0	59.2	59.8	60.4	60.5	60.7	61.1	60.6	Autriche
Finland	55.6	55.9	56.5	56.8	57.0	59.8	58.0	61.4	Finlande
Iceland	..	..	..	..	..	..	..	..	Islande
Norway	..	..	..	..	..	..	..	..	Norvège
Sweden	..	..	..	..	..	..	..	..	Suède
Switzerland	..	..	..	..	..	..	..	..	Suisse
Turkey	39.2	39.9	40.0	39.9	40.3	40.6	41.1	41.2	Turquie
Central & Eastern Europe									**Europe centrale et orientale**
Czech Republic	..	..	..	..	..	..	..	68.2	République tchèque
Hungary	..	..	..	..	..	..	..	..	Hongrie

Table / Tableau III.2.3.

Higher education teachers (FTE, PPV)
Enseignants du supérieur (EPT, PPV)

ISCED / CITE 567

	1985	1986	1987	1988	1989	1990	1991	1992	
North America									*Amérique du Nord*
Canada	..	..	..	..	..	..	..	..	Canada
United States	..	..	..	..	..	..	631 655	655 376	États-Unis
Pacific Area									*Pays du Pacifique*
Australia	..	..	..	..	..	..	54 550	52 991	Australie
Japan	231 319	236 602	243 316	250 236	257 731	266 539	273 859	282 677	Japon
New Zealand	..	..	..	..	..	..	..	8 200	Nouvelle-Zélande
European Community									*Communauté européenne*
Belgium	..	..	..	..	..	..	18 860	14 374	Belgique
Denmark	5 600	5 400	5 300	5 300	5 200	5 200	5 200	5 500	Danemark
France	..	..	..	..	..	..	..	103 493	France
Germany (FTFR)	141 079	141 173	143 343	150 144	155 560	155 541	165 120	172 517	Allemagne (ex- terr. de la RFA)
Greece	..	..	..	..	..	..	..	..	Grèce
Ireland	5 561	5 802	5 178	5 203	5 295	5 309	5 598	5 929	Irlande
Italy	40 681	42 140	44 821	46 087	45 283	46 715	45 840	32 982	Italie
Luxembourg	..	..	..	..	..	..	..	..	Luxembourg
Netherlands	34 721	34 733	34 415	35 092	35 486	32 270	30 869	30 643	Pays-Bas
Portugal	..	..	..	..	..	..	15 099	..	Portugal
Spain	38 862	39 428	39 144	42 283	45 805	48 573	52 299	57 566	Espagne
United Kingdom	..	..	..	..	71 122	70 600	72 431	73 786	Royaume-Uni
Other Europe - OECD									*Autres pays d'Europe - OCDE*
Austria	11 753	12 135	12 279	12 518	12 935	13 898	14 568	18 528	Autriche
Finland	..	..	..	47 282	..	49 780	..	..	Finlande
Iceland	..	..	..	..	..	..	..	..	Islande
Norway	..	..	..	..	..	..	..	..	Norvège
Sweden	..	..	..	..	..	..	..	..	Suède
Switzerland	..	..	..	..	..	..	..	..	Suisse
Turkey	21 949	22 968	24 382	27 196	28 856	32 029	34 469	35 132	Turquie
Central & Eastern Europe									*Europe centrale et orientale*
Czech Republic	..	..	..	..	..	..	..	13 883	République tchèque
Hungary	..	..	..	..	..	..	..	16 849	Hongrie

Belgium: 1992, change in definition of ISCED 6

Belgique : 1992, changement de définition pour CITE 6

Table / Tableau III.2.4.

Higher education teachers (FTE, PPV), percent women
Enseignants du supérieur (EPT, PPV), pourcentage femmes
ISCED / CITE 567

	1985	1986	1987	1988	1989	1990	1991	1992	
North America									**Amérique du Nord**
Canada	..	..	..	..	..	..	..	..	Canada
United States	..	..	..	..	..	..	32.3	32.3	États-Unis
Pacific Area									**Pays du Pacifique**
Australia	..	..	..	..	..	..	..	..	Australie
Japan	..	..	..	..	..	..	20.2	20.5	Japon
New Zealand	..	..	..	..	..	..	..	37.8	Nouvelle-Zélande
European Community									**Communauté européenne**
Belgium	..	..	..	..	..	..	35.1	36.1	Belgique
Denmark	41.1	40.7	41.5	41.5	42.3	40.4	40.4	40.0	Danemark
France	..	..	..	..	..	..	..	32.7	France
Germany (FTFR)	..	..	22.8	17.4	21.4	21.4	22.8	23.2	Allemagne (ex- terr. de la RFA)
Greece	..	..	..	..	..	..	..	..	Grèce
Ireland	..	..	..	..	..	..	..	..	Irlande
Italy	25.3	25.6	24.6	25.9	26.0	27.2	27.2	..	Italie
Luxembourg	..	..	..	..	..	..	..	..	Luxembourg
Netherlands	16.9	17.4	17.8	18.4	19.3	20.6	20.8	21.5	Pays-Bas
Portugal	..	..	..	..	..	..	33.0	..	Portugal
Spain	24.5	26.4	27.6	28.1	29.0	28.9	29.4	30.7	Espagne
United Kingdom	..	..	..	..	17.2	18.4	19.5	19.2	Royaume-Uni
Other Europe - OECD									**Autres pays d'Europe - OCDE**
Austria	19.6	20.2	20.7	21.1	21.7	22.7	24.0	23.9	Autriche
Finland	..	..	..	..	..	..	..	..	Finlande
Iceland	..	..	..	..	..	..	..	..	Islande
Norway	..	..	..	..	..	..	..	..	Norvège
Sweden	..	..	..	..	..	..	..	..	Suède
Switzerland	..	..	..	..	..	..	..	..	Suisse
Turkey	29.8	30.3	31.1	31.1	31.2	31.5	31.7	31.9	Turquie
Central & Eastern Europe									**Europe centrale et orientale**
Czech Republic	..	..	..	..	..	..	..	28.5	République tchèque
Hungary	..	..	..	..	..	..	..	33.3	Hongrie

Table / Tableau III.2.5.

Primary and secondary education teachers (FTE, PPV)
Enseignants du primaire et du secondaire (EPT, PPV)
ISCED / CITE 123

	1985	1986	1987	1988	1989	1990	1991	1992	
North America									**Amérique du Nord**
Canada	268 884	271 227	273 379	279 648	287 115	288 993	..	..	Canada
United States	..	..	..	..	..	..	2 721 725	2 763 019	États-Unis
Pacific Area									**Pays du Pacifique**
Australia	..	..	..	..	..	..	..	202 066	Australie
Japan	1 089 527	1 099 585	1 104 161	1 107 849	1 109 971	1 121 282	1 121 633	1 127 646	Japon
New Zealand	..	..	35 710	35 230	35 989	..	..	37 919	Nouvelle-Zélande
European Community									**Communauté européenne**
Belgium	..	..	..	..	..	..	..	158 937	Belgique
Denmark	74 000	74 800	75 900	76 600	76 500	74 800	73 900	77 400	Danemark
France	..	..	..	..	..	..	..	601 295	France
Germany (FTFR)	503 463	499 727	494 879	490 111	485 201	486 299	488 665	504 030	Allemagne (ex- terr. de la RFA)
Greece	..	..	..	..	..	..	..	..	Grèce
Ireland	..	..	..	..	..	..	..	37 463	Irlande
Italy	830 575	833 666	834 338	866 302	871 270	868 672	850 135	873 477	Italie
Luxembourg	..	..	..	..	..	..	..	..	Luxembourg
Netherlands	167 569	170 752	174 521	170 711	166 282	178 165	163 278	126 043	Pays-Bas
Portugal	..	..	..	..	..	..	..	..	Portugal
Spain	351 304	359 247	360 873	367 687	381 486	398 665	402 532	407 347	Espagne
United Kingdom	..	..	576 000	569 050	578 000	561 622	563 635	605 991	Royaume-Uni
Other Europe - OECD									**Autres pays d'Europe - OCDE**
Austria	105 039	107 044	108 408	108 333	108 903	109 457	110 537	111 631	Autriche
Finland	..	..	..	..	..	..	..	..	Finlande
Iceland	..	..	..	..	..	..	..	..	Islande
Norway	..	..	..	..	..	..	..	..	Norvège
Sweden	108 900	108 350	107 800	107 600	108 700	110 200	111 900	106 400	Suède
Switzerland	..	..	..	..	..	..	..	..	Suisse
Turkey	342 824	350 399	359 419	368 485	370 951	383 896	385 247	405 678	Turquie
Central & Eastern Europe									**Europe centrale et orientale**
Czech Republic	..	..	..	..	..	..	..	119 229	République tchèque
Hungary	..	..	..	..	..	..	..	136 294	Hongrie

Table / Tableau III.2.6.

Primary and secondary education teachers (FTE, PPV), percent women
Enseignants du primaire et du secondaire (EPT, PPV), pourcentage femmes
ISCED / CITE 123

	1985	1986	1987	1988	1989	1990	1991	1992	
North America									*Amérique du Nord*
Canada	..	..	..	..	..	..	..	..	*Canada*
United States	..	..	..	..	..	..	..	..	*États-Unis*
Pacific Area									*Pays du Pacifique*
Australia	..	..	..	..	..	..	..	62.0	*Australie*
Japan	..	..	..	..	..	..	42.0	42.8	*Japon*
New Zealand	..	..	..	..	..	..	..	63.1	*Nouvelle-Zélande*
European Community									*Communauté européenne*
Belgium	..	..	..	..	..	..	..	56.3	*Belgique*
Denmark	56.2	56.1	56.0	56.5	51.4	55.9	55.2	52.8	*Danemark*
France	..	..	..	..	..	..	..	63.7	*France*
Germany (FTFR)	46.9	46.0	48.1	47.4	45.8	46.7	46.1	47.5	*Allemagne (ex- terr. de la RFA)*
Greece	..	..	..	..	..	..	..	..	*Grèce*
Ireland	..	..	..	..	..	..	..	..	*Irlande*
Italy	70.1	70.3	71.1	71.1	71.2	71.3	71.6	70.6	*Italie*
Luxembourg	..	..	..	..	..	..	..	..	*Luxembourg*
Netherlands	38.3	39.6	38.0	38.5	38.1	34.6	42.3	36.6	*Pays-Bas*
Portugal	..	..	..	..	..	..	..	..	*Portugal*
Spain	54.1	54.4	55.2	55.6	56.1	57.2	57.9	58.1	*Espagne*
United Kingdom	..	..	54.7	56.7	57.4	59.2	58.7	60.3	*Royaume-Uni*
Other Europe - OECD									*Autres pays d'Europe - OCDE*
Austria	60.3	60.5	61.1	61.8	62.0	62.3	62.8	63.1	*Autriche*
Finland	..	..	..	..	..	..	..	..	*Finlande*
Iceland	..	..	..	..	..	..	..	..	*Islande*
Norway	..	..	..	..	..	..	..	..	*Norvège*
Sweden	..	..	..	..	..	..	..	..	*Suède*
Switzerland	..	..	..	..	..	..	..	..	*Suisse*
Turkey	39.1	39.5	39.6	39.6	39.9	40.3	40.9	40.9	*Turquie*
Central & Eastern Europe									*Europe centrale et orientale*
Czech Republic	..	..	..	..	..	..	..	64.2	*République tchèque*
Hungary	..	..	..	..	..	..	..	..	*Hongrie*

Table / Tableau III.2.7.

Pre-primary education teachers (FTE, PPV)
Enseignants du préscolaire (EPT, PPV)

ISCED / CITE 0

	1985	1986	1987	1988	1989	1990	1991	1992	
North America									*Amérique du Nord*
Canada	11 563	11 951	12 138	12 850	13 820	14 075	..	..	Canada
United States	..	..	..	..	..	..	..	..	États-Unis
Pacific Area									*Pays du Pacifique*
Australia	..	..	..	..	..	..	..	..	Australie
Japan	..	..	..	..	104 944	105 896	106 429	107 148	Japon
New Zealand	1 459	..	..	..	1 672	..	..	..	Nouvelle-Zélande
European Community									*Communauté européenne*
Belgium	..	..	..	..	..	..	..	21 728	Belgique
Denmark	3 200	3 200	3 400	3 300	3 300	3 600	3 800	| 13 400	Danemark
France	..	..	..	..	..	..	92 780	98 328	France
Germany (FTFR)	..	..	..	..	..	..	74 071	74 438	Allemagne (ex- terr. de la RFA)
Greece	..	..	..	..	..	..	..	..	Grèce
Ireland	..	..	5 060	5 033	4 677	4 520	4 589	4 655	Irlande
Italy	111 273	110 980	112 582	113 877	113 336	112 392	..	117 884	Italie
Luxembourg	..	..	..	..	..	..	..	..	Luxembourg
Netherlands	19 879	18 467	17 710	17 408	16 980	16 888	17 122	| 14 308	Pays-Bas
Portugal	..	..	..	..	..	..	7 643	..	Portugal
Spain	38 793	39 573	39 217	39 513	38 990	38 864	40 051	43 922	Espagne
United Kingdom	..	..	25 000	25 194	25 000	27 340	28 732	| 10 966	Royaume-Uni
Other Europe - OECD									*Autres pays d'Europe - OCDE*
Austria	7 876	8 129	8 563	8 754	8 863	9 044	9 329	10 790	Autriche
Finland	..	..	..	..	..	..	..	7 100	Finlande
Iceland	..	..	..	..	..	..	..	..	Islande
Norway	..	..	..	..	..	..	..	..	Norvège
Sweden	..	..	..	..	..	..	..	..	Suède
Switzerland	..	..	..	..	..	..	..	..	Suisse
Turkey	4 131	6 016	6 312	6 192	6 525	7 244	7 119	7 995	Turquie
Central & Eastern Europe									*Europe centrale et orientale*
Czech Republic	..	..	..	..	..	..	..	29 886	République tchèque
Hungary	..	..	..	..	..	..	..	34 167	Hongrie

Denmark: from 1992, pre-primary education
includes children under 5
Netherlands: 1992, change in definition of teaching staff
United Kingdom: 1992 excludes private schools
United Kingdom: 1992, change in definition of ISCED 0

Danemark : depuis 1992, éducation préscolaire
comprend les enfants de moins de 5 ans
Pays-Bas : 1992, changement de définition pour le personnel enseignant
Royaume-Uni : 1992 écoles privées non comprises
Royaume-Uni : 1992, changement de définition pour CITE 0

Table / Tableau III.2.8.

Pre-primary education teachers (FTE, PPV), percent women
Enseignants du préscolaire (EPT, PPV), pourcentage femmes
ISCED / CITE 0

	1985	1986	1987	1988	1989	1990	1991	1992	
North America									*Amérique du Nord*
Canada	..	..	..	..	..	..	..	..	Canada
United States	..	..	..	..	..	..	..	..	États-Unis
Pacific Area									*Pays du Pacifique*
Australia	..	..	..	..	..	..	..	..	Australie
Japan	..	..	..	..	..	..	90.7	90.8	Japon
New Zealand	..	..	..	..	99.3	..	..	..	Nouvelle-Zélande
European Community									*Communauté européenne*
Belgium	..	..	..	..	..	..	..	100.0	Belgique
Denmark	90.6	90.6	91.2	90.9	93.9	91.7	92.1	85.1	Danemark
France	..	..	..	..	..	..	..	77.1	France
Germany (FTFR)	..	..	..	..	..	..	97.5	97.5	Allemagne (ex- terr. de la RFA)
Greece	..	..	..	..	..	..	..	..	Grèce
Ireland	..	..	76.1	76.2	76.3	76.3	76.7	76.8	Irlande
Italy	99.9	99.9	99.9	99.7	99.6	99.6	..	99.6	Italie
Luxembourg	..	..	..	..	..	..	..	..	Luxembourg
Netherlands	98.3	100.0	100.0	100.0	100.0	100.0	100.0	100.0	Pays-Bas
Portugal	..	..	..	..	..	..	99.0	..	Portugal
Spain	94.2	92.8	96.0	93.5	93.9	94.1	95.3	95.7	Espagne
United Kingdom	..	..	100.0	100.0	100.0	100.0	100.0	100.0	Royaume-Uni
Other Europe - OECD									*Autres pays d'Europe - OCDE*
Austria	99.7	99.8	99.6	99.6	99.5	99.6	99.6	97.9	Autriche
Finland	..	..	..	..	..	..	..	95.8	Finlande
Iceland	..	..	..	..	..	..	..	..	Islande
Norway	..	..	..	..	..	..	..	..	Norvège
Sweden	..	..	..	..	..	..	..	..	Suède
Switzerland	..	..	..	..	..	..	..	..	Suisse
Turkey	98.5	99.5	99.5	99.9	99.8	99.7	99.6	99.6	Turquie
Central & Eastern Europe									*Europe centrale et orientale*
Czech Republic	..	..	..	..	..	..	..	100.0	République tchèque
Hungary	..	..	..	..	..	..	..	100.0	Hongrie

Table / Tableau III.2.9.

Total teaching staff (FTE, PUB)
Ensemble du personnel enseignant (EPT, PUB)
ISCED / CITE 0-9

	1985	1986	1987	1988	1989	1990	1991	1992	
North America									*Amérique du Nord*
Canada	..	..	..	..	..	..	..	..	*Canada*
United States	2 569 537	2 610 179	2 657 529	2 705 248	2 762 274	2 792 372	2 841 116	2 893 732	*États-Unis*
Pacific Area									*Pays du Pacifique*
Australia	245 832	248 506	250 625	252 494	..	..	200 445	200 836	*Australie*
Japan	1 120 814	1 128 255	1 130 664	1 132 568	1 132 428	1 142 278	1 141 691	1 147 477	*Japon*
New Zealand	42 601	44 475	43 735	43 714	44 649	45 670	46 250	47 383	*Nouvelle-Zélande*
European Community									*Communauté européenne*
Belgium	..	..	..	193 688	..	..	93 442	89 529	*Belgique*
Denmark	76 500	77 000	78 100	78 600	78 500	77 200	76 600 |	89 000	*Danemark*
France	..	..	..	..	..	..	..	676 962	*France*
Germany (FTFR)	..	..	..	..	..	..	..	..	*Allemagne (ex- terr. de la RFA)*
Greece	..	..	..	..	..	..	..	..	*Grèce*
Ireland	9 809	10 157	10 214	10 293	10 212	10 442	10 837 |	47 699	*Irlande*
Italy	899 349	904 144	914 055	949 373	953 718	946 239	930 751	939 397	*Italie*
Luxembourg	..	..	..	..	..	..	..	..	*Luxembourg*
Netherlands	63 752	65 036	64 321	61 252	61 034	56 742	57 816	49 737	*Pays-Bas*
Portugal	..	..	..	..	..	..	154 310	..	*Portugal*
Spain	294 657	305 681	312 704	324 591	341 112	358 514	373 764	389 878	*Espagne*
United Kingdom	..	..	..	572 451	631 347	623 240	626 211 |	5 695 08	*Royaume-Uni*
Other Europe - OECD									*Autres pays d'Europe - OCDE*
Austria	112 416	114 633	116 184	118 407	119 270	120 775	122 651	129 347	*Autriche*
Finland	..	..	..	..	..	..	..	..	*Finlande*
Iceland	..	..	..	..	..	..	..	..	*Islande*
Norway	..	..	..	..	..	..	98 572	98 572	*Norvège*
Sweden	..	..	..	..	..	..	..	..	*Suède*
Switzerland	..	..	..	..	..	..	..	..	*Suisse*
Turkey	365 022	374 807	383 777	394 514	398 135	413 945	416 508	438 546	*Turquie*
Central & Eastern Europe									*Europe centrale et orientale*
Czech Republic	..	..	..	..	..	..	..	170 206	*République tchèque*
Hungary	..	..	..	..	..	..	..	186 531	*Hongrie*

Denmark: from 1992, pre-primary education
includes children under 5
Ireland: 1992, change in definition of private school
United Kingdom: 1992, change in definition of private school

Danemark : depuis 1992, éducation préscolaire
comprend les enfants de moins de 5 ans
Irlande : 1992, changement de définition pour l'école privée
Royaume-Uni : 1992, changement de définition pour l'école privée

Table / Tableau III.2.10.

Total teaching staff (FTE, PUB), percent women
Ensemble du personnel enseignant (EPT, PUB), pourcentage femmes
ISCED / CITE 0-9

	1985	1986	1987	1988	1989	1990	1991	1992	
North America									*Amérique du Nord*
Canada	..	..	..	..	..	..	..	..	*Canada*
United States	..	..	..	..	..	..	..	..	*États-Unis*
Pacific Area									*Pays du Pacifique*
Australia	..	..	..	..	..	..	..	..	*Australie*
Japan	..	..	..	..	..	..	41.9	42.6	*Japon*
New Zealand	..	..	..	..	..	31.0	..	60.6	*Nouvelle-Zélande*
European Community									*Communauté européenne*
Belgium	..	..	..	..	..	..	57.6	58.2	*Belgique*
Denmark	56.2	56.1	56.1	56.6	51.6	56.2	55.7	56.3	*Danemark*
France	..	..	..	..	..	..	..	59.8	*France*
Germany (FTFR)	..	..	..	..	..	..	..	..	*Allemagne (ex- terr. de la RFA)*
Greece	..	..	..	..	..	..	..	..	*Grèce*
Ireland	..	..	..	..	..	..	..	..	*Irlande*
Italy	71.2	71.3	71.1	71.6	71.8	72.3	70.6	72.0	*Italie*
Luxembourg	..	..	..	..	..	..	..	..	*Luxembourg*
Netherlands	34.1	35.6	34.7	35.4	35.4	36.9	46.5	40.9	*Pays-Bas*
Portugal	..	..	..	..	..	..	70.8	..	*Portugal*
Spain	52.4	53.0	54.4	54.4	54.8	55.6	56.1	56.2	*Espagne*
United Kingdom	..	..	..	58.6	55.5	56.9	56.5	60.9	*Royaume-Uni*
Other Europe - OECD									*Autres pays d'Europe - OCDE*
Austria	58.2	58.4	59.1	59.5	59.4	59.6	60.1	59.6	*Autriche*
Finland	..	..	..	..	..	..	..	..	*Finlande*
Iceland	..	..	..	..	..	..	..	..	*Islande*
Norway	..	..	..	..	..	..	..	..	*Norvège*
Sweden	..	..	..	..	..	..	..	..	*Suède*
Switzerland	..	..	..	..	..	..	..	..	*Suisse*
Turkey	39.0	39.6	39.6	39.4	39.7	40.0	40.4	40.6	*Turquie*
Central & Eastern Europe									*Europe centrale et orientale*
Czech Republic	..	..	..	..	..	..	..	68.3	*République tchèque*
Hungary	..	..	..	..	..	..	..	..	*Hongrie*

Table / Tableau III.2.11.

Higher education teachers (FTE, PUB)
Enseignants du supérieur (EPT, PUB)
ISCED / CITE 567

	1985	1986	1987	1988	1989	1990	1991	1992	
North America									**Amérique du Nord**
Canada	..	..	..	..	..	..	..	..	Canada
United States				426 007	439 061	436 409	443 116	462 110	États-Unis
									Pays du Pacifique
Australia				55 271	..	..	54 550	52 991	Australie
Japan				93 624	94 911	96 365	97 685	98 935	Japon
New Zealand				8 357	8 483	8 799	8 987	8 200	Nouvelle-Zélande
									Communauté européenne
Belgium				..	..	..	7 404	5 701	Belgique
Denmark				5 300	5 200	5 200	5 200	5 500	Danemark
France				..	..	..	..	81 849	France
Germany				..	..	..	..	..	Allemagne (ex- terr. de la RFA)
Greece				..	..	..	..	..	Grèce
Ireland				2 526	2 548	2 684	2 715	5 698	Irlande
Italy				46 087	45 283	46 715	45 840	27 804	Italie
Luxembourg				..	..	..	..	..	Luxembourg
Netherlands				19 274	19 992	16 885	16 293	16 283	Pays-Bas
Portugal				..	..	..	12 356	..	Portugal
Spain				38 328	41 759	44 318	47 478	52 418	Espagne
United Kingdom				..	71 122	70 600	72 431	11 647	Royaume-Uni
									Autres pays d'Europe - OCDE
Austria				11 319	11 695	12 658	13 364	17 826	Autriche
Finland				..	..	..	..	..	Finlande
Iceland				..	..	..	..	..	Islande
Norway				..	..	..	7 236	7 236	Norvège
Sweden	..	..	..	..	..	..	19 118	19 213	Suède
Switzerland	..	..	..	..	..	..	..	..	Suisse
Turkey	21 949	22 968	24 315	27 027	28 675	31 673	34 027	34 591	Turquie
Central & Eastern Europe									**Europe centrale et orientale**
Czech Republic	..	..	..	..	..	..	..	13 883	République tchèque
Hungary	..	..	..	..	..	..	..	16 667	Hongrie

(Canadian data not included)

104

Table / Tableau III.2.12.

Higher education teachers (FTE, PUB), percent women
Enseignants du supérieur (EPT, PUB), pourcentage femmes
ISCED / CITE 567

	1985	1986	1987	1988	1989	1990	1991	1992	
North America									**Amérique du Nord**
Canada	..	..	..	..	..	..	..	..	Canada
United States	..	..	..	..	..	32.9	32.9	32.9	États-Unis
Pacific Area									**Pays du Pacifique**
Australia	..	..	..	..	..	..	..	..	Australie
Japan	..	..	..	..	..	..	13.6	13.9	Japon
New Zealand	..	..	..	..	..	..	..	37.8	Nouvelle-Zélande
European Community									**Communauté européenne**
Belgium	..	..	..	..	..	..	34.3	35.9	Belgique
Denmark	41.1	40.7	41.5	41.5	55.8	40.4	40.4	40.0	Danemark
France	..	..	..	..	..	..	..	30.9	France
Germany (FTFR)	..	..	..	..	..	..	..	..	Allemagne (ex- terr. de la RFA)
Greece	..	..	..	..	..	..	..	..	Grèce
Ireland	..	..	..	..	..	..	..	..	Irlande
Italy	25.3	25.6	24.6	25.9	26.0	27.2	27.2	22.5	Italie
Luxembourg	..	..	..	..	..	..	..	..	Luxembourg
Netherlands	14.9	15.7	15.8	16.6	17.4	18.8	19.0	19.5	Pays-Bas
Portugal	..	..	..	..	..	..	33.0	..	Portugal
Spain	24.3	26.3	27.3	27.8	28.8	28.6	29.2	30.5	Espagne
United Kingdom	..	..	..	..	17.2	18.4	19.5	25.3	Royaume-Uni
Other Europe - OECD									**Autres pays d'Europe - OCDE**
Austria	18.0	18.7	19.2	19.6	18.7	20.0	21.7	23.3	Autriche
Finland	..	..	..	..	..	..	..	..	Finlande
Iceland	..	..	..	..	..	..	..	..	Islande
Norway	..	..	..	..	..	..	..	..	Norvège
Sweden	..	..	..	..	..	..	..	..	Suède
Switzerland	..	..	..	..	..	..	..	..	Suisse
Turkey	29.8	30.3	31.1	31.1	31.1	31.3	31.6	31.7	Turquie
Central & Eastern Europe									**Europe centrale et orientale**
Czech Republic	..	..	..	..	..	..	..	28.5	République tchèque
Hungary	..	..	..	..	..	..	..	33.6	Hongrie

Table / Tableau III.2.13.

Primary and secondary education teachers (FTE, PUB)
Enseignants du primaire et du secondaire (EPT, PUB)

ISCED / CITE 123

	1985	1986	1987	1988	1989	1990	1991	1992	
North America									*Amérique du Nord*
Canada	253 633	256 999	255 660	263 340	268 838	270 345	..	..	Canada
United States	2 168 298	2 206 884	2 244 445	2 279 241	2 323 213	2 355 963	2 398 000	2 431 622	États-Unis
Pacific Area									*Pays du Pacifique*
Australia	..	..	..	..	..	..	..	147 845	Australie
Japan	995 266	1 003 162	1 004 984	1 006 182	1 004 811	1 013 562	1 012 348	1 016 961	Japon
New Zealand	34 237	35 711	34 264	33 760	34 494	35 196	35 491	36 250	Nouvelle-Zélande
European Community									*Communauté européenne*
Belgium	..	..	..	..	..	..	..	66 623	Belgique
Denmark	68 000	68 700	69 700	70 300	70 300	68 700	68 000	71 300	Danemark
France	..	..	..	..	..	..	..	481 456	France
Germany (FTFR)	473 180	468 261	463 509	458 733	453 410	453 580	450 323	472 171	Allemagne (ex- terr. de la RFA)
Greece	..	..	..	..	..	..	..	..	Grèce
Ireland	..	..	..	..	..	..	..	37 043	Irlande
Italy	772 129	775 001	780 328	811 980	816 885	808 006	795 520	816 226	Italie
Luxembourg	..	4 033	4 108	4 148	4 149	..	..	..	Luxembourg
Netherlands	43 118	44 573	44 805	41 978	41 042	39 857	41 523	28 719	Pays-Bas
Portugal	..	..	..	..	..	..	7 914 804	..	Portugal
Spain	231 894	241 342	248 287	256 918	270 260	285 199	296 597	305 265	Espagne
United Kingdom	..	..	525 000	517 050	518 000	509 617	510 189	546 895	Royaume-Uni
Other Europe - OECD									*Autres pays d'Europe - OCDE*
Austria	95 850	97 567	98 677	100 565	100 962	101 372	102 256	103 092	Autriche
Finland	..	..	..	..	..	..	..	..	Finlande
Iceland	..	..	..	..	..	..	..	..	Islande
Norway	..	..	..	..	..	..	72 836	72 836	Norvège
Sweden	108 000	107 450	106 900	106 700	107 800	109 200	110 900	102 000	Suède
Switzerland	..	..	..	..	..	..	..	..	Suisse
Turkey	339 192	346 115	353 588	361 707	363 339	375 491	375 863	396 396	Turquie
Central & Eastern Europe									*Europe centrale et orientale*
Czech Republic	..	..	..	..	..	..	..	118 179	République tchèque
Hungary	..	..	..	..	..	..	..	135 736	Hongrie

Table / Tableau III.2.14.

Primary and secondary education teachers (FTE, PUB), percent women
Enseignants du primaire et du secondaire (EPT, PUB), pourcentage femmes
ISCED / CITE 123

	1985	1986	1987	1988	1989	1990	1991	1992	
North America									**Amérique du Nord**
Canada	..	..	..	..	..	..	..	..	Canada
United States	..	..	..	..	..	..	..	..	États-Unis
Pacific Area									**Pays du Pacifique**
Australia	..	..	..	..	..	..	..	61.5	Australie
Japan	..	..	..	..	..	..	43.3	44.1	Japon
New Zealand	..	..	..	60.9	61.4	..	..	63.3	Nouvelle-Zélande
European Community									**Communauté européenne**
Belgium	..	..	..	..	..	..	..	54.7	Belgique
Denmark	56.0	55.9	55.7	56.3	50.8	55.7	55.1	52.6	Danemark
France	..	..	..	..	..	..	..	62.3	France
Germany (FTFR)	47.0	46.1	48.2	47.4	45.9	46.8	46.6	47.6	Allemagne (ex- terr. de la RFA)
Greece	..	..	..	..	..	..	..	..	Grèce
Ireland	..	..	..	..	..	..	..	..	Irlande
Italy	70.4	70.6	71.1	71.0	71.2	71.8	71.6	70.5	Italie
Luxembourg	..	..	..	..	..	..	..	..	Luxembourg
Netherlands	43.2	44.8	42.9	44.0	44.1	44.6	57.3	43.3	Pays-Bas
Portugal	..	..	..	..	..	..	99.5	..	Portugal
Spain	52.2	52.7	53.8	54.3	55.1	56.2	56.8	56.7	Espagne
United Kingdom	..	..	55.0	57.2	58.3	59.7	59.2	60.9	Royaume-Uni
Other Europe - OECD									**Autres pays d'Europe - OCDE**
Austria	60.2	60.3	60.9	61.4	61.5	61.9	62.4	62.8	Autriche
Finland	..	..	..	..	..	..	..	..	Finlande
Iceland	..	..	..	..	..	..	..	..	Islande
Norway	..	..	..	..	..	..	..	..	Norvège
Sweden	..	..	..	..	..	..	..	..	Suède
Switzerland	..	..	..	..	..	..	..	..	Suisse
Turkey	38.8	39.2	39.1	39.1	39.3	39.6	40.2	40.3	Turquie
Central & Eastern Europe									**Europe centrale et orientale**
Czech Republic	..	..	..	..	..	..	..	64.3	République tchèque
Hungary	..	..	..	..	..	..	..	..	Hongrie

Table / Tableau III.2.15.

Pre-primary education teachers (FTE, PUB)
Enseignants du préscolaire (EPT, PUB)
ISCED / CITE 0

	1985	1986	1987	1988	1989	1990	1991	1992	
North America									*Amérique du Nord*
Canada	11 043	11 428	11 490	12 160	13 025	13 255	..	..	Canada
United States	..	..	..	..	..	..	..	..	États-Unis
Pacific Area									*Pays du Pacifique*
Australia	..	..	..	..	..	..	..	..	Australie
Japan	..	..	..	..	29 397	29 307	29 018	28 946	Japon
New Zealand	1 459	1 558	1 581	1 597	1 672	1 675	1 772	2 933	Nouvelle-Zélande
European Community									*Communauté européenne*
Belgium	..	..	..	..	..	..	..	9 840	Belgique
Denmark	2 900	2 900	3 100	3 000	3 000	3 300	3 400	| 12 200	Danemark
France	..	..	..	..	..	..	81 350	86 733	France
Germany (FTFR)	..	..	..	..	..	..	25 566	25 925	Allemagne (ex- terr. de la RFA)
Greece	..	..	..	..	..	..	..	..	Grèce
Ireland	..	..	..	..	..	..	..	4 529	Irlande
Italy	86 539	87 003	88 906	91 306	91 550	91 518	89 391	94 973	Italie
Luxembourg	..	..	..	..	..	..	..	..	Luxembourg
Netherlands	6 498	6 083	5 825	5 706	5 580	5 565	5 643	| 4 735	Pays-Bas
Portugal	..	..	..	..	..	..	4 303	..	Portugal
Spain	24 645	25 648	25 939	26 402	26 269	26 184	27 004	29 524	Espagne
United Kingdom	..	..	23 000	23 014	23 000	24 738	25 900	| 10 966	Royaume-Uni
Other Europe - OECD									*Autres pays d'Europe - OCDE*
Austria	5 814	6 021	6 364	6 523	6 613	6 745	7 031	8 429	Autriche
Finland	..	..	..	..	..	..	..	..	Finlande
Iceland	..	..	..	..	..	..	..	..	Islande
Norway	..	..	..	..	..	..	18 500	18 500	Norvège
Sweden	..	..	..	..	..	..	..	..	Suède
Switzerland	..	..	..	..	..	..	..	..	Suisse
Turkey	3 881	5 724	5 874	5 780	6 121	6 781	6 618	7 559	Turquie
Central & Eastern Europe									*Europe centrale et orientale*
Czech Republic	..	..	..	..	..	..	..	29 884	République tchèque
Hungary	..	..	..	..	..	..	..	34 127	Hongrie

Denmark: from 1992, pre-primary education includes children under 5
Netherlands: 1992, change in definition of teaching staff
United Kingdom: 1992, change in definition of ISCED 0

Danemark : depuis 1992, l'éducation préscolaire comprend les enfants de moins de 5 ans
Pays-Bas : 1992, changement de définition pour le personnel enseignant
Royaume-Uni : 1992, changement de définition pour CITE 0

Table / Tableau III.2.16.

Pre-primary education teachers (FTE, PUB), percent women
Enseignants du préscolaire (EPT, PUB), pourcentage femmes
ISCED / CITE 0

	1985	1986	1987	1988	1989	1990	1991	1992	
North America									**Amérique du Nord**
Canada	..	..	..	..	..	..	..	..	Canada
United States	..	..	..	..	..	..	..	..	États-Unis
Pacific Area									**Pays du Pacifique**
Australia	..	..	..	..	..	..	..	..	Australie
Japan	..	..	..	..	..	..	89.1	88.9	Japon
New Zealand	..	..	..	99.1	99.3	99.0	99.0	90.8	Nouvelle-Zélande
European Community									**Communauté européenne**
Belgium	..	..	..	..	..	..	..	100.0	Belgique
Denmark	89.7	89.7	90.3	90.0	63.3	90.9	91.2	85.2	Danemark
France	..	..	..	..	..	..	..	75.2	France
Germany (FTFR)	..	..	..	..	..	..	96.9	96.9	Allemagne (ex- terr. de la RFA)
Greece	..	..	..	..	..	..	..	..	Grèce
Ireland	..	..	..	..	..	..	..	76.6	Irlande
Italy	99.8	99.8	99.8	99.6	99.6	99.5	84.0	99.5	Italie
Luxembourg	..	..	..	..	..	..	..	..	Luxembourg
Netherlands	98.4	100.0	100.0	100.0	100.0	100.0	100.0	100.0	Pays-Bas
Portugal	..	..	..	..	..	..	99.0	..	Portugal
Spain	93.0	92.1	95.3	92.4	93.0	93.1	94.7	94.9	Espagne
United Kingdom	..	..	100.0	100.0	100.0	100.0	100.0	100.0	Royaume-Uni
Other Europe - OECD									**Autres pays d'Europe - OCDE**
Austria	99.7	100.0	99.6	99.7	99.6	99.6	99.6	97.4	Autriche
Finland	..	..	..	..	..	..	..	..	Finlande
Iceland	..	..	..	..	..	..	..	..	Islande
Norway	..	..	..	..	..	..	..	..	Norvège
Sweden	..	..	..	..	..	..	..	..	Suède
Switzerland	..	..	..	..	..	..	..	..	Suisse
Turkey	104.8	104.5	106.9	99.9	100.0	99.9	99.8	99.7	Turquie
Central & Eastern Europe									**Europe centrale et orientale**
Czech Republic	..	..	..	..	..	..	..	100.0	République tchèque
Hungary	..	..	..	..	..	..	..	100.0	Hongrie

Table / Tableau III.2.17.

Total teaching staff (FTE, PRV)
Ensemble du personnel enseignant (EPT, PRV)

ISCED / CITE 0-9

	1985	1986	1987	1988	1989	1990	1991	1992	
North America									**Amérique du Nord**
Canada	17 883	17 335	21 371	20 448	22 968	23 854	..	..	Canada
United States	..	..	..	..	..	..	512 264	524 663	États-Unis
Pacific Area									**Pays du Pacifique**
Australia	..	..	..	..	..	..	53 638	..	Australie
Japan	343 617	350 383	357 390	365 840	376 429	387 195	395 043	404 169	Japon
New Zealand	..	..	..	..	..	..	..	..	Nouvelle-Zélande
European Community									**Communauté européenne**
Belgium	..	..	..	..	..	..	119 484	115 628	Belgique
Denmark	6 300	6 400	6 500	6 600	6 500	6 400	6 300		7 300	Danemark
France	..	..	..	..	..	..	..	163 402	France
Germany (FTFR)	..	..	..	..	..	..	..	..	Allemagne (ex- terr. de la RFA)
Greece	..	..	..	..	..	..	..	..	Grèce
Ireland	..	..	37 155	36 999	35 781	35 739	36 508		777	Irlande
Italy	83 180	82 642	67 686	76 893	76 171	81 540	..	85 340	Italie
Luxembourg	..	..	..	..	..	..	..	..	Luxembourg
Netherlands	138 538	140 449	144 615	144 551	140 734	136 805	136 331	121 255	Pays-Bas
Portugal	..	..	..	..	..	..	19 498	..	Portugal
Spain	139 970	138 169	131 647	130 406	130 680	132 937	126 168	123 861	Espagne
United Kingdom	56 000	..	54 126	55 267	63 083	55 718	57 407		121 234	Royaume-Uni
Other Europe - OECD									**Autres pays d'Europe - OCDE**
Austria	12 252	12 675	13 066	11 198	11 431	11 624	11 783	11 602	Autriche
Finland	..	..	..	..	..	..	..	..	Finlande
Iceland	..	..	..	..	..	..	..	..	Islande
Norway	..	..	..	..	..	..	..	..	Norvège
Sweden	..	..	..	..	..	..	..	..	Suède
Switzerland	..	..	..	..	..	..	..	..	Suisse
Turkey	3 882	4 576	6 336	7 359	8 197	9 224	10 327	10 259	Turquie
Central & Eastern Europe									**Europe centrale et orientale**
Czech Republic	..	..	..	..	..	..	..	1 086	République tchèque
Hungary	..	..	..	..	..	..	..	780	Hongrie

Denmark: from 1992, pre-primary education includes children under 5
Ireland: 1992, change in definition of private school
United Kingdom: 1992, change in definition of private school

Danemark : depuis 1992, l'éducation préscolaire comprend les enfants de moins de 5 ans
Irlande : 1992, changement de définition pour l'école privée
Royaume-Uni : 1992, changement de définition pour l'école privée

Table / Tableau III.2.18.

Total teaching staff (FTE, PRV), percent women
Ensemble du personnel enseignant (EPT, PRV), pourcentage femmes
ISCED / CITE 0-9

	1985	1986	1987	1988	1989	1990	1991	1992	
North America									**Amérique du Nord**
Canada	..	..	..	..	..	..	..	..	Canada
United States	..	..	..	..	..	..	..	..	États-Unis
Pacific Area									**Pays du Pacifique**
Australia	..	..	..	..	..	..	63.6	..	Australie
Japan	..	..	..	..	..	..	39.6	39.6	Japon
New Zealand	..	..	..	..	..	..	..	..	Nouvelle-Zélande
European Community									**Communauté européenne**
Belgium	..	..	..	..	..	..	59.6	60.0	Belgique
Denmark	60.3	60.9	61.5	60.6	60.0	59.4	58.7	60.3	Danemark
France	..	..	..	..	..	..	..	68.0	France
Germany (FTFR)	..	..	..	..	..	..	..	..	Allemagne (ex- terr. de la RFA)
Greece	..	..	..	..	..	..	..	..	Grèce
Ireland	..	..	..	..	..	..	..	..	Irlande
Italy	76.0	75.6	91.7	79.7	78.9	73.7	..	..	Italie
Luxembourg	..	..	..	..	..	..	..	..	Luxembourg
Netherlands	34.9	36.0	34.7	35.0	34.5	34.6	35.7	39.0	Pays-Bas
Portugal	..	..	..	..	..	..	71.4	..	Portugal
Spain	61.3	61.2	61.7	61.7	61.6	62.3	63.7	65.1	Espagne
United Kingdom	60.7	..	53.1	53.9	51.9	56.0	56.7	36.0	Royaume-Uni
Other Europe - OECD									**Autres pays d'Europe - OCDE**
Austria	66.2	66.8	66.7	70.2	71.9	72.0	72.1	72.1	Autriche
Finland	..	..	..	..	..	..	..	..	Finlande
Iceland	..	..	..	..	..	..	..	..	Islande
Norway	..	..	..	..	..	..	..	..	Norvège
Sweden	..	..	..	..	..	..	..	..	Suède
Switzerland	..	..	..	..	..	..	..	..	Suisse
Turkey	61.9	62.1	63.2	69.1	69.1	69.1	69.1	68.2	Turquie
Central & Eastern Europe									**Europe centrale et orientale**
Czech Republic	..	..	..	..	..	..	..	57.5	République tchèque
Hungary	..	..	..	..	..	..	..	32.8	Hongrie

Table / Tableau III.2.19.

Higher education teachers (FTE, PRV)
Enseignants du supérieur (EPT, PRV)
ISCED / CITE 567

	1985	1986	1987	1988	1989	1990	1991	1992	
North America									*Amérique du Nord*
Canada	2 112	2 584	3 004	3 450	3 896	4 386	4 832	..	Canada
United States	..	..	..	..	..	..	188 539	193 266	États-Unis
Pacific Area									*Pays du Pacifique*
Australia	..	..	..	..	..	..	..	..	Australie
Japan	141 320	145 305	150 717	160 078	187 821	170 174	176 174	183 743	Japon
New Zealand	..	..	..	..	..	..	..	..	Nouvelle-Zélande
European Community									*Communauté européenne*
Belgium	..	..	..	..	..	..	11 457	8 673	Belgique
Denmark	..	..	..	..	..	..	..	..	Danemark
France	..	..	..	..	..	..	..	21 644	France
Germany (FTFR)	..	..	..	..	..	..	..	..	Allemagne (ex- terr. de la RFA)
Greece	..	..	..	..	..	..	..	..	Grèce
Ireland	3 238	3 332	2 787	2 677	2 747	2 625	2 883	231	Irlande
Italy	..	..	..	..	..	..	..	5 178	Italie
Luxembourg	..	..	..	..	..	..	..	..	Luxembourg
Netherlands	14 087	14 270	14 899	15 818	15 494	15 385	14 576	14 360	Pays-Bas
Portugal	..	..	..	..	..	..	2 743	..	Portugal
Spain	3 127	3 238	3 497	3 955	4 046	4 255	4 821	5 148	Espagne
United Kingdom	..	..	..	..	..	..	..	62 138	Royaume-Uni
Other Europe - OECD									*Autres pays d'Europe - OCDE*
Austria	1 001	1 090	1 136	1 199	1 240	1 240	1 204	702	Autriche
Finland	..	..	..	..	..	..	..	..	Finlande
Iceland	..	..	..	..	..	..	..	..	Islande
Norway	..	..	..	..	..	..	..	..	Norvège
Sweden	..	..	..	..	..	..	..	..	Suède
Switzerland	..	..	..	..	..	..	..	..	Suisse
Turkey	..	..	67	169	181	356	442	541	Turquie
Central & Eastern Europe									*Europe centrale et orientale*
Czech Republic	..	..	..	..	..	..	..	..	République tchèque
Hungary	..	..	..	..	..	..	..	182	Hongrie

Table / Tableau III.2.20.

Higher education teachers (FTE, PRV), percent women
Enseignants du supérieur (EPT, PRV), pourcentage femmes
ISCED / CITE 567

	1985	1986	1987	1988	1989	1990	1991	1992	
North America									*Amérique du Nord*
Canada	..	..	..	..	..	..	23.8	..	Canada
United States	..	..	..	..	..	..	30.8	31.0	États-Unis
Pacific Area									*Pays du Pacifique*
Australia	..	..	..	..	..	..	..	..	Australie
Japan	..	..	..	..	..	..	23.8	24.0	Japon
New Zealand	..	..	..	..	..	..	..	..	Nouvelle-Zélande
European Community									*Communauté européenne*
Belgium	..	..	..	..	..	..	35.6	36.3	Belgique
Denmark	..	..	..	..	..	..	..	..	Danemark
France	..	..	..	..	..	..	..	39.5	France
Germany (FTFR)	..	..	..	..	..	..	..	..	Allemagne (ex- terr. de la RFA)
Greece	..	..	..	..	..	..	..	..	Grèce
Ireland	..	..	..	..	..	..	..	..	Irlande
Italy	..	..	..	..	..	..	..	..	Italie
Luxembourg	..	..	..	..	..	..	..	..	Luxembourg
Netherlands	19.7	19.9	20.3	20.6	21.8	22.6	22.7	28.5	Pays-Bas
Portugal	..	..	..	..	..	..	33.0	..	Portugal
Spain	27.6	27.7	30.9	31.0	31.8	32.4	30.7	32.0	Espagne
United Kingdom	..	..	..	..	..	..	..	18.1	Royaume-Uni
Other Europe - OECD									*Autres pays d'Europe - OCDE*
Austria	36.9	35.3	35.3	35.6	50.1	50.1	49.9	38.5	Autriche
Finland	..	..	..	..	..	..	..	..	Finlande
Iceland	..	..	..	..	..	..	..	..	Islande
Norway	..	..	..	..	..	..	..	..	Norvège
Sweden	..	..	..	..	..	..	..	..	Suède
Switzerland	..	..	..	..	..	..	..	..	Suisse
Turkey	..	..	31.3	35.5	38.1	43.0	43.0	44.9	Turquie
Central & Eastern Europe									*Europe centrale et orientale*
Czech Republic	..	..	..	..	..	..	..	..	République tchèque
Hungary	..	..	..	..	..	..	..	3.3	Hongrie

Table / Tableau III.2.21.

Primary and secondary education teachers (FTE, PRV)
Enseignants du primaire et du secondaire (EPT, PRV)
ISCED / CITE 123

	1985	1986	1987	1988	1989	1990	1991	1992	
North America									**Amérique du Nord**
Canada	15 251	14 228	17 719	16 308	18 277	18 648	..	..	Canada
United States	..	..	..	..	..	..	323 725	331 397	États-Unis
Pacific Area									**Pays du Pacifique**
Australia	..	..	..	..	..	..	..	54 221	Australie
Japan	92 759	96 424	99 176	101 667	105 161	107 721	109 285	110 685	Japon
New Zealand	1 360	..	1 446	1 470	1 495	..	..	1 669	Nouvelle-Zélande
European Community									**Communauté européenne**
Belgium	..	..	..	..	..	..	..	92 314	Belgique
Denmark	6 000	6 100	6 200	6 300	6 200	6 100	5 900	6 100	Danemark
France	..	..	..	..	..	..	119 839	..	France
Germany (FTFR)	30 283	31 466	31 370	31 378	31 791	32 719	38 342	31 859	Allemagne (ex- terr. de la RFA)
Greece	..	..	..	..	..	..	..	..	Grèce
Ireland	..	..	..	..	..	..	..	420	Irlande
Italy	58 446	58 665	54 010	54 322	54 385	60 666	54 615	57 251	Italie
Luxembourg	..	..	..	..	..	..	..	..	Luxembourg
Netherlands	124 451	126 179	129 716	128 733	125 240	124 420	121 755	97 322	Pays-Bas
Portugal	..	..	..	..	..	..	..	..	Portugal
Spain	119 410	117 905	112 586	110 769	111 226	113 466	105 935	102 082	Espagne
United Kingdom	..	..	51 000	52 000	60 000	52 005	53 446	59 096	Royaume-Uni
Other Europe - OECD									**Autres pays d'Europe - OCDE**
Austria	9 189	9 477	9 731	7 768	7 941	8 085	8 281	8 539	Autriche
Finland	..	..	..	..	..	..	..	..	Finlande
Iceland	..	..	..	..	..	..	..	..	Islande
Norway	..	..	..	..	..	..	..	..	Norvège
Sweden	900	900	900	900	900	1 000	1 000	950	Suède
Switzerland	..	..	..	..	..	..	..	..	Suisse
Turkey	3 632	4 284	5 831	6 778	7 612	8 405	9 384	9 282	Turquie
Central & Eastern Europe									**Europe centrale et orientale**
Czech Republic	..	..	..	..	..	..	..	1 050	République tchèque
Hungary	..	..	..	..	..	..	..	558	Hongrie

Table / Tableau III.2.22.

Primary and secondary education teachers (FTE, PRV), percent women
Enseignants du primaire et du secondaire (EPT, PRV), pourcentage femmes

ISCED / CITE 123

	1985	1986	1987	1988	1989	1990	1991	1992	
North America									**Amérique du Nord**
Canada	..	..	..	..	..	..	..	..	Canada
United States	..	..	..	..	..	..	..	..	États-Unis
Pacific Area									**Pays du Pacifique**
Australia	..	..	..	..	..	..	..	63.4	Australie
Japan	..	..	..	..	..	..	30.1	30.4	Japon
New Zealand	..	..	..	..	..	..	..	57.3	Nouvelle-Zélande
European Community									**Communauté européenne**
Belgium	..	..	..	..	..	..	..	57.5	Belgique
Denmark	58.3	59.0	59.7	58.7	58.1	57.4	55.9	55.7	Danemark
France	..	..	..	..	..	..	..	69.1	France
Germany (FTFR)	46.1	44.3	45.8	47.3	44.9	45.5	39.6	46.5	Allemagne (ex- terr. de la RFA)
Greece	..	..	..	..	..	..	..	..	Grèce
Ireland	..	..	..	..	..	..	..	..	Irlande
Italy	65.8	65.7	71.1	71.3	70.5	64.7	71.0	71.3	Italie
Luxembourg	..	..	..	..	..	..	..	..	Luxembourg
Netherlands	36.6	37.8	36.3	36.7	36.1	35.3	37.2	34.6	Pays-Bas
Portugal	..	..	..	..	..	..	..	..	Portugal
Spain	57.7	57.9	58.3	58.6	58.6	59.5	61.1	62.2	Espagne
United Kingdom	..	..	51.0	51.7	50.0	53.5	54.1	54.8	Royaume-Uni
Other Europe - OECD									**Autres pays d'Europe - OCDE**
Austria	61.9	63.2	62.9	67.3	67.5	67.6	67.7	67.2	Autriche
Finland	..	..	..	..	..	..	..	..	Finlande
Iceland	..	..	..	..	..	..	..	..	Islande
Norway	..	..	..	..	..	..	..	..	Norvège
Sweden	..	..	..	..	..	..	..	..	Suède
Switzerland	..	..	..	..	..	..	..	..	Suisse
Turkey	66.2	66.3	68.3	68.1	68.3	68.7	68.8	68.3	Turquie
Central & Eastern Europe									**Europe centrale et orientale**
Czech Republic	..	..	..	..	..	..	..	56.7	République tchèque
Hungary	..	..	..	..	..	..	..	37.6	Hongrie

Table / Tableau III.2.23.

Pre-primary education teachers (FTE, PRV)
Enseignants du préscolaire (EPT, PRV)
ISCED / CITE 0

	1985	1986	1987	1988	1989	1990	1991	1992	
North America									**Amérique du Nord**
Canada	520	523	648	690	795	820	..	..	Canada
United States	..	..	..	..	..	..	..	..	États-Unis
Pacific Area									**Pays du Pacifique**
Australia	..	..	..	..	..	..	..	..	Australie
Japan	..	..	..	..	75 547	76 589	77 411	78 202	Japon
New Zealand	..	..	..	..	..	..	..	..	Nouvelle-Zélande
European Community									**Communauté européenne**
Belgium	..	..	..	..	..	..	..	11 887	Belgique
Denmark	300	300	300	300	300	300	400	1 200	Danemark
France	..	..	..	..	..	..	11 430	11 595	France
Germany (FTFR)	..	..	..	..	..	..	48 505	48 513	Allemagne (ex- terr. de la RFA)
Greece	..	..	..	..	..	..	..	..	Grèce
Ireland	..	..	5 060	5 033	4 677	4 520	4 589	126	Irlande
Italy	24 734	23 977	23 676	22 571	21 786	20 874	..	22 911	Italie
Luxembourg	..	..	..	..	..	..	..	..	Luxembourg
Netherlands	13 381	12 384	11 885	11 702	11 400	11 323	11 478	9 573	Pays-Bas
Portugal	..	..	..	..	..	..	3 340	..	Portugal
Spain	14 148	13 925	13 278	13 111	12 721	12 680	13 047	14 398	Espagne
United Kingdom	..	..	2 000	2 180	2 000	2 602	2 832	.	Royaume-Uni
Other Europe - OECD									**Autres pays d'Europe - OCDE**
Austria	2 062	2 108	2 199	2 231	2 250	2 299	2 298	2 361	Autriche
Finland	..	..	..	..	..	..	..	..	Finlande
Iceland	..	..	..	..	..	..	..	..	Islande
Norway	..	..	..	..	..	..	..	..	Norvège
Sweden	..	..	..	..	..	..	..	..	Suède
Switzerland	..	..	..	..	..	..	..	..	Suisse
Turkey	250	292	438	412	404	463	501	436	Turquie
Central & Eastern Europe									**Europe centrale et orientale**
Czech Republic	..	..	..	..	..	..	..	2	République tchèque
Hungary	..	..	..	..	..	..	..	40	Hongrie

Table / Tableau III.2.24.

Pre-primary education teachers (FTE, PRV), percent women
Enseignants du préscolaire (EPT, PRV), pourcentage femmes
ISCED / CITE 0

	1985	1986	1987	1988	1989	1990	1991	1992	
North America									**Amérique du Nord**
Canada	..	..	..	..	..	..	..	..	Canada
United States	..	..	..	..	..	..	..	..	États-Unis
Pacific Area									**Pays du Pacifique**
Australia	..	..	..	..	..	..	..	..	Australie
Japan	..	..	..	..	..	..	91.4	91.5	Japon
New Zealand	..	..	..	..	..	..	..	..	Nouvelle-Zélande
European Community									**Communauté européenne**
Belgium	..	..	..	..	..	..	..	99.4	Belgique
Denmark	100.0	100.0	100.0	100.0	100.0	100.0	100.0	83.3	Danemark
France	..	..	..	..	..	..	..	90.9	France
Germany (FTFR)	..	..	..	..	..	..	97.8	97.8	Allemagne (ex- terr. de la RFA)
Greece	..	..	..	..	..	..	..	..	Grèce
Ireland	..	..	76.1	76.2	76.3	76.3	76.7	85.7	Irlande
Italy	100.0	100.0	100.0	100.0	100.0	100.0	..	100.0	Italie
Luxembourg	..	..	..	..	..	..	..	..	Luxembourg
Netherlands	98.3	100.0	100.0	100.0	100.0	100.0	100.0	100.0	Pays-Bas
Portugal	..	..	..	..	..	..	99.0	..	Portugal
Spain	96.4	94.1	97.4	95.9	96.0	96.2	96.6	97.2	Espagne
United Kingdom	..	..	100.0	100.0	100.0	100.0	100.0	..	Royaume-Uni
Other Europe - OECD									**Autres pays d'Europe - OCDE**
Austria	99.6	99.2	99.5	99.2	99.2	99.5	99.7	99.7	Autriche
Finland	..	..	..	..	..	..	..	..	Finlande
Iceland	..	..	..	..	..	..	..	..	Islande
Norway	..	..	..	..	..	..	..	..	Norvège
Sweden	..	..	..	..	..	..	..	..	Suède
Switzerland	..	..	..	..	..	..	..	..	Suisse
Turkey	..	..	..	99.0	97.3	95.9	96.6	96.6	Turquie
Central & Eastern Europe									**Europe centrale et orientale**
Czech Republic	..	..	..	..	..	..	..	100.0	République tchèque
Hungary	..	..	..	..	..	..	..	100.0	Hongrie

Table / Tableau III.2.25.

Total teaching staff - government dependent private institutions (FTE, GVP)
Ensemble du personnel enseignant - établissements privés subventionnés (EPT, GVP)
ISCED / CITE 0-9

	1985	1986	1987	1988	1989	1990	1991	1992	
North America									**Amérique du Nord**
Canada	..	..	..	..	..	..	..	..	Canada
United States	..	..	..	..	..	..	..	..	États-Unis
Pacific Area									**Pays du Pacifique**
Australia	..	..	..	..	..	..	..	..	Australie
Japan	..	..	..	..	..	..	..	..	Japon
New Zealand	..	..	..	..	..	..	..	..	Nouvelle-Zélande
European Community									**Communauté européenne**
Belgium	..	..	..	..	..	..	119 484	115 628	Belgique
Denmark	6 300	6 400	6 500	6 600	6 500	6 400	6 300	7 300	Danemark
France	..	..	..	..	..	..	..	..	France
Germany (FTFR)	..	..	..	..	..	..	..	..	Allemagne (ex- terr. de la RFA)
Greece	..	..	..	..	..	..	..	..	Grèce
Ireland	36 673	37 106	36 691	36 554	35 130	35 042	35 769	..	Irlande
Italy	..	..	..	..	..	..	..	..	Italie
Luxembourg	..	..	..	..	..	..	..	..	Luxembourg
Netherlands	138 538	140 449	144 615	144 551	140 734	136 805	136 331	121 255	Pays-Bas
Portugal	..	..	..	..	..	..	..	..	Portugal
Spain	..	..	..	..	..	..	..	77 311	Espagne
United Kingdom	..	..	..	..	..	..	..	62 937	Royaume-Uni
Other Europe - OECD									**Autres pays d'Europe - OCDE**
Austria	12 252	12 675	13 066	11 198	11 431	11 624	11 783	11 602	Autriche
Finland	..	..	..	..	..	..	..	..	Finlande
Iceland	..	..	..	..	..	..	..	..	Islande
Norway	..	..	..	..	..	..	..	..	Norvège
Sweden	..	..	..	..	..	..	..	..	Suède
Switzerland	..	..	..	..	..	..	..	..	Suisse
Turkey	..	..	..	..	..	..	..	..	Turquie
Central & Eastern Europe									**Europe centrale et orientale**
Czech Republic	..	..	..	..	..	..	..	1 086	République tchèque
Hungary	..	..	..	..	..	..	..	780	Hongrie

Table / Tableau III.2.26.

Total teaching staff - government dependent private institutions (FTE, GVP), percent women
Ensemble du personnel enseignant - établissements privés subventionnés (EPT, GVP), pourcentage femmes

ISCED / CITE 0-9

	1985	1986	1987	1988	1989	1990	1991	1992	
North America									**Amérique du Nord**
Canada	..	..	..	..	..	..	..	..	Canada
United States	..	..	..	..	..	..	..	..	États-Unis
Pacific Area									**Pays du Pacifique**
Australia	..	..	..	..	..	..	..	..	Australie
Japan	..	..	..	..	..	..	..	..	Japon
New Zealand	..	..	..	..	..	..	..	..	Nouvelle-Zélande
European Community									**Communauté européenne**
Belgium	..	..	..	..	..	..	59.6	60.0	Belgique
Denmark	60.3	60.9	61.5	60.6	60.0	59.4	58.7	60.3	Danemark
France	..	..	..	..	..	..	..	..	France
Germany (FTFR)	..	..	..	..	..	..	..	..	Allemagne (ex- terr. de la RFA)
Greece	..	..	..	..	..	..	..	..	Grèce
Ireland	..	..	..	..	..	..	..	..	Irlande
Italy	..	..	..	..	..	..	..	..	Italie
Luxembourg	..	..	..	..	..	..	..	..	Luxembourg
Netherlands	34.9	36.0	34.7	35.0	34.5	34.6	35.7	39.0	Pays-Bas
Portugal	..	..	..	..	..	..	..	..	Portugal
Spain	..	..	..	..	..	..	..	..	Espagne
United Kingdom	..	..	..	..	..	..	..	18.5	Royaume-Uni
Other Europe - OECD									**Autres pays d'Europe - OCDE**
Austria	66.2	66.8	66.7	70.2	71.9	72.0	72.1	72.1	Autriche
Finland	..	..	..	..	..	..	..	..	Finlande
Iceland	..	..	..	..	..	..	..	..	Islande
Norway	..	..	..	..	..	..	..	..	Norvège
Sweden	..	..	..	..	..	..	..	..	Suède
Switzerland	..	..	..	..	..	..	..	..	Suisse
Turkey	..	..	..	..	..	..	..	..	Turquie
Central & Eastern Europe									**Europe centrale et orientale**
Czech Republic	..	..	..	..	..	..	..	57.5	République tchèque
Hungary	..	..	..	..	..	..	..	32.8	Hongrie

Table / Tableau III.2.27.

Total teaching staff - not government dependent private institutions (FTE, IND)
Ensemble du personnel enseignant - établissements privés non subventionnés (EPT, IND)

ISCED / CITE 0-9

	1985	1986	1987	1988	1989	1990	1991	1992	
North America									*Amérique du Nord*
Canada	17 883	17 335	21 371	20 448	22 968	23 854	..	..	Canada
United States	..	..	..	..	..	..	512 264	524 663	États-Unis
Pacific Area									*Pays du Pacifique*
Australia	..	..	..	..	..	..	..	..	Australie
Japan	343 617	350 383	357 390	365 840	376 429	387 195	395 043	404 169	Japon
New Zealand	..	..	..	..	..	..	..	1 669	Nouvelle-Zélande
European Community									*Communauté européenne*
Belgium	..	..	..	..	..	..	..	..	Belgique
Denmark	..	..	..	..	..	..	..	..	Danemark
France	..	..	..	..	..	..	..	..	France
Germany (FTFR)	..	..	..	..	..	..	..	..	Allemagne (ex- terr. de la RFA)
Greece	..	..	..	..	..	..	..	..	Grèce
Ireland	..	..	655	645	651	697	739	777	Irlande
Italy	83 180	82 642	67 686	76 893	76 171	81 540	..	85 340	Italie
Luxembourg	..	..	..	..	..	..	..	..	Luxembourg
Netherlands	..	..	..	..	..	..	..	..	Pays-Bas
Portugal	..	..	..	..	..	..	..	..	Portugal
Spain	..	..	..	..	..	..	..	46 550	Espagne
United Kingdom	..	..	..	..	..	..	..	58 297	Royaume-Uni
Other Europe - OECD									*Autres pays d'Europe - OCDE*
Austria	..	..	..	..	..	..	..	..	Autriche
Finland	..	..	..	..	..	..	..	..	Finlande
Iceland	..	..	..	..	..	..	..	..	Islande
Norway	..	..	..	..	..	..	..	..	Norvège
Sweden	..	..	..	..	..	..	..	..	Suède
Switzerland	..	..	..	..	..	..	..	..	Suisse
Turkey	..	..	..	..	..	..	..	10 259	Turquie
Central & Eastern Europe									*Europe centrale et orientale*
Czech Republic	..	..	..	..	..	..	..	..	République tchèque
Hungary	..	..	..	..	..	..	..	..	Hongrie

Table / Tableau III.2.28.

Total teaching staff - not government dependent private institutions (FTE, IND), percent women
Ensemble du personnel enseignant - établissements privés non subventionnés (EPT, IND), pourcentage femmes

ISCED / CITE 0-9

	1985	1986	1987	1988	1989	1990	1991	1992	
North America									**Amérique du Nord**
Canada	..	..	..	..	..	..	..	..	Canada
United States	..	..	..	..	..	..	..	..	États-Unis
Pacific Area									**Pays du Pacifique**
Australia	..	..	..	..	..	..	..	..	Australie
Japan	..	..	..	..	..	..	39.6	39.6	Japon
New Zealand	..	..	..	..	..	..	..	57.3	Nouvelle-Zélande
European Community									**Communauté européenne**
Belgium	..	..	..	..	..	..	..	..	Belgique
Denmark	..	..	..	..	..	..	..	..	Danemark
France	..	..	..	..	..	..	..	..	France
Germany (FTFR)	..	..	..	..	..	..	..	..	Allemagne (ex- terr. de la RFA)
Greece	..	..	..	..	..	..	..	..	Grèce
Ireland	..	..	..	..	60.5	52.7	..	..	Irlande
Italy	76.0	75.6	91.7	79.7	78.9	73.7	..	..	Italie
Luxembourg	..	..	..	..	..	..	..	..	Luxembourg
Netherlands	..	..	..	..	..	..	..	..	Pays-Bas
Portugal	..	..	..	..	..	..	..	..	Portugal
Spain	..	..	..	..	..	..	..	..	Espagne
United Kingdom	..	..	..	..	..	..	..	54.9	Royaume-Uni
Other Europe - OECD									**Autres pays d'Europe - OCDE**
Austria	..	..	..	..	..	..	..	..	Autriche
Finland	..	..	..	..	..	..	..	..	Finlande
Iceland	..	..	..	..	..	..	..	..	Islande
Norway	..	..	..	..	..	..	..	..	Norvège
Sweden	..	..	..	..	..	..	..	..	Suède
Switzerland	..	..	..	..	..	..	..	..	Suisse
Turkey	..	..	..	..	..	..	..	68.2	Turquie
Central & Eastern Europe									**Europe centrale et orientale**
Czech Republic	..	..	..	..	..	..	..	..	République tchèque
Hungary	..	..	..	..	..	..	..	..	Hongrie

Table / Tableau III.3.1.

Teacher qualifications: number of years of higher education of teachers (1992)
Qualifications pédagogiques : nombre d'années d'enseignement supérieur suivies par les enseignants (1992)

	ISCED 0 / CITE 0			ISCED 1 / CITE 1			ISCED 2 / CITE 2			ISCED 3 - general / CITE 3 - général			ISCED 3 - vocational / CITE 3 - professionnel			
	PUB	GVP	IND	PUB	GVP	IND	PUB	GVP	IND	PUB	GVP	IND	PUB	GVP	IND	
North America																**Amérique du Nord**
United States	4	.	4	4	.	4	4	.	4	4	.	4	4	.	4	États-Unis
Pacific Area																**Pays du Pacifique**
New Zealand	5	5	5	5	5	5	5	5	5	6	6	6	.	.	.	Nouvelle-Zélande
European Community																**Communauté européenne**
Belgium	3	3	—	3	3	—	3	3	—	4	4	—	3	3	—	Belgique
France	4	:	:	4	:	:	4	:	:	4	:	:	4	:	:	France
Germany (FTFR)	6	:	:	6	6	:	6	6	:	7	7	:	7	7	:	Allemagne (ex- terr. de la RFA)
Ireland	3	:	:	3	:	:	4	4	:	4	4	:	4	4	:	Irlande
Italy	1	:	0	1	:	0	5	:	4	5	:	4	5	:	4	Italie
Netherlands	4	4	4	4	4	:	4	4	:	4	4	:	:	:	:	Pays-Bas
Portugal	4	4	4	5	5	5	5	5	5	5	5	5	5	5	5	Portugal
Spain	3	3	3	3	3	3	3	3	3	5	5	5	0	0	0	Espagne
United Kingdom	:	:	:	:	:	:	:	:	:	:	:	:	:	:	:	Royaume-Uni
Other Europe - OECD																**Autres pays d'Europe - OCDE**
Austria	3	:	—	3	3	—	3	3	—	4	4	—	3	3	—	Autriche
Finland	3	:	:	5	.	:	6	.	:	6	.	:	5	5	:	Finlande
Norway	3	3	:	3	3	:	3	3	:	4	4	:	3	3	:	Norvège
Sweden	3	—	:	4	—	:	4	—	:	4	—	:	6	—	:	Suède
Switzerland	:	:	:	:	:	:	:	:	:	:	:	:	:	:	:	Suisse
Turkey	4	.	4	4	.	4	4	.	4	4	.	4	4	.	4	Turquie

See Annex for notes / Voir notes en annexe

Table / Tableau III.3.2.

Teacher qualifications: number of years of primary and secondary education of teachers (1992)
Qualifications pédagogiques : nombre d'années d'enseignement primaire et secondaire suivies par les enseignants (1992)

	ISCED 0 / CITE 0			ISCED 1 / CITE 1			ISCED 2 / CITE 2			ISCED 3 - general / CITE 3 - général			ISCED 3 - vocational / CITE 3 - professionnel		
	PUB	GVP	IND	PUB	GVP	IND	PUB	GVP	IND	PUB	GVP	IND	PUB	GVP	IND
North America															
United States	12	.	12	12	.	12	12	.	12	12	.	12	12	.	12
Pacific Area															
New Zealand	12	12	12	12	12	12	12	12	12	13	13	13	.	.	.
European Community															
Belgium	12	12	−	12	12	−	12	12	−	12	12	−	12	12	−
France	12	:	:	12	:	:	12	:	:	12	:	:	12	:	:
Germany (FTFR)	15	15	:	13	13	:	13	13	:	13	13	:	13	13	:
Ireland	13	:	:	13	:	:	13	:	:	13	13	:	13	13	:
Italy	11	:	11	12	:	12	12	:	12	12	.	12	12	.	12
Netherlands	11	11	.	11	11	.	11	11	.	11	11	.	:	:	:
Portugal	12	12	12	12	12	12	12	12	12	12	12	12	12	12	12
Spain	12	12	12	12	12	12	12	12	12	12	12	12	13	13	13
United Kingdom	:	:	:	:	:	:	:	:	:	:	:	:	:	:	:
Other Europe - OCDE															
Austria	:	:	−	12	12	−	12	12	−	12	12	−	12	12	−
Finland	12	12	:	12	12	:	12	12	:	12	12	:	12	12	:
Norway	12	12	:	12	12	:	12	12	:	12	12	:	12	12	:
Sweden	11	−	:	12	−	:	12	−	:	12	−	:	12	−	:
Switzerland	:	:	:	:	:	:	:	:	:	:	.	:	:	.	:
Turkey	11	:	11	11	:	11	11	:	11	11	:	11	11	:	11

See Annex for notes   *Voir notes en annexe*

Table / Tableau III.3.3.

Gross salary starting teacher with minimum level of training, in US$, at 1992 PPPs
Traitement brut d'un enseignant débutant ayant le niveau minimum de formation, en $ US, aux PPA de 1992

	ISCED 0 / CITE 0			ISCED 1 / CITE 1			ISCED 2 / CITE 2			ISCED 3 - general / CITE 3 - général			ISCED 3 - vocational / CITE 3 - professionnel		
	PUB	GVP	IND	PUB	GVP	IND	PUB	GVP	IND	PUB	GVP	IND	PUB	GVP	IND
North America / *Amérique du Nord*															
United States / *États-Unis*	19 149	.	13 115	21 240	.	13 652	21 787	.	13 838	22 208	.	16 550	x in 3G	.	x in 3G
Pacific Area / *Pays du Pacifique*															
New Zealand / *Nouvelle-Zélande*	..	..	..	14 289	14 289	14 097	15 108	15 108	15 059	16 227	16 227	16 020	..	..	..
European Community / *Communauté européenne*															
Belgium / *Belgique*	16 588	16 588	–	17 531	17 531	–	17 955	17 955	–	22 204	22 204	–	..	..	–
France	..	..	..	..	..	..	..	..	..	..	..	..	..	..	..
Germany (FTFR) / *Allemagne (ex. terr. de la RFA)*	16 166	16 166	..	23 627	23 627	..	27 444	27 444	..	28 966	28 966	..	28 966	28 966	..
Ireland / *Irlande*	17 748	..	..	17 748	..	..	17 748	..	..	17 748	..	..	x in 3G	..	..
Italy / *Italie*	18 161	..	..	18 161	..	..	19 708	..	..	19 708	..	..	19 708	..	..
Netherlands / *Pays-Bas*	16 819	16 819	..	16 819	16 819	..	16 855	16 855	..	19 881	19 881	..	..	..	..
Portugal	13 784	12 797	12 797	13 784	12 797	12 797	13 784	12 797	12 797	13 784	12 797	12 797	13 784	12 797	12 797
Spain / *Espagne*	22 967	19 839	18 790	22 964	19 702	18 790	22 964	19 702	18 790	26 912	22 321	19 714	24 428	19 432	15 635
United Kingdom / *Royaume-Uni*	..	..	..	..	..	..	..	..	..	..	..	..	..	..	..
Other Europe - OECD / *Autres pays d'Europe - OCDE*															
Austria / *Autriche*	..	..	..	17 309	17 309	–	18 415	18 415	–	19 521	19 521	–	18 415	18 415	–
Finland / *Finlande*	–	–	–	17 481	..	–	20 033	..	–	20 608	..	–	15 874	..	–
Norway / *Norvège*	..	..	..	17 436	17 436	..	17 436	17 436	..	18 933	18 933	..	17 436	17 436	..
Sweden / *Suède*	..	–	–	13 999	–	–	15 699	–	–	15 699	..	..	14 799	–	..
Switzerland / *Suisse*	..	..	..	..	..	..	..	..	..	..	..	..	..	..	..
Turkey / *Turquie*	6 994	..	6 994	6 994	..	6 994	7 053	..	7 053	7 053	..	7 053	7 668	..	7 668

See Annex for notes / *Voir notes en annexe*

124

Table / Tableau III.3.4.

Gross salary of teacher with minimum level of training and fifteen years of experience, in US$, at 1992 PPPs
Traitement brut d'un enseignant ayant le niveau minimum de formation et quinze années d'expérience, en $ US, aux PPA de 1992

	ISCED 0 / CITE 0			ISCED 1 / CITE 1			ISCED 2 / CITE 2			ISCED 3 - general / CITE 3 - général			ISCED 3 - vocational / CITE 3 - professionnel			
	PUB	GVP	IND	PUB	GVP	IND	PUB	GVP	IND	PUB	GVP	IND	PUB	GVP	IND	
North America																**Amérique du Nord**
United States	.	.	.	28 350	.	18 913	31 258	.	.	32 085	.	.	x in 3G	.	x in 3G	États-Unis
Pacific Area																**Pays du Pacifique**
New Zealand	.	.	.	22 104	22 104	21 787	25 631	25 631	25 631	27 217	27 217	27 201	.	.	.	Nouvelle-Zélande
European Community																**Communauté européenne**
Belgium	23 279	23 279	–	23 897	23 898	–	25 514	25 514	–	32 886	32 886	–	.	.	.	Belgique
France	.	.	.	.	.	.	.	.	.	.	.	.	.	.	.	France
Germany (FTFR)	19 392	19 392	.	29 259	29 259	.	33 516	33 516	.	36 408	36 408	.	36 408	36 408	.	Allemagne (ex- terr. de la RFA)
Ireland	27 697	.	.	27 697	.	.	27 697	.	.	27 697	.	.	x in 3G	.	.	Irlande
Italy	21 915	.	.	21 915	.	.	23 864	.	.	24 815	.	.	x in 3G	.	.	Italie
Netherlands	24 774	24 774	.	24 774	24 774	.	26 712	26 712	.	36 639	36 639	.	.	.	.	Pays-Bas
Portugal	21 396	18 113	18 113	21 396	18 113	18 113	26 529	18 541	18 541	26 529	18 541	18 541	26 529	18 541	18 541	Portugal
Spain	25 523	22 371	21 087	25 520	22 383	21 087	25 520	22 383	21 087	30 106	25 679	22 593	26 985	21 744	17 613	Espagne
United Kingdom	.	.	.	.	.	.	.	.	.	.	.	.	.	.	.	Royaume-Uni
Other Europe - OECD																**Autres pays d'Europe - OCDE**
Austria	.	.	–	23 314	23 314	–	25 497	25 497	–	27 644	27 644	–	25 497	25 497	–	Autriche
Finland	–	–	–	20 801	.	–	24 049	.	–	29 134	.	–	21 054	.	–	Finlande
Norway	.	.	.	21 336	21 336	.	21 336	21 336	.	22 046	22 046	.	21 336	21 336	.	Norvège
Sweden	.	.	–	18 099	–	–	19 698	–	–	20 098	.	.	19 098	–	.	Suède
Switzerland	.	.	.	.	.	.	.	.	.	.	.	.	.	.	.	Suisse
Turkey	7 829	.	7 829	7 829	.	7 829	8 964	.	8 964	8 964	.	8 964	10 274	.	10 274	Turquie

See Annex for notes

Voir notes en annexe

Table / Tableau III.3.5.

Gross salary of teacher with minimum level of training at the top of the salary scale, in US$, at 1992 PPPs
Traitement brut d'un enseignant ayant le niveau minimum de formation au sommet du barême salarial, en $ US, aux PPA de 1992

	ISCED 0 CITE 0			ISCED 1 CITE 1			ISCED 2 CITE 2			ISCED 3 - general CITE 3 - général			ISCED 3 - vocational CITE 3 - professionnel		
	PUB	GVP	IND	PUB	GVP	IND	PUB	GVP	IND	PUB	GVP	IND	PUB	GVP	IND
North America															
United States	..	..	..	35 394	..	..	37 146	..	..	36 725	..	..	x in 3G	..	..
Pacific Area															
New Zealand	..	..	..	20 882	20 882	20 505	21 950	21 950	21 787	22 681	22 681	22 428	..	..	..
European Community															
Belgium	28 582	28 582	–	28 582	28 582	–	31 308	31 308	–	39 717	39 717	–	..	..	–
France	..	..	..	..	..	..	..	..	..	..	..	..	..	..	..
Germany (FTFR)	21 788	21 788	..	32 464	32 464	..	36 119	36 119	..	40 028	40 028	..	40 028	40 028	..
Ireland	32 624	..	..	32 624	..	..	32 624	..	..	32 624	..	..	x in 3G	–	–
Italy	27 852	..	..	27 852	..	..	30 927	..	..	32 385	..	..	x in 3G	..	..
Netherlands	30 969	30 969	..	30 969	30 969	..	33 454	33 454	..	44 756	44 756	..	..	..	..
Portugal	36 078	25 519	25 519	36 078	25 519	25 519	36 078	27 265	27 265	36 078	27 265	27 265	36 078	27 265	27 265
Spain	30 635	27 434	25 682	30 632	27 746	25 682	30 632	27 746	25 682	35 856	31 735	27 776	31 586	27 538	24 445
United Kingdom	..	..	..	..	..	..	..	..	..	..	..	..	..	..	..
Other Europe - OECD															
Austria	..	..	–	38 962	38 962	–	42 448	42 448	–	45 935	45 935	–	42 448	42 448	–
Finland	–	–	–	22 046	..	..	25 677	..	..	30 938	..	..	22 122	..	–
Norway	..	..	..	21 336	21 336	..	21 336	21 336	..	23 667	23 667	..	21 336	21 336	..
Sweden	..	–	..	18 099	–	–	19 698	–	..	20 098	–	..	19 098	–	..
Switzerland	..	..	..	..	..	..	..	..	..	..	..	..	..	..	..
Turkey	12 409	..	12 409	12 409	..	12 409	12 409	..	12 409	12 409	..	12 409	12 881	..	12 881

See Annex for notes / Voir notes en annexe

Amérique du Nord — États-Unis
Pays du Pacifique — Nouvelle-Zélande
Communauté européenne — Belgique, France, Allemagne (ex- terr. de la RFA), Irlande, Italie, Pays-Bas, Portugal, Espagne, Royaume-Uni
Autres pays d'Europe - OCDE — Autriche, Finlande, Norvège, Suède, Suisse, Turquie

Table / Tableau III.3.6.

Gross salary of teacher with highest level of qualification at the top of the salary scale, in US$, at 1992 PPPs
Traitement brut d'un enseignant ayant le niveau maximum de qualification au sommet du barème salarial, en $ US, aux PPA de 1992

	ISCED 0 / CITE 0			ISCED 1 / CITE 1			ISCED 2 / CITE 2			ISCED 3 - general / CITE 3 - général			ISCED 3 - vocational / CITE 3 - professionnel		
	PUB	GVP	IND	PUB	GVP	IND	PUB	GVP	IND	PUB	GVP	IND	PUB	GVP	IND
North America / *Amérique du Nord*															
United States / *États-Unis*	. .	. .	. .	39 998	.	. .	41 578	.	. .	42 150	.	. .	.	.	.
Pacific Area / *Pays du Pacifique*															
New Zealand / *Nouvelle-Zélande*	. .	. .	. .	23 412	23 412	23 068	25 310	25 310	24 991	26 297	26 297	26 272	x in 3G	.	x in 3G
European Community / *Communauté européenne*															
Belgium / *Belgique*	28 582	28 582	–	28 582	28 582	–	31 308	31 308	–	39 717	39 717	–	. .	. .	. .
France	. .	. .	. .	.	.	.	.	.	.	.	.	.	.	.	.
Germany (FTFR) / *Allemagne (ex-terr. de la RFA)*	21 788	21 788	–	32 464	32 464	–	36 119	36 119	–	40 028	40 028	–	40 028	40 028	–
Ireland / *Irlande*	35 985	.	–	35 985	–	–	35 985	–	–	35 985	–	–	x in 3G	. .	. .
Italy / *Italie*	27 852	.	.	27 852	.	.	30 927	.	.	32 385	.	.	32 385	. .	. .
Netherlands / *Pays-Bas*	30 969	30 969	.	30 969	30 969	.	33 454	33 454	.	44 756	44 756	–	–	–	–
Portugal	36 155	25 519	25 519	36 155	25 519	25 519	39 588	33 423	33 423	39 588	33 423	33 423	39 588	33 423	33 423
Spain / *Espagne*	30 635	27 434	25 682	30 632	27 746	25 682	30 632	27 746	25 682	38 144	34 282	30 448	38 201	31 164	27 104
United Kingdom / *Royaume-Uni*	. .	. .	. .	. .	. .	. .	. .	. .	. .	. .	. .	. .	. .	. .	. .
Other Europe - OECD / *Autres pays d'Europe - OCDE*															
Austria / *Autriche*	. .	–	–	38 962	38 962	–	42 448	42 448	–	45 935	45 935	–	42 448	42 448	–
Finland / *Finlande*	–	–	–	23 393	–	–	29 265	–	–	30 938	–	–	33 183	–	–
Norway / *Norvège*	–	–	–	29 500	29 500	–	29 500	29 500	–	29 500	29 500	–	29 500	29 500	–
Sweden / *Suède*	. .	.	.	18 099	–	.	19 698	–	.	23 398	–	.	19 098	–	.
Switzerland / *Suisse*	. .	. .	. .	. .	. .	. .	. .	. .	. .	. .	. .	. .	. .	. .	. .
Turkey / *Turquie*	12 494	.	12 494	12 494	.	12 494	12 494	.	12 494	12 494	.	12 494	13 323	.	13 323

See Annex for notes / *Voir notes en annexe*

Table / Tableau III.3.7.

Teacher compensation: years from minimum to maximum salary (1992)

Rémunération des enseignants : nombre d'années nécessaires pour passer du minimum au maximum de rémunération (1992)

	ISCED 0 / CITE 0			ISCED 1 / CITE 1			ISCED 2 / CITE 2			ISCED 3 - general / CITE 3 - général			ISCED 3 - vocational / CITE 3 - professionnel		
	PUB	GVP	IND	PUB	GVP	IND	PUB	GVP	IND	PUB	GVP	IND	PUB	GVP	IND
North America / *Amérique du Nord*															
United States / États-Unis	16	.	:	16	.	:	16	.	:	16	.	:	x in 3G	.	:
Pacific Area / *Pays du Pacifique*															
New Zealand / Nouvelle-Zélande	:	:	:	9	9	9	8	8	8	6	6	6	.	.	.
European Community / *Communauté européenne*															
Belgium / Belgique	28	28	–	27	27	–	27	27	–	25	25	–	:	:	–
France	.	.	.	.	.	.	.	.	.	.	.	.	.	.	.
Germany (FTFR) / Allemagne (ex- terr. de la RFA)	20	20	.	22	22	.	20	20	.	18	18	.	18	18	.
Ireland / Irlande	24	.	.	24	.	.	24	.	.	24	.	.	24	.	.
Italy / Italie	40	.	.	40	.	.	40	.	.	40	.	.	40	.	.
Netherlands / Pays-Bas	25	25	:	25	25	:	25	25	:	28	28	:	:	:	:
Portugal	29	29	29	29	29	29	29	32	32	29	32	32	29	32	32
Spain / Espagne	45	45	45	45	45	45	45	45	45	42	42	42	42	42	42
United Kingdom / Royaume-Uni	:	:	:	9	:	:	9	:	:	:	:	:	:	:	:
Other Europe - OECD / *Autres pays d'Europe - OCDE*															
Austria / Autriche	34	.	–	34	34	–	34	34	–	34	34	–	34	34	–
Finland / Finlande	–	–	–	20	.	.	20	.	.	20	.	.	20	.	–
Norway / Norvège	.	.	.	14	14	:	14	14	:	16	16	:	14	14	:
Sweden / Suède	.	–	.	15	–	.	15	–	.	15	–	.	15	–	.
Switzerland / Suisse	.	.	.	.	.	.	.	.	.	.	.	.	.	.	.
Turkey / Turquie	29	.	29	29	.	29	27	.	27	27	.	27	24	.	24

See Annex for notes / *Voir notes en annexe*

Table / Tableau III.3.8.

Teacher age distribution – public education, percentage by ISCED level (1992)
Répartition par âge des enseignants – enseignement public, pourcentage par niveau CITE (1992)

	ISCED 0 / CITE 0							ISCED 1 / CITE 1							ISCED 2 / CITE 2						
	Age							Age							Age						
	<20	20-29	30-39	40-49	50-60	>60		<20	20-29	30-39	40-49	50-60	>60		<20	20-29	30-39	40-49	50-60	>60	
North America																					
United States	–	8	25	42	20	5		–	7	23	40	24	6		–	7	22	42	24	5	
Pacific Area																					
New Zealand	:	:	:	:	:	:		0	14	28	37	19	2		0	14	26	38	21	2	
European Community																					
Belgium	0	28	23	37	13	1		0	16	32	38	14	0		x in 3G	x in 3G	x in 3G	x in 3G	x in 3G	x in 3G	
France	x in 1	x in 1	x in 1	x in 1	x in 1	x in 1		0	13	32	39	17	0		0	11	26	44	19	1	
Germany (FTFR)	7	42	32	13	6	:		4	25	46	23	3		2	26	46	24	2		
Ireland	x in 1	x in 1	x in 1	x in 1	x in 1	x in 1		0	19	35	25	18	3		0	1	27	50	17	5	
Italy	0	10	44	32	11	3		0	9	30	33	21	7		0	6	30	43	20	0	
Netherlands	x	x	x	x	x	x		0	17	40	32	11	0		x in 3G	x in 3G	x in 3G	x in 3G	x in 3G	x in 3G	
Portugal	:	:	:	:	:	:		1	9	29	26	20	16								
Spain																					
United Kingdom	x in 1	x in 1	x in 1	x in 1	x in 1	x in 1		0	15	23	42	19	1		0	11	30	42	16	1	
Other Europe - OECD																					
Austria	:	22	39	28	9	2		:	23	39	27	9	2		:	19	48	26	7	0	
Finland	:	:	:	:	:	:		:	6	29	29	30	7		:	3	22	36	34	4	
Norway	:	:	:	:	:	:		:	:	:	:	:	:		:	:	:	:	:	:	
Sweden	:	:	:	:	:	:		0	6	19	43	23	9		0	6	17	36	29	11	
Switzerland	:	:	:	:	:	:		:	:	:	:	:	:		:	:	:	:	:	:	
Turkey	:	:	:	:	:	:		:	:	:	:	:	:		:	:	:	:	:	:	

See Annex for notes — Voir notes en annexe

Table / Tableau III.3.8. (continued)

Teacher age distribution – public education, percentage by ISCED level (1992)
Répartition par âge des enseignants – enseignement public, pourcentage par niveau CITE (1992)

	ISCED 3 - general CITE 3 - *général*							ISCED 3 - vocational CITE 3 - *professionnel*						
	Age							Age						
	<20	20-29	30-39	40-49	50-60	>60		<20	20-29	30-39	40-49	50-60	>60
North America													
United States	–	5	20	41	29	6		x in 3G	x in 3G	x in 3G	x in 3G	x in 3G	x in 3G
Pacific Area													
New Zealand	0	9	30	40	20	2		:	:	:	:	:	:
European Community													
Belgium	0	10	30	37	23	1		x in 3G	x in 3G	x in 3G	x in 3G	x in 3G	x in 3G
France	x in 2	x in 2	x in 2	x in 2	x in 2	x in 2		x in 2	x in 2	x in 2	x in 2	x in 2	x in 2
Germany (FTFR)	:	1	26	43	26	3		:	2	28	42	25	4
Ireland	0	2	30	44	17	5		x in 3G	x in 3G	x in 3G	x in 3G	x in 3G	x in 3G
Italy	x in 2	x in 2	x in 2	x in 2	x in 2	x in 2		x in 3G	x in 3G	x in 3G	x in 3G	x in 3G	x in 3G
Netherlands	0	26	37	21	8	8		x in 3G	x in 3G	x in 3G	x in 3G	x in 3G	x in 3G
Portugal	:	:	:	:	:	:		:	:	:	:	:	:
Spain	x in 2	x in 2	x in 2	x in 2	x in 2	x in 2		x in 2	x in 2	x in 2	x in 2	x in 2	x in 2
United Kingdom	:	15	49	30	9	1		:	14	40	30	15	1
Other Europe - OECD													
Austria	:	1	14	30	44	11		:	:	:	:	:	:
Finland	:	:	:	:	:	:		:	:	:	:	:	:
Norway	0	3	14	38	33	13		x in 3G	x in 3G	x in 3G	x in 3G	x in 3G	x in 3G
Sweden	:	:	:	:	:	:		:	:	:	:	:	:
Switzerland	:	:	:	:	:	:		:	:	:	:	:	:
Turkey	:	:	:	:	:	:		:	:	:	:	:	:

See Annex for notes / *Voir notes en annexe*

Table / Tableau III.3.9.

Teacher sex distribution - public education, percentage by ISCED level (1992)
Répartition par sexe des enseignants - enseignement public, pourcentage par niveau CITE (1992)

	ISCED 0 CITE 0		ISCED 1 CITE 1		ISCED 2 CITE 2		ISCED 3 - general CITE 3 - *général*		ISCED 3 - vocational CITE 3 - *professionnel*	
	Male *Homme*	Female *Femme*	Male *Homme*	Female *Femme*	Male *Homme*	Female *Femme*	Male *Homme*	Female *Femme*	Male *Homme*	Female *Femme*
North America / *Amérique du Nord*										
United States / *États-Unis*	17	83	15	85	43	57	52	48	x in 3G	x in 3G
Pacific Area / *Pays du Pacifique*										
New Zealand / *Nouvelle-Zélande*	:	:	20	80	37	63	49	51	:	:
European Community / *Communauté européenne*										
Belgium / *Belgique*	3	98	38	62	x in 3G	x in 3G	50	50	x in 3G	x in 3G
France	x in 1	x in 1	24	76	45	55	x in 2	x in 2	x in 2	x in 2
Germany (FTFR) / *Allemagne (ex- terr. de la RFA)*	x in 1	x in 1	24	76	:	:	:	:	:	:
Ireland / *Irlande*	0	100	8	92	29	71	46	54	x in 3G	x in 3G
Italy / *Italie*	:	:	:	:	x in 3	x in 3	:	:	:	:
Netherlands / *Pays-Bas*	:	:	8	89	49	51	29	63	x in 3G	x in 3G
Portugal	5	95	26	74	50	50	46	54	58	42
Spain / *Espagne*	x in 1	x in 1	19	81	x in 2	x in 2	x in 2	x in 2	x in 2	x in 2
United Kingdom / *Royaume-Uni*										
Other Europe - OECD / *Autres pays d'Europe - OCDE*										
Austria / *Autriche*	:	:	18	82	39	61	45	55	58	42
Finland / *Finlande*	:	:	35	65	32	68	39	61	:	:
Norway / *Norvège*	:	:	:	:	:	:	:	:	:	:
Sweden / *Suède*	:	:	:	:	:	:	:	:	:	:
Switzerland / *Suisse*	:	:	:	:	:	:	:	:	:	:
Turkey / *Turquie*	:	:	:	:	:	:	:	:	:	:

See Annex for notes / *Voir notes en annexe*

Table / Tableau III.3.10.

Teaching time per subject as a percent of total teaching time according to the intended curriculum for ISCED 1 in public education (1992)
Temps d'enseignement par matière en pourcentage du temps d'enseignement total correspondant au programme prévu pour l'enseignement public de niveau CITE 1 (1992)

	Reading and writing *Lecture et écriture*	Mathematics *Mathématiques*	Sciences *Sciences*	Social studies *Sciences sociales*	Foreign languages *Langues étrangères*	Arts *Arts*	Physical education *Education physique*	Religion *Education religieuse*	Other *Autres*
North America *Amérique du Nord*									
United States / États-Unis	:	:	:	:	:	:	:	:	:
Pacific Area *Pays du Pacifique*									
New Zealand / Nouvelle-Zélande	:	:	:	:	:	:	:	:	:
European Community *Communauté européenne*									
Belgium / Belgique	27	19	7	8	5	8	7	7	13
France	:	:	:	:	:	:	:	:	:
Germany (FTFR) / Allemagne (ex- terr. de la RFA)	:	:	:	:	:	:	:	:	:
Ireland / Irlande	:	:	:	17	7	14	7	7	0
Italy / Italie	23	22	7	13	2	12	8	4	19
Netherlands / Pays-Bas	27	15	−	10	13	26	10	3[1]	0
Portugal	16	13	10	:	:	:	:	:	:
Spain / Espagne	:	:	:	:	:	:	:	:	:
United Kingdom / Royaume-Uni	:	:	:	:	:	:	:	:	:
Other Europe - OECD *Autres pays d'Europe - OCDE*									
Austria / Autriche	:	:	:	:	:	:	:	:	:
Finland / Finlande	:	:	:	:	:	:	:	:	:
Norway / Norvège	:	:	:	:	:	:	:	:	:
Sweden / Suède	31	16	8[2]	14[2]	7	9	8	−	7[3]
Switzerland / Suisse	:	:	:	:	:	:	:	:	:
Turkey / Turquie	:	:	:	:	:	:	:	:	:

See Annex for notes / *Voir notes en annexe*

Table / Tableau III.3.11.

Teaching time per subject as a percent of total teaching time according to the intended curriculum for ISCED 3 in public education (1992)
Temps d'enseignement par matière en pourcentage du temps d'enseignement total correspondant au programme prévu pour l'enseignement public de niveau CITE 3 (1992)

	Reading and writing / Lecture et écriture	Mathematics / Mathématiques	Sciences / Sciences	Social studies / Sciences sociales	Foreign languages / Langues étrangères	Technology / Technologie	Arts / Arts	Physical education / Éducation physique	Religion / Éducation religieuse	Vocational skills / Formation professionnelle	Other / Autres	
North America												**Amérique du Nord**
United States	17	13	12	15	7	3	7	7	0	9	10	États-Unis
Pacific Area												**Pays du Pacifique**
New Zealand	:	:	:	:	:	:	:	:	:	:	:	Nouvelle-Zélande
European Community												**Communauté européenne**
Belgium	13	13	16	10	19	0	0	8	6	0	14	Belgique
France	15	29	x in math.	15	18	14	1	7	0	0	1	France
Germany (FTFR)	:	:	:	:	:	:	:	:	:	:	:	Allemagne (ex- terr. de la RFA)
Ireland	:	:	:	:	:	:	:	:	:	:	:	Irlande
Italy	:	:	:	:	:	:	:	:	:	:	:	Italie
Netherlands	11	8	7	8	18	:	5	7	1	:	31[1]	Pays-Bas
Portugal	9	21	25[2]	6[2]	6	:	:	6	3[3]	15[4]	9[5]	Portugal
Spain	:	:	:	:	:	:	:	:	:	:	:	Espagne
United Kingdom	:	:	:	:	:	:	:	:	:	:	:	Royaume-Uni
Other Europe – OECD												**Autres pays d'Europe – OCDE**
Austria	:	:	:	:	:	:	:	:	:	:	:	Autriche
Finland	:	:	:	:	:	:	:	:	:	:	:	Finlande
Norway	:	:	:	:	:	:	:	:	:	:	:	Norvège
Sweden	10	16	23	12	20	:	4	8	3	:	2[6]	Suède
Switzerland	:	:	:	:	:	:	:	:	:	:	:	Suisse
Turkey	:	:	:	:	:	:	:	:	:	:	:	Turquie

See Annex for notes — Voir notes en annexe

Table / Tableau III.3.12.

Total number of teaching hours per year (1992)
Nombre total d'heures d'enseignement par an (1992)

	ISCED 0 / CITE 0			ISCED 1 / CITE 1			ISCED 2 / CITE 2			ISCED 3 - general / CITE 3 - général			ISCED 3 - vocational / CITE 3 - professionnel		
	PUB	GVP	IND	PUB	GVP	IND	PUB	GVP	IND	PUB	GVP	IND	PUB	GVP	IND
North America / *Amérique du Nord*															
United States / *États-Unis*	1 054	.	1 034	1 093	.	1 081	1 042	.	1 016	1 019	.	889	x in 3G	.	x in 3G
Pacific Area / *Pays du Pacifique*															
New Zealand / *Nouvelle-Zélande*	:	:	:	790	830	830	897	935	935	813	813	813	.	.	.
European Community / *Communauté européenne*															
Belgium / *Belgique*	840	840	–	840	840	–	720	720	–	660	660	–	849	.	–
France	944	944	:	944	944	:	632	:	:	x in 2	:	:	x in 2	725	:
Germany (FTFR) / *Allemagne (ex- terr. de la RFA)*	1 540	1 540	:	790	790	:	761	761	:	673	673	:	679	679	:
Ireland / *Irlande*	767	:	:	951	:	:	792	792	:	792	792	:	792	792	:
Italy / *Italie*	900	:	1 116	748	:	816	612	:	612	612	:	612	612	.	612
Netherlands / *Pays-Bas*	880	880	:	1 000	1 000	:	954	954	:	954	954	:	.	.	.
Portugal	882	1 151	1 151	882	882	882	648	648	648	612	648	648	612	648	648
Spain / *Espagne*	900	972	1 080	900	972	1 080	900	972	1 080	630	945	1 053	630	945	1 053
United Kingdom / *Royaume-Uni*	:	:	:	:	:	:	669	.	.	:	:	:	.	.	.
Other Europe - OECD / *Autres pays d'Europe - OCDE*															
Austria / *Autriche*	:	:	–	780	780	–	747	747	–	664	664	–	714	714	–
Finland / *Finlande*	:	:	:	874	:	:	798	:	:	760	:	:	855	:	:
Norway / *Norvège*	:	:	:	749	749	:	666	666	:	627	627	:	627	627	:
Sweden / *Suède*	:	:	:	624	–	:	576	–	:	528	–	:	612	–	:
Switzerland / *Suisse*	:	:	:	:	:	:	:	:	:	:	:	:	:	:	:
Turkey / *Turquie*	900	.	900	900	.	900	1 080	.	1 080	1 080	.	1 080	1 692	.	1 584

See Annex for notes / *Voir notes en annexe*

Chapter/*Chapitre* IV

Participation in education
Scolarisation dans l'enseignement

Chapter IV provides detailed enrolment tables for both public and private schools by ISCED level and including in each case the per cent of enrolments of women. New entrants are shown for all higher education and broken down into university higher education and non-university higher education. New entrants are counted only when they enter their first higher education programme, *i.e.*, a student entering for a second degree programme or transferring from non-university higher education to university higher education is not included. The following tables on graduates are broken down into three sections: graduates of higher education, graduates of university higher education by major field of study and graduates of upper secondary education. An attempt has been made to separate upper secondary education graduates by general, vocational and apprenticeship programmes, but this remains an area where it is extremely difficult for countries to classify data.

*
* *

Le chapitre IV fournit des tableaux détaillés sur les effectifs des établissements publics et privés par niveau de CITE et donne dans chaque cas le pourcentage de femmes pour ces effectifs. Les nouveaux inscrits sont présentés pour tout l'enseignement supérieur puis répartis entre l'enseignement supérieur universitaire et l'enseignement supérieur non universitaire. Les nouveaux inscrits ne sont comptabilisés que s'ils entrent pour la première fois dans un programme d'enseignement supérieur, c'est-à-dire qu'un étudiant entrant dans un programme de second cycle ou passant d'un enseignement supérieur non universitaire à un enseignement supérieur universitaire n'est pas inclus. Les tableaux suivants sur les diplômés sont répartis en trois sections : les diplômés de l'enseignement supérieur, les diplômés de l'enseignement supérieur universitaire par domaine scientifique et les diplômés de l'enseignement secondaire du deuxième cycle. Un effort a été fait pour différencier les diplômés de l'enseignement secondaire du second cycle selon le programme (général, professionnel ou d'apprentissage), mais les pays ont beaucoup de difficultés à classifier ces données.

Table / Tableau IV.1.1.

Enrolments all levels (FTE, PPV)
Effectifs pour tous les niveaux (EPT, PPV)

ISCED / CITE 0-9

	1985	1986	1987	1988	1989	1990	1991	1992	
North America									**Amérique du Nord**
Canada	5 870 666	5 876 763	5 893 288	5 942 620	6 001 210	6 062 018	6 179 659	6 282 593	Canada
United States	53 894 849	54 148 744	54 572 189	54 906 744	55 062 358	55 887 610	56 651 837	57 273 954	États-Unis
Pacific Area									**Pays du Pacifique**
Australia	..	3 915 779	3 981 331	4 043 907	..	..	4 142 567	..	Australie
Japan	27 988 120	27 961 949	27 744 455	27 547 178	27 287 818	26 981 345	26 573 474	26 106 862	Japon
New Zealand	885 908	875 375	871 357	867 726	909 974	932 812	991 372	856 973	Nouvelle-Zélande
European Community									**Communauté européenne**
Belgium	..	..	..	..	..	..	..	2 460 247	Belgique
Denmark	1 085 413	1 076 479	1 068 469	1 052 704	1 037 719	1 021 047	1 004 964	1 090 682	Danemark
France	13 937 520	13 964 884	13 938 751	14 013 785	14 122 554	14 247 441	14 356 136	14 470 157	France
Germany (FTFR)	12 862 366	12 534 405	12 350 700	12 097 090	11 959 924	11 949 152	12 101 453	12 231 932	Allemagne (ex- terr. de la RFA)
Greece	..	..	..	..	..	..	..	1 944 777	Grèce
Ireland	982 042	988 656	992 789	993 856	991 962	989 351	990 413	997 554	Irlande
Italy	12 080 965	11 917 783	11 673 862	11 530 878	11 698 936	11 679 219	11 444 809	11 434 314	Italie
Luxembourg	..	59 930	60 159	60 390	59 388	..	..	..	Luxembourg
Netherlands	3 489 361	3 445 731	3 378 311	3 329 605	3 277 458	3 248 765	3 243 306	3 395 804	Pays-Bas
Portugal	..	..	..	2 013 771	..	..	2 219 365	..	Portugal
Spain	9 685 961	9 767 175	9 805 148	9 807 763	9 791 677	9 787 228	9 734 666	9 703 247	Espagne
United Kingdom	11 524 625	11 413 754	11 309 513	11 291 517	11 211 619	11 328 658	11 442 615	12 013 838	Royaume-Uni
Other Europe - OECD									**Autres pays d'Europe - OCDE**
Austria	1 547 557	1 567 174	1 552 169	1 543 378	1 532 259	1 542 037	1 551 645	1 588 343	Autriche
Finland	1 220 689	1 237 031	1 234 940	1 228 803	1 247 610	1 266 981	1 291 325	1 274 759	Finlande
Iceland	..	..	..	..	..	..	..	..	Islande
Norway	919 380	910 980	908 202	900 467	899 887	945 389	960 600	965 328	Norvège
Sweden	1 541 944	1 521 069	1 498 668	1 482 928	1 475 002	1 464 661	1 465 781	1 756 844	Suède
Switzerland	1 259 105	1 241 932	1 232 026	1 228 327	1 228 408	1 234 397	1 242 523	1 273 048	Suisse
Turkey	9 772 466	10 123 683	10 414 240	10 800 290	10 979 539	11 266 618	11 539 604	11 810 351	Turquie
Central & Eastern Europe									**Europe centrale et orientale**
Czech Republic	..	..	..	..	..	..	..	2 267 421	République tchèque
Hungary	..	..	..	..	..	..	2 257 339	2 241 349	Hongrie

Table / Tableau IV.1.2.

Enrolments all levels (FTE, PPV), percent women
Effectifs pour tous les niveaux (EPT, PPV), pourcentage femmes

ISCED / CITE 0-9

	1985	1986	1987	1988	1989	1990	1991	1992	
North America									**Amérique du Nord**
Canada	48.4	48.6	48.8	49.1	49.2	49.5	49.4	49.5	Canada
United States	48.9	49.1	49.0	49.0	49.2	49.3	49.4	49.4	États-Unis
Pacific Area									**Pays du Pacifique**
Australia	..	..	48.7	48.7	..	..	48.5	..	Australie
Japan	47.9	47.9	48.0	48.0	48.0	48.0	48.1	48.1	Japon
New Zealand	49.9	49.7	49.8	49.8	49.9	50.1	50.7	49.7	Nouvelle-Zélande
European Community									**Communauté européenne**
Belgium	..	..	..	..	..	..	..	49.4	Belgique
Denmark	48.6	48.6	48.7	48.9	49.1	49.2	49.4	49.4	Danemark
France	49.1	49.2	49.2	49.2	49.2	49.2	49.3	49.4	France
Germany (FTFR)	47.3	47.2	47.5	47.3	47.3	47.3	47.2	47.2	Allemagne (ex- terr. de la RFA)
Greece	..	..	..	..	..	..	..	48.9	Grèce
Ireland	48.6	48.7	48.8	48.8	48.8	48.9	48.8	48.8	Irlande
Italy	48.3	48.4	48.5	48.5	48.3	48.1	48.7	48.7	Italie
Luxembourg	..	48.3	48.5	48.9	47.8	..	..	..	Luxembourg
Netherlands	47.8	47.7	47.8	47.2	47.9	48.0	48.1	47.7	Pays-Bas
Portugal	..	..	..	..	..	..	51.2	..	Portugal
Spain	48.8	48.8	49.0	49.0	48.9	49.4	49.6	49.7	Espagne
United Kingdom	48.8	48.9	49.0	48.9	49.3	49.4	49.5	49.8	Royaume-Uni
Other Europe - OECD									**Autres pays d'Europe - OCDE**
Austria	47.2	46.9	46.9	47.0	47.2	47.1	47.2	47.2	Autriche
Finland	51.6	51.5	51.6	51.9	51.5	51.8	52.1	55.2	Finlande
Iceland	..	..	..	..	..	..	..	..	Islande
Norway	49.5	49.6	49.6	49.7	49.8	49.4	49.4	49.4	Norvège
Sweden	49.4	49.6	49.2	49.2	49.3	49.4	49.9	50.8	Suède
Switzerland	46.4	46.4	46.5	46.6	46.7	46.8	46.9	46.6	Suisse
Turkey	43.0	43.1	43.0	43.1	43.0	43.0	43.0	43.1	Turquie
Central & Eastern Europe									**Europe centrale et orientale**
Czech Republic	..	..	..	..	..	..	..	49.1	République tchèque
Hungary	..	..	..	..	..	..	48.9	49.0	Hongrie

Table / Tableau IV.1.3.

Enrolments all levels (FTE, PUB)
Effectifs pour tous les niveaux (EPT, PUB)

ISCED / CITE 0-9

	1985	1986	1987	1988	1989	1990	1991	1992	
North America									*Amérique du Nord*
Canada	5 583 488	5 587 306	5 603 654	5 647 988	5 696 599	5 746 899	5 850 840	5 945 145	*Canada*
United States	45 318 776	45 621 391	46 022 554	46 381 069	46 712 338	47 252 528	48 065 490	49 127 345	*États-Unis*
Pacific Area									*Pays du Pacifique*
Australia	..	3 122 191	3 173 190	3 219 281	..	..	2 862 760	..	*Australie*
Japan	21 921 710	21 897 655	21 632 096	21 256 503	20 835 918	20 363 384	19 834 948	19 295 846	*Japon*
New Zealand	863 131	851 855	847 655	843 280	885 077	907 672	966 603	824 618	*Nouvelle-Zélande*
European Community									*Communauté européenne*
Belgium	..	..	..	..	..	..	..	1 012 959	*Belgique*
Denmark	1 015 106	1 004 065	994 624	977 483	961 864	951 149	937 020	1 018 432	*Danemark*
France	11 369 437	11 383 388	11 368 649	11 434 259	11 508 322	11 629 843	11 731 314	11 835 617	*France*
Germany (FTFR)	..	..	..	..	..	..	..	..	*Allemagne (ex- terr. de la RFA)*
Greece	..	..	..	..	..	..	..	1 830 869	*Grèce*
Ireland	190 006	194 686	197 723	201 768	206 750	211 704	223 198	985 343	*Irlande*
Italy	10 765 121	10 635 406	10 427 729	10 320 843	10 515 445	10 453 707	10 352 940	10 341 798	*Italie*
Luxembourg	..	34 045	33 858	57 658	56 835	..	..	..	*Luxembourg*
Netherlands	980 502	972 391	962 898	992 775	950 971	959 554	924 173	892 567	*Pays-Bas*
Portugal	..	..	..	1 810 600	..	..	1 906 359	..	*Portugal*
Spain	6 419 456	6 560 419	6 640 003	6 751 668	6 752 936	6 798 769	6 788 076	6 822 076	*Espagne*
United Kingdom	10 912 474	10 799 173	10 682 320	10 652 788	10 563 700	10 715 928	10 823 858	10 333 263	*Royaume-Uni*
Other Europe - OECD									*Autres pays d'Europe - OCDE*
Austria	1 399 657	1 413 413	1 412 336	1 404 452	1 398 812	1 403 343	1 410 971	1 446 190	*Autriche*
Finland	1 167 183	1 182 791	1 181 359	1 175 274	1 193 484	1 212 269	1 232 885	1 211 497	*Finlande*
Iceland	..	..	..	..	..	..	..	..	*Islande*
Norway	852 280	844 409	833 115	825 237	819 190	859 525	869 005	870 534	*Norvège*
Sweden	..	..	..	..	1 460 982	1 450 081	1 450 737	1 735 555	*Suède*
Switzerland	1 196 743	1 178 423	1 165 195	1 165 955	1 165 918	1 170 685	1 179 343	1 177 750	*Suisse*
Turkey	9 696 217	10 035 484	10 306 830	10 674 732	10 837 028	11 112 591	11 376 737	11 643 758	*Turquie*
Central & Eastern Europe									*Europe centrale et orientale*
Czech Republic	..	..	..	..	..	..	..	2 259 154	*République tchèque*
Hungary	..	..	..	..	..	..	1 083 328	2 216 453	*Hongrie*

Ireland: 1992, change in definition of private education

Irlande : 1992, changement de définition pour l'enseignement privé

Table / Tableau IV.1.4.

Enrolments all levels (FTE, PUB), percent women
Effectifs pour tous les niveaux (EPT, PUB), pourcentage femmes

ISCED / CITE 0-9

	1985	1986	1987	1988	1989	1990	1991	1992	
North America									*Amérique du Nord*
Canada	48.2	48.4	48.7	48.9	49.1	49.4	49.3	49.4	Canada
United States	48.8	48.9	48.8	48.9	49.1	49.3	49.4	49.2	États-Unis
Pacific Area									*Pays du Pacifique*
Australia	..	..	48.4	48.4	..	..	49.9	..	Australie
Japan	48.1	48.1	48.1	48.1	48.1	48.0	48.1	48.0	Japon
New Zealand	50.1	49.8	49.9	49.9	50.0	50.2	50.8	49.8	Nouvelle-Zélande
European Community									*Communauté européenne*
Belgium	..	..	..	..	..	..	..	47.0	Belgique
Denmark	48.6	48.6	48.7	48.9	49.0	49.2	50.6	49.4	Danemark
France	49.3	49.3	49.4	49.4	49.4	49.5	49.5	49.6	France
Germany (FTFR)	..	..	..	..	..	..	..	..	Allemagne (ex- terr. de la RFA)
Greece	..	..	..	..	..	..	..	48.9	Grèce
Ireland	40.5	41.2	42.7	42.4	42.7	43.2	43.4	48.8	Irlande
Italy	47.9	48.0	48.1	48.2	48.0	48.1	48.4	48.5	Italie
Luxembourg	..	45.9	46.2	47.8	47.7	..	..	..	Luxembourg
Netherlands	47.0	47.2	48.1	44.9	47.1	45.1	47.9	48.1	Pays-Bas
Portugal	..	..	..	..	..	..	51.1	..	Portugal
Spain	46.9	47.3	47.8	47.8	47.8	48.3	48.7	49.0	Espagne
United Kingdom	48.9	49.1	49.2	49.0	49.1	49.5	49.6	50.0	Royaume-Uni
Other Europe - OECD									*Autres pays d'Europe - OCDE*
Austria	45.9	45.7	45.7	45.9	46.0	46.0	46.1	46.1	Autriche
Finland	..	..	..	..	..	..	51.7	54.8	Finlande
Iceland	..	..	..	..	..	..	..	..	Islande
Norway	49.4	49.4	49.5	49.6	49.6	49.2	49.2	49.4	Norvège
Sweden	..	..	..	..	9.5	19.6	20.3	..	Suède
Switzerland	46.3	46.4	46.5	46.4	46.5	46.6	46.8	46.5	Suisse
Turkey	43.0	43.0	43.0	43.1	43.0	43.0	43.0	43.1	Turquie
Central & Eastern Europe									*Europe centrale et orientale*
Czech Republic	..	..	..	..	..	..	..	49.1	République tchèque
Hungary	..	..	..	..	..	..	49.3	..	Hongrie

Table / Tableau IV.1.5.

Enrolments all levels (FTE, PRV)
Effectifs pour tous les niveaux (EPT, PRV)

ISCED / CITE 0-9

	1985	1986	1987	1988	1989	1990	1991	1992	
North America									*Amérique du Nord*
Canada	287 178	289 457	289 635	294 632	304 611	315 120	328 820	337 447	*Canada*
United States	8 576 073	8 527 352	8 549 636	8 525 675	8 350 020	8 635 082	8 586 345	8 146 611	*États-Unis*
Pacific Area									*Pays du Pacifique*
Australia	775 336	793 588	808 141	824 626	..	..	726 409	..	*Australie*
Japan	6 069 102	6 064 294	6 112 359	6 290 676	6 451 901	6 617 962	6 731 608	6 811 017	*Japon*
New Zealand	22 777	23 520	23 704	24 446	24 897	25 140	24 769	32 355	*Nouvelle-Zélande*
European Community									*Communauté européenne*
Belgium	..	..	..	..	..	..	..	1 447 288	*Belgique*
Denmark	70 305	72 414	73 861	75 221	75 855	69 898	67 944	72 250	*Danemark*
France	2 573 073	2 581 496	2 570 102	2 579 526	2 614 232	2 617 598	2 624 822	2 634 540	*France*
Germany (FTFR)	..	..	..	..	..	..	..	..	*Allemagne (ex- terr. de la RFA)*
Greece	..	..	..	..	..	..	..	113 908	*Grèce*
Ireland	792 037	793 970	795 066	792 088	785 235	777 647	767 215	| 12 211	*Irlande*
Italy	1 315 844	1 282 377	1 246 133	1 210 035	1 183 491	1 225 512	1 091 869	1 092 516	*Italie*
Luxembourg	..	2 647	2 657	2 732	2 553	..	..	..	*Luxembourg*
Netherlands	2 508 859	2 473 341	2 415 414	2 336 830	2 326 488	2 399 112	2 319 133	2 503 238	*Pays-Bas*
Portugal	..	..	..	203 171	..	..	313 006	..	*Portugal*
Spain	3 266 505	3 206 755	3 165 145	3 056 095	3 038 741	2 988 459	2 946 590	2 881 171	*Espagne*
United Kingdom	612 424	614 581	627 193	638 729	647 919	612 730	618 757	|1 680 575	*Royaume-Uni*
Other Europe - OECD									*Autres pays d'Europe - OCDE*
Austria	147 900	153 761	139 833	138 926	133 447	138 694	140 674	142 153	*Autriche*
Finland	53 500	54 240	53 581	53 529	54 026	54 712	58 440	63 262	*Finlande*
Iceland	..	..	..	..	..	..	..	..	*Islande*
Norway	67 100	66 571	75 087	75 231	80 697	85 864	91 595	94 794	*Norvège*
Sweden	..	..	..	..	14 020	14 580	15 044	21 294	*Suède*
Switzerland	54 762	55 206	56 409	62 373	62 490	63 712	63 181	95 298	*Suisse*
Turkey	76 249	88 199	107 410	125 558	142 511	154 027	162 867	166 593	*Turquie*
Central & Eastern Europe									*Europe centrale et orientale*
Czech Republic	..	..	..	..	..	..	..	8 267	*République tchèque*
Hungary	..	..	..	..	..	..	6 613	24 896	*Hongrie*

United Kingdom: data for enrolments in private schools incomplete, prior to 1992

Royaume-Uni : données pour les effectifs dans les établissements privés incomplètes avant 1992

Table / Tableau IV.1.6.

Enrolments all levels (FTE, PRV), percent women
Effectifs pour tous les niveaux (EPT, PRV), pourcentage femmes
ISCED / CITE 0-9

	1985	1986	1987	1988	1989	1990	1991	1992	
North America									*Amérique du Nord*
Canada	51.6	51.5	51.5	51.3	51.3	51.3	51.7	51.5	Canada
United States	49.8	50.3	49.9	49.8	49.8	49.6	49.4	50.2	États-Unis
Pacific Area									*Pays du Pacifique*
Australia	49.8	49.9	49.9	49.9	..	..	49.3	..	Australie
Japan	49.9	47.1	47.5	47.8	47.9	48.0	48.1	48.3	Japon
New Zealand	45.2	45.5	45.9	46.0	46.3	47.2	46.9	47.3	Nouvelle-Zélande
European Community									*Communauté européenne*
Belgium	..	..	..	..	..	..	..	51.0	Belgique
Denmark	49.0	49.0	49.1	49.0	49.0	49.1	32.0	49.0	Danemark
France	48.1	48.6	48.7	48.5	48.3	48.1	48.4	48.4	France
Germany (FTFR)	..	..	..	..	..	..	..	..	Allemagne (ex- terr. de la RFA)
Greece	..	..	..	..	..	..	..	48.8	Grèce
Ireland	50.6	50.6	50.3	50.5	50.4	50.4	50.4	52.0	Irlande
Italy	52.2	51.8	51.8	51.6	51.4	48.3	51.3	51.0	Italie
Luxembourg	..	75.3	73.0	71.4	72.5	..	..	..	Luxembourg
Netherlands	48.1	47.9	47.7	48.2	48.2	46.9	48.1	47.6	Pays-Bas
Portugal	..	..	..	..	..	..	51.6	..	Portugal
Spain	52.4	51.9	51.5	51.6	51.5	51.7	51.8	51.4	Espagne
United Kingdom	..	..	..	..	..	..	..	48.3	Royaume-Uni
Other Europe - OECD									*Autres pays d'Europe - OCDE*
Austria	60.2	57.6	58.5	58.3	60.1	57.9	57.7	57.8	Autriche
Finland	..	..	..	..	..	..	61.4	62.9	Finlande
Iceland	..	..	..	..	..	..	..	..	Islande
Norway	51.3	52.3	50.5	51.7	51.8	51.3	50.9	49.3	Norvège
Sweden	..	..	..	..	9.2	25.4	26.6	..	Suède
Switzerland	52.6	52.4	52.4	50.5	50.7	50.3	50.3	47.7	Suisse
Turkey	45.3	45.0	44.5	44.4	44.2	44.5	44.5	44.8	Turquie
Central & Eastern Europe									*Europe centrale et orientale*
Czech Republic	..	..	..	..	..	..	..	45.3	République tchèque
Hungary	..	..	..	..	..	..	40.9	..	Hongrie

Table / Tableau IV.1.7.

Enrolments in higher education (FTE, PPV)
Effectifs de l'enseignement supérieur (EPT, PPV)

ISCED / CITE 567

	1985	1986	1987	1988	1989	1990	1991	1992	
North America									*Amérique du Nord*
Canada	1 131 376	1 160 007	1 170 361	1 190 257	1 206 472	1 224 864	1 278 387	1 311 446	*Canada*
United States	8 922 343	8 909 205	9 028 755	9 194 048	9 429 168	9 694 790	9 883 167	10 329 380	*États-Unis*
Pacific Area									*Pays du Pacifique*
Australia	..	384 519	405 267	432 981	447 532	..	512 347	756 711	*Australie*
Japan	2 706 170	2 702 791	2 792 888	2 936 663	3 029 971	3 156 669	3 300 743	3 454 642	*Japon*
New Zealand	69 482	74 113	77 375	84 072	90 983	88 212	99 895	113 506	*Nouvelle-Zélande*
European Community									*Communauté européenne*
Belgium	215 981	218 384	223 162	227 346	233 483	242 077	246 668	252 058	*Belgique*
Denmark	125 966	127 608	129 741	133 929	136 889	145 056	150 275	161 331	*Danemark*
France	1 333 085	1 357 897	1 366 993	1 402 130	1 477 077	1 585 289	1 698 716	1 840 307	*France*
Germany (FTFR)	1 511 043	1 540 112	1 568 877	1 614 619	1 673 790	1 704 140	1 782 819	1 849 926	*Allemagne (ex- terr. de la RFA)*
Greece	..	..	..	..	..	..	..	176 944	*Grèce*
Ireland	59 771	62 695	65 015	68 166	72 052	75 544	80 142	88 959	*Irlande*
Italy	1 189 258	1 192 110	1 161 060	1 235 306	1 305 282	1 375 115	1 452 286	1 547 474	*Italie*
Luxembourg	..	862	916	1 022	997	..	..	..	*Luxembourg*
Netherlands	353 147	358 102	356 555	371 992	374 618	388 368	408 971	426 771	*Pays-Bas*
Portugal	123 840	115 124	116 120	119 778	133 484	..	172 545	..	*Portugal*
Spain	855 978	934 016	976 747	1 049 236	1 102 970	1 165 940	1 222 330	1 301 748	*Espagne*
United Kingdom	735 474	751 189	772 294	786 802	808 218	859 996	926 786	1 033 439	*Royaume-Uni*
Other Europe - OECD									*Autres pays d'Europe - OCDE*
Austria	182 244	191 581	199 898	209 254	215 187	228 121	240 334	256 096	*Autriche*
Finland	121 002	127 948	133 886	139 375	146 937	155 313	165 714	173 702	*Finlande*
Iceland	..	..	..	..	..	..	..	..	*Islande*
Norway	84 028	81 138	92 140	94 845	95 492	116 774	128 015	138 004	*Norvège*
Sweden	179 478	176 589	175 588	178 423	181 146	184 812	192 611	207 237	*Suède*
Switzerland	98 092	101 650	106 447	110 266	115 774	119 511	124 139	128 541	*Suisse*
Turkey	417 341	469 992	505 091	528 473	594 662	685 500	749 921	810 781	*Turquie*
Central & Eastern Europe									*Europe centrale et orientale*
Czech Republic	..	..	..	..	..	..	..	134 142	*République tchèque*
Hungary	..	..	..	..	..	..	102 387	116 550	*Hongrie*

United Kingdom: data for enrolments in private schools incomplete, prior to 1992

Royaume-Uni : données pour les effectifs dans les établissements privés incomplètes avant 1992

Table / Tableau IV.1.8.

Enrolments in higher education (FTE, PPV), percent women
Effectifs de l'enseignement supérieur (EPT, PPV), pourcentage femmes
ISCED / CITE 567

	1985	1986	1987	1988	1989	1990	1991	1992	
North America									**Amérique du Nord**
Canada	48.0	49.0	50.1	51.2	52.0	52.5	52.9	53.0	Canada
United States	50.3	50.7	51.2	51.8	52.4	52.7	52.9	53.1	États-Unis
Pacific Area									**Pays du Pacifique**
Australia	..	..	50.7	51.6	52.3	..	51.9	49.8	Australie
Japan	38.1	38.0	38.9	40.0	40.6	41.0	41.7	42.4	Japon
New Zealand	46.6	47.9	48.9	49.6	50.6	51.9	52.2	53.3	Nouvelle-Zélande
European Community									**Communauté européenne**
Belgium	46.9	47.0	48.3	48.5	48.8	48.9	49.1	49.3	Belgique
Denmark	47.7	47.6	48.0	48.4	49.0	49.5	50.4	50.9	Danemark
France	51.8	52.2	52.4	52.6	52.9	52.9	53.1	53.8	France
Germany (FTFR)	41.7	41.8	41.6	41.4	41.2	40.7	40.6	40.8	Allemagne (ex- terr. de la RFA)
Greece	..	..	..	..	..	..	..	52.2	Grèce
Ireland	44.3	44.3	44.8	45.3	45.1	45.9	46.5	47.6	Irlande
Italy	45.4	46.2	46.8	47.3	47.8	48.3	49.2	49.3	Italie
Luxembourg	..	35.8	37.1	36.2	35.8	..	..	..	Luxembourg
Netherlands	40.5	40.8	41.6	42.5	43.3	43.7	44.5	45.7	Pays-Bas
Portugal	53.4	55.8	53.9	..	..	..	60.1	..	Portugal
Spain	48.0	49.1	49.5	50.2	50.0	50.7	51.1	51.2	Espagne
United Kingdom	43.9	44.5	45.1	45.6	46.1	47.0	47.7	48.0	Royaume-Uni
Other Europe - OECD									**Autres pays d'Europe - OCDE**
Austria	43.9	44.4	44.5	44.8	44.7	44.7	44.5	44.7	Autriche
Finland	48.3	48.8	49.7	50.4	51.1	51.6	52.2	52.7	Finlande
Iceland	..	..	..	..	..	..	..	..	Islande
Norway	50.4	52.2	51.8	53.3	53.1	53.0	52.7	53.1	Norvège
Sweden	52.2	52.2	51.8	52.2	52.6	53.0	53.8	54.0	Suède
Switzerland	33.0	33.3	33.4	33.3	34.1	35.4	36.3	36.8	Suisse
Turkey	31.5	32.4	33.4	33.7	33.6	33.6	33.7	34.1	Turquie
Central & Eastern Europe									**Europe centrale et orientale**
Czech Republic	..	..	..	..	..	..	..	47.4	République tchèque
Hungary	..	..	..	..	..	..	50.3	50.1	Hongrie

Table / Tableau IV.1.9.

Enrolments in higher education (FTE, PUB)
Effectifs de l'enseignement supérieur (EPT, PUB)
ISCED / CITE 567

	1985	1986	1987	1988	1989	1990	1991	1992	
North America									*Amérique du Nord*
Canada	1 075 598	1 097 458	1 101 042	1 114 167	1 123 611	1 135 232	1 181 974	1 215 033	Canada
United States	6 682 983	6 666 000	6 776 671	6 935 924	7 095 114	7 335 194	7 496 676	7 866 416	États-Unis
Pacific Area									*Pays du Pacifique*
Australia	..	384 519	405 267	432 981	447 532	..	512 347	756 711	Australie
Japan	576 585	593 287	607 993	628 361	646 260	664 327	682 981	699 353	Japon
New Zealand	69 482	74 113	77 375	84 072	90 983	88 212	99 895	113 506	Nouvelle-Zélande
European Community									*Communauté européenne*
Belgium	80 039	80 150	80 432	81 533	82 765	86 288	88 222	92 490	Belgique
Denmark	125 966	127 608	129 741	133 929	136 889	145 056	150 275	161 331	Danemark
France	1 182 263	1 199 495	1 203 272	1 231 401	1 292 689	1 389 507	1 478 667	1 594 929	France
Germany (FTFR)	..	..	..	..	..	..	..	..	Allemagne (ex- terr. de la RFA)
Greece	..	..	..	..	..	..	..	176 944	Grèce
Ireland	58 385	60 983	63 313	66 027	69 859	73 810	78 353	86 686	Irlande
Italy	1 112 618	1 113 466	1 081 517	1 152 865	1 215 226	1 284 008	1 365 093	1 454 626	Italie
Luxembourg	..	862	916	1 022	997	..	..	..	Luxembourg
Netherlands	155 486	157 482	164 950	169 587	169 373	175 815	184 588	194 258	Pays-Bas
Portugal	107 299	98 754	88 901	96 709	105 016	..	124 199	..	Portugal
Spain	778 205	847 409	884 969	949 693	1 007 082	1 063 081	1 115 429	1 183 551	Espagne
United Kingdom	..	..	..	..	..	..	..	176 681	Royaume-Uni
Other Europe - OECD									*Autres pays d'Europe - OCDE*
Austria	177 231	186 650	195 175	204 248	210 286	223 114	234 937	249 911	Autriche
Finland	117 742	124 484	130 282	135 607	142 603	150 195	160 158	167 757	Finlande
Iceland	..	..	..	..	..	..	..	..	Islande
Norway	70 573	70 988	73 204	77 127	77 724	98 419	109 040	117 921	Norvège
Sweden	..	..	..	..	178 476	181 992	189 872	204 609	Suède
Switzerland	88 170	90 745	93 229	104 463	110 045	112 943	117 389	110 672	Suisse
Turkey	417 341	469 992	504 665	527 093	591 373	680 867	743 713	803 645	Turquie
Central & Eastern Europe									*Europe centrale et orientale*
Czech Republic	..	..	..	..	..	..	..	132 778	République tchèque
Hungary	..	..	..	..	..	..	101 192	114 727	Hongrie

Table / Tableau IV.1.10.

Enrolments in higher education (FTE, PUB), percent women
Effectifs de l'enseignement supérieur (EPT, PUB), pourcentage femmes
ISCED / CITE 567

	1985	1986	1987	1988	1989	1990	1991	1992	
North America									*Amérique du Nord*
Canada	47.6	48.6	49.7	50.8	51.7	52.2	52.6	52.8	Canada
United States	50.7	51.2	51.6	52.2	52.8	53.1	55.3	53.5	États-Unis
Pacific Area									*Pays du Pacifique*
Australia	..	..	50.7	51.6	52.3	..	51.9	49.8	Australie
Japan	30.0	30.9	31.4	31.8	32.3	32.7	33.3	33.9	Japon
New Zealand	46.6	47.9	48.9	49.6	50.6	51.9	52.2	53.3	Nouvelle-Zélande
European Community									*Communauté européenne*
Belgium	46.2	46.3	47.9	47.9	48.2	48.2	48.1	48.2	Belgique
Denmark	47.7	47.6	48.0	48.4	49.0	49.5	50.4	50.9	Danemark
France	51.3	51.7	51.9	52.2	52.5	52.6	52.6	53.6	France
Germany (FTFR)	..	..	..	..	..	..	..	..	Allemagne (ex- terr. de la RFA)
Greece	..	..	..	..	..	..	..	52.2	Grèce
Ireland	44.5	44.5	44.9	45.5	45.3	45.9	46.6	47.5	Irlande
Italy	44.8	45.6	46.3	46.7	47.2	47.6	48.8	49.2	Italie
Luxembourg	..	35.8	37.1	36.2	35.8	..	..	..	Luxembourg
Netherlands	35.9	36.6	38.3	39.9	40.8	39.4	42.3	42.8	Pays-Bas
Portugal	52.4	52.8	53.1	..	..	..	58.4	..	Portugal
Spain	47.1	48.2	48.7	49.5	49.1	49.7	50.2	50.3	Espagne
United Kingdom	..	..	..	..	..	..	..	51.8	Royaume-Uni
Other Europe - OECD									*Autres pays d'Europe - OCDE*
Austria	42.9	43.4	43.5	43.9	43.7	43.9	43.7	43.8	Autriche
Finland	..	..	..	..	..	..	51.5	52.0	Finlande
Iceland	..	..	..	..	..	..	..	..	Islande
Norway	51.7	52.5	53.7	54.1	54.2	54.3	53.9	54.3	Norvège
Sweden	..	..	..	..	52.7	53.1	53.8	54.0	Suède
Switzerland	33.9	34.2	34.4	33.3	34.0	35.5	36.3	37.2	Suisse
Turkey	31.5	32.4	33.4	33.7	33.6	33.5	33.6	34.1	Turquie
Central & Eastern Europe									*Europe centrale et orientale*
Czech Republic	..	..	..	..	..	..	..	47.3	République tchèque
Hungary	..	..	..	..	..	..	50.6	50.2	Hongrie

Table / Tableau IV.1.11.

Enrolments in higher education (FTE, PRV)
Effectifs de l'enseignement supérieur (EPT, PRV)
ISCED / CITE 567

	1985	1986	1987	1988	1989	1990	1991	1992	
North America									**Amérique du Nord**
Canada	55 778	62 549	69 320	76 091	82 862	89 633	96 413	96 413	Canada
United States	2 239 359	2 243 204	2 252 085	2 258 124	2 334 054	2 359 596	2 386 491	2 462 964	États-Unis
Pacific Area									**Pays du Pacifique**
Australia	..	..	..	..	..	..	..	..	Australie
Japan	2 129 585	2 109 504	2 184 895	2 308 303	2 383 712	2 492 343	2 617 762	2 755 290	Japon
New Zealand	..	..	..	..	..	..	..	..	Nouvelle-Zélande
European Community									**Communauté européenne**
Belgium	135 942	138 234	142 730	145 813	150 718	155 789	158 446	159 568	Belgique
Denmark	..	..	..	..	..	..	..	..	Danemark
France	150 822	158 402	163 721	170 729	184 388	195 782	220 049	245 378	France
Germany (FTFR)	..	..	..	..	..	..	..	..	Allemagne (ex- terr. de la RFA)
Greece	..	..	..	..	..	..	..	..	Grèce
Ireland	1 387	1 712	1 702	2 139	2 193	1 734	1 789	2 273	Irlande
Italy	76 640	78 644	79 543	82 441	90 056	91 107	87 193	92 848	Italie
Luxembourg									Luxembourg
Netherlands	197 661	200 620	191 605	202 406	205 245	212 553	224 383	232 513	Pays-Bas
Portugal	16 541	16 370	27 219	23 069	28 468		48 346	..	Portugal
Spain	77 773	86 607	91 778	99 543	95 888	102 859	106 901	118 197	Espagne
United Kingdom	..	..	..	..	..	..	..	856 758	Royaume-Uni
Other Europe - OECD									**Autres pays d'Europe - OCDE**
Austria	5 013	4 931	4 723	5 006	4 901	5 007	5 397	6 185	Autriche
Finland	3 260	3 464	3 604	3 768	4 334	5 118	5 556	5 945	Finlande
Iceland	..	..	..	..	..	..	..	..	Islande
Norway	13 455	10 150	18 936	17 719	17 768	18 355	18 975	20 083	Norvège
Sweden	..	..	..	..	2 670	2 820	2 739	2 628	Suède
Switzerland	2 322	2 602	2 796	5 804	5 729	6 568	6 751	17 869	Suisse
Turkey	..	..	426	1 380	3 289	4 633	6 208	7 136	Turquie
Central & Eastern Europe									**Europe centrale et orientale**
Czech Republic	..	..	..	..	..	..	..	1 364	République tchèque
Hungary	..	..	..	..	..	..	1 195	1 823	Hongrie

Table / Tableau IV.1.12.

Enrolments in higher education (FTE, PRV), percent women
Effectifs de l'enseignement supérieur (EPT, PRV), pourcentage femmes

ISCED / CITE 567

	1985	1986	1987	1988	1989	1990	1991	1992	
North America									*Amérique du Nord*
Canada	56.1	56.1	56.1	56.1	56.1	56.1	56.1	56.1	*Canada*
United States	49.0	49.4	49.8	50.5	51.0	51.4	45.1	52.0	*États-Unis*
Pacific Area									*Pays du Pacifique*
Australia	..	..	..	..	..	..	..	..	*Australie*
Japan	40.3	40.1	41.0	42.2	42.8	43.3	43.9	44.6	*Japon*
New Zealand	..	..	..	..	..	..	..	..	*Nouvelle-Zélande*
European Community									*Communauté européenne*
Belgium	47.4	47.5	48.5	48.9	49.1	49.4	49.7	49.9	*Belgique*
Denmark	..	..	..	..	..	..	..	..	*Danemark*
France	56.0	55.7	55.9	56.0	55.7	54.9	56.6	54.6	*France*
Germany (FTFR)	..	..	..	..	..	..	..	..	*Allemagne (ex- terr. de la RFA)*
Greece	..	..	..	..	..	..	..	..	*Grèce*
Ireland	32.6	39.6	40.0	39.8	39.4	42.2	45.2	54.6	*Irlande*
Italy	53.7	54.6	54.5	55.8	56.7	57.5	56.2	57.1	*Italie*
Luxembourg	..	..	..	..	..	..	..	..	*Luxembourg*
Netherlands	44.1	44.1	44.4	44.7	45.3	47.2	46.3	48.1	*Pays-Bas*
Portugal	60.1	73.9	56.6	..	..	..	64.5	..	*Portugal*
Spain	57.7	57.8	56.6	56.5	59.6	61.2	60.2	60.5	*Espagne*
United Kingdom	..	..	..	..	..	..	..	47.2	*Royaume-Uni*
Other Europe - OECD									*Autres pays d'Europe - OCDE*
Austria	82.1	81.1	83.9	81.8	83.4	82.2	79.1	82.6	*Autriche*
Finland	..	..	..	..	..	..	70.9	71.9	*Finlande*
Iceland	..	..	..	..	..	..	..	..	*Islande*
Norway	43.1	49.7	44.3	49.5	48.2	46.0	46.2	46.6	*Norvège*
Sweden	..	..	..	..	48.3	49.6	50.4	51.8	*Suède*
Switzerland	53.8	54.4	55.7	33.7	35.6	35.1	35.9	33.9	*Suisse*
Turkey	..	..	32.4	36.4	38.1	39.4	41.2	42.5	*Turquie*
Central & Eastern Europe									*Europe centrale et orientale*
Czech Republic	..	..	..	..	..	..	..	55.1	*République tchèque*
Hungary	..	..	..	..	..	..	24.5	40.9	*Hongrie*

Table / Tableau IV.1.13.

Enrolments in secondary education (FTE, PPV)
Effectifs de l'enseignement secondaire (EPT, PPV)
ISCED / CITE 23

	1985	1986	1987	1988	1989	1990	1991	1992	
North America									*Amérique du Nord*
Canada	2 288 137	2 250 831	2 238 224	2 243 423	2 248 339	2 254 654	2 291 483	2 346 794	*Canada*
United States	20 776 117	20 491 975	20 243 651	19 894 504	19 441 892	19 277 432	19 312 878	19 408 252	*États-Unis*
Pacific Area									*Pays du Pacifique*
Australia	1 417 879	1 831 208	1 879 197	1 897 311	1 878 231	..	1 843 774	1 340 634	*Australie*
Japan	11 014 171	11 473 651	11 687 298	11 799 963	11 790 151	11 639 175	11 370 572	11 015 359	*Japon*
New Zealand	378 486	371 874	368 270	364 989	364 591	358 694	363 819	367 944	*Nouvelle-Zélande*
European Community									*Communauté européenne*
Belgium	880 634	876 758	867 869	861 645	..	..	821 137	817 630	*Belgique*
Denmark	485 286	489 429	490 701	486 738	483 846	475 112	462 839	459 211	*Danemark*
France	5 664 002	5 706 229	5 696 173	5 726 448	5 751 760	5 752 886	5 744 709	5 756 406	*France*
Germany (FTFR)	7 459 711	7 135 624	6 803 183	6 492 682	6 246 280	6 041 983	5 994 927	6 014 772	*Allemagne (ex- terr. de la RFA)*
Greece	..	..	..	..	..	..	..	842 882	*Grèce*
Ireland	345 425	349 385	351 473	351 695	351 753	352 937	357 743	365 697	*Irlande*
Italy	5 338 731	5 361 579	5 362 202	5 338 013	5 572 340	5 597 627	5 383 946	5 314 462	*Italie*
Luxembourg	..	27 091	26 389	25 729	24 654	..	..	..	*Luxembourg*
Netherlands	1 572 441	1 550 056	1 503 491	1 452 240	1 401 161	1 352 720	1 314 503	1 484 563	*Pays-Bas*
Portugal	562 570	564 650	578 280	660 215	..	..	852 235	..	*Portugal*
Spain	4 065 806	4 176 324	4 289 304	4 416 400	4 520 443	4 618 844	4 662 847	4 674 248	*Espagne*
United Kingdom	5 795 657	5 654 876	5 495 994	5 395 956	5 232 612	5 162 991	5 142 958	5 557 518	*Royaume-Uni*
Other Europe - OECD									*Autres pays d'Europe - OCDE*
Austria	850 653	850 188	818 885	790 819	764 145	753 964	746 272	756 385	*Autriche*
Finland	426 060	423 104	410 620	406 998	409 414	418 260	426 864	446 207	*Finlande*
Iceland	..	..	..	..	..	..	..	..	*Islande*
Norway	397 561	399 573	390 533	382 081	378 509	396 353	391 347	386 848	*Norvège*
Sweden	638 721	631 200	622 532	619 845	616 446	604 449	594 735	678 537	*Suède*
Switzerland	649 958	634 750	618 667	603 537	588 545	577 406	567 396	557 405	*Suisse*
Turkey	2 746 375	2 918 384	3 100 687	3 288 309	3 512 124	3 620 982	3 808 142	3 987 682	*Turquie*
Central & Eastern Europe									*Europe centrale et orientale*
Czech Republic	..	..	..	..	..	..	..	1 251 187	*République tchèque*
Hungary	..	..	..	..	..	..	1 239 412	1 217 338	*Hongrie*

Sweden: 1992 includes adult education

Suède : 1992 comprend l'enseignement pour les adultes

Table / Tableau IV.1.14.

Enrolments in secondary education (FTE, PPV), percent women
Effectifs de l'enseignement secondaire (EPT, PPV), pourcentage femmes

ISCED / CITE 23

	1985	1986	1987	1988	1989	1990	1991	1992	
North America									*Amérique du Nord*
Canada	48.7	48.7	48.8	48.8	48.8	48.9	48.8	48.7	Canada
United States	48.6	48.5	48.8	48.8	48.5	48.6	49.2	48.8	États-Unis
Pacific Area									*Pays du Pacifique*
Australia	34.4	38.8	48.4	48.1	48.1	..	47.4	48.3	Australie
Japan	49.2	49.2	49.2	49.2	49.2	49.2	49.2	49.2	Japon
New Zealand	49.3	49.0	49.1	48.9	49.4	49.3	49.4	49.7	Nouvelle-Zélande
European Community									*Communauté européenne*
Belgium	48.3	48.3	48.1	48.1	..	..	..	48.1	Belgique
Denmark	48.5	48.6	48.7	49.0	49.3	49.4	49.4	49.4	Danemark
France	49.7	49.8	49.7	49.6	49.4	49.4	49.4	49.4	France
Germany (FTFR)	47.8	47.7	47.9	47.9	48.0	48.0	48.0	48.0	Allemagne (ex- terr. de la RFA)
Greece	..	..	..	..	..	..	..	48.5	Grèce
Ireland	49.5	49.7	49.9	50.0	50.0	49.9	49.7	49.6	Irlande
Italy	48.6	48.6	48.7	48.7	48.2	47.5	48.5	48.5	Italie
Luxembourg	..	48.5	48.7	49.0	46.2	..	..	..	Luxembourg
Netherlands	48.6	48.5	48.6	48.6	48.4	48.5	48.5	47.3	Pays-Bas
Portugal	52.2	51.7	51.7	52.9	..	..	53.2	..	Portugal
Spain	49.2	49.2	49.2	49.3	49.3	49.9	50.1	50.4	Espagne
United Kingdom	49.5	49.7	49.9	49.5	50.2	50.4	50.5	51.0	Royaume-Uni
Other Europe - OECD									*Autres pays d'Europe - OCDE*
Austria	47.0	46.4	46.4	46.5	46.9	46.7	46.8	46.9	Autriche
Finland	53.0	52.8	52.8	52.7	52.5	53.0	53.3	53.7	Finlande
Iceland	..	..	..	..	..	..	..	..	Islande
Norway	49.7	49.7	49.6	49.6	49.7	48.7	48.6	48.3	Norvège
Sweden	49.3	49.2	49.2	49.1	49.2	49.4	49.9	51.7	Suède
Switzerland	46.5	46.5	46.7	46.8	47.1	47.1	47.2	46.8	Suisse
Turkey	35.2	35.2	35.6	36.0	36.5	37.0	37.4	38.0	Turquie
Central & Eastern Europe									*Europe centrale et orientale*
Czech Republic	..	..	..	..	..	..	..	49.2	République tchèque
Hungary	..	..	..	..	..	..	48.9	48.9	Hongrie

Table / Tableau IV.1.15.

Enrolments in secondary education (FTE, PUB)
Effectifs de l'enseignement secondaire **(EPT, PUB)**

ISCED / CITE 23

	1985	1986	1987	1988	1989	1990	1991	1992	
North America									*Amérique du Nord*
Canada	2 131 446	2 103 693	2 101 404	2 112 458	2 117 265	2 123 654	2 157 639	2 209 061	*Canada*
United States	18 650 117	18 421 975	18 213 651	17 933 504	17 553 892	17 382 432	17 496 245	17 841 862	*États-Unis*
Pacific Area									*Pays du Pacifique*
Australia	1 047 572	1 447 610	1 485 059	1 495 411	1 474 267	..	1 011 880	928 456	*Australie*
Japan	9 353 518	9 709 406	9 885 223	9 941 365	9 861 810	9 653 395	9 370 547	9 048 137	*Japon*
New Zealand	362 588	355 504	351 846	348 189	347 974	342 106	347 298	352 180	*Nouvelle-Zélande*
European Community									*Communauté européenne*
Belgium	..	..	..	..	..	..	277 557	275 556	*Belgique*
Denmark	454 693	457 798	458 073	453 441	449 692	441 685	430 512	427 987	*Danemark*
France	4 275 425	4 305 800	4 300 489	4 319 666	4 318 013	4 327 970	4 337 813	4 360 078	*France*
Germany (FTFR)	7 031 560	6 715 465	6 393 373	6 089 582	5 848 575	5 644 267	5 585 104	5 607 816	*Allemagne (ex- terr. de la RFA)*
Greece	..	..	..	..	..	..	..	792 423	*Grèce*
Ireland	130 071	132 203	132 910	134 241	135 391	136 394	143 345	364 388	*Irlande*
Italy	4 944 457	4 977 089	4 981 604	4 958 594	5 197 063	5 159 025	5 054 241	4 985 678	*Italie*
Luxembourg	..	24 444	23 732	23 208	22 306	..	..	..	*Luxembourg*
Netherlands	336 742	332 499	324 457	319 443	313 140	546 165	266 287	235 381	*Pays-Bas*
Portugal	501 926	515 152	534 987	618 733	..	..	761 613	..	*Portugal*
Spain	2 588 476	2 700 150	2 819 974	2 962 584	3 044 302	3 160 380	3 213 614	3 263 634	*Espagne*
United Kingdom	5 410 997	5 270 308	5 106 395	5 006 600	4 842 270	4 813 543	4 791 604	5 039 846	*Royaume-Uni*
Other Europe - OECD									*Autres pays d'Europe - OCDE*
Austria	766 595	763 051	746 763	720 536	699 347	684 731	676 167	686 449	*Autriche*
Finland	401 760	399 004	386 860	383 737	385 971	394 729	401 848	418 623	*Finlande*
Iceland	..	..	..	..	..	..	..	..	*Islande*
Norway	380 862	382 575	374 346	365 784	359 187	375 509	370 296	366 253	*Norvège*
Sweden	632 681	624 800	615 832	613 345	609 796	597 789	587 716	665 579	*Suède*
Switzerland	614 594	600 216	583 985	568 944	553 931	543 064	534 296	510 588	*Suisse*
Turkey	2 695 661	2 859 732	3 031 745	3 207 347	3 419 447	3 522 058	3 702 659	3 878 970	*Turquie*
Central & Eastern Europe									*Europe centrale et orientale*
Czech Republic	..	..	..	..	..	..	..	1 245 496	*République tchèque*
Hungary	..	..	..	..	..	..	591 083	1 206 498	*Hongrie*

Ireland: 1992, change in definition of private education

Irlande : 1992, changement de définition pour l'enseignement privé

Table / Tableau IV.1.16.

Enrolments in secondary education (FTE, PUB), percent women
Effectifs de l'enseignement secondaire (EPT, PUB), pourcentage femmes

ISCED / CITE 23

	1985	1986	1987	1988	1989	1990	1991	1992	
North America									**Amérique du Nord**
Canada	48.5	48.6	48.6	48.7	48.7	48.8	48.7	48.6	Canada
United States	48.3	48.2	48.6	48.6	48.3	48.5	49.2	48.9	États-Unis
Pacific Area									**Pays du Pacifique**
Australia	33.4	39.3	47.8	47.4	47.4	..	50.8	47.5	Australie
Japan	48.4	48.4	48.4	48.4	48.4	48.4	48.4	48.4	Japon
New Zealand	49.5	49.2	49.2	49.0	49.6	49.4	49.5	49.9	Nouvelle-Zélande
European Community									**Communauté européenne**
Belgium	..	..	..	..	..	..	..	45.3	Belgique
Denmark	48.5	48.6	48.7	49.0	49.1	49.4	52.2	49.4	Danemark
France	50.2	50.1	50.1	50.1	50.0	50.0	49.9	49.8	France
Germany (FTFR)	47.0	47.1	47.1	47.2	47.3	47.3	47.2	47.2	Allemagne (ex- terr. de la RFA)
Greece	..	..	..	..	..	..	..	48.4	Grèce
Ireland	38.5	39.6	40.3	40.9	41.3	41.6	41.6	49.5	Irlande
Italy	48.0	48.1	48.2	48.2	47.9	48.0	48.2	48.3	Italie
Luxembourg	..	45.6	45.9	46.3	45.9	..	..	..	Luxembourg
Netherlands	50.6	50.5	52.6	49.4	48.8	25.0	50.4	50.9	Pays-Bas
Portugal	51.8	51.4	51.6	52.8	..	..	53.9	..	Portugal
Spain	47.5	47.9	48.3	48.3	48.2	49.0	49.3	49.8	Espagne
United Kingdom	49.8	50.1	50.2	49.8	50.5	50.7	50.8	51.1	Royaume-Uni
Other Europe - OECD									**Autres pays d'Europe - OCDE**
Austria	45.0	44.7	44.7	44.9	44.9	45.0	45.2	45.3	Autriche
Finland	..	..	..	..	..	..	52.8	53.1	Finlande
Iceland	..	..	..	..	..	..	..	..	Islande
Norway	49.2	49.2	49.2	49.2	49.1	48.1	48.1	47.9	Norvège
Sweden	..	..	..	..	..	23.7	24.7	..	Suède
Switzerland	46.1	46.1	46.3	46.4	46.6	46.7	46.8	46.2	Suisse
Turkey	35.0	35.0	35.4	35.8	36.3	36.8	37.2	37.8	Turquie
Central & Eastern Europe									**Europe centrale et orientale**
Czech Republic	..	..	..	..	..	..	..	49.2	République tchèque
Hungary	..	..	..	..	..	..	49.9	..	Hongrie

Table / Tableau IV.1.17.

Enrolments in secondary education (FTE, PRV)
Effectifs de l'enseignement secondaire (EPT, PRV)

ISCED / CITE 23

	1985	1986	1987	1988	1989	1990	1991	1992	
North America									***Amérique du Nord***
Canada	156 691	147 138	136 820	130 965	131 074	131 000	133 844	137 733	*Canada*
United States	2 126 000	2 070 000	2 030 000	1 961 000	1 888 000	1 895 000	1 816 631	1 566 393	*États-Unis*
Pacific Area									***Pays du Pacifique***
Australia	370 307	383 598	394 138	401 900	403 964	..	278 496	412 178	*Australie*
Japan	1 660 653	1 764 245	1 802 075	1 858 598	1 928 341	1 985 780	2 000 025	1 967 222	*Japon*
New Zealand	15 898	16 370	16 424	16 800	16 617	16 588	16 521	15 764	*Nouvelle-Zélande*
European Community									***Communauté européenne***
Belgium	..	..	..	..	..	..	543 580	542 074	*Belgique*
Denmark	30 591	31 631	32 644	33 297	34 154	33 427	32 327	31 224	*Danemark*
France	1 388 577	1 400 429	1 395 684	1 406 782	1 433 747	1 424 916	1 406 896	1 396 328	*France*
Germany (FTFR)	428 151	420 159	409 810	403 100	397 705	397 716	409 823	406 956	*Allemagne (ex- terr. de la RFA)*
Greece	..	..	..	..	..	..	..	50 459	*Grèce*
Ireland	215 354	217 182	218 563	217 454	216 385	216 543	214 398	1 309	*Irlande*
Italy	394 274	384 490	380 598	379 419	375 277	438 602	329 705	328 784	*Italie*
Luxembourg	..	2 647	2 657	2 521	2 348	..	..	..	*Luxembourg*
Netherlands	1 235 699	1 217 557	1 179 034	1 132 797	1 088 021	806 555	1 048 216	1 249 182	*Pays-Bas*
Portugal	60 644	49 488	43 293	41 482	..	..	90 622	..	*Portugal*
Spain	1 477 330	1 476 173	1 469 330	1 453 816	1 476 141	1 458 464	1 449 233	1 410 614	*Espagne*
United Kingdom	384 660	384 568	389 599	389 356	390 342	349 448	351 354	517 673	*Royaume-Uni*
Other Europe - OECD									***Autres pays d'Europe - OCDE***
Austria	84 058	87 137	72 122	70 283	64 798	69 233	70 105	69 936	*Autriche*
Finland	24 300	24 100	23 400	23 261	23 443	23 531	25 016	27 584	*Finlande*
Iceland	..	..	..	..	..	..	..	..	*Islande*
Norway	16 699	16 998	16 187	16 297	19 322	20 844	21 051	20 595	*Norvège*
Sweden	6 000	6 400	6 700	6 500	6 650	6 660	7 019	12 963	*Suède*
Switzerland	35 364	34 534	34 682	34 593	34 614	34 342	33 100	46 817	*Suisse*
Turkey	50 714	58 652	68 942	80 962	92 677	98 924	105 483	108 712	*Turquie*
Central & Eastern Europe									***Europe centrale et orientale***
Czech Republic	..	..	..	..	..	..	..	5 691	*République tchèque*
Hungary	..	..	..	..	..	..	5 065	10 840	*Hongrie*

Table / Tableau IV.1.18.

Enrolments in secondary education (FTE, PRV), percent women
Effectifs de l'enseignement secondaire (EPT, PRV), pourcentage femmes

ISCED / CITE 23

	1985	1986	1987	1988	1989	1990	1991	1992	
North America									**Amérique du Nord**
Canada	51.3	51.1	50.8	50.3	50.0	49.7	50.4	50.3	Canada
United States	51.2	51.0	50.1	49.9	50.0	50.3	48.8	47.2	États-Unis
Pacific Area									**Pays du Pacifique**
Australia	50.6	50.6	50.6	50.6	50.5	..	49.7	50.0	Australie
Japan	53.8	53.8	53.7	53.6	53.3	53.2	53.0	53.0	Japon
New Zealand	44.7	44.8	45.4	45.2	46.0	47.3	47.2	46.9	Nouvelle-Zélande
European Community									**Communauté européenne**
Belgium	..	..	..	..	..	..	..	49.5	Belgique
Denmark	49.0	49.1	49.2	49.2	49.2	49.3	13.3	49.1	Danemark
France	48.1	48.8	48.6	48.1	47.7	47.6	47.7	47.8	France
Germany (FTFR)	60.1	59.6	59.2	58.9	58.9	59.0	59.0	59.1	Allemagne (ex- terr. de la RFA)
Greece	..	..	..	..	..	..	..	49.5	Grèce
Ireland	56.1	55.8	55.8	55.6	55.4	55.1	55.1	66.5	Irlande
Italy	55.8	55.3	54.9	54.1	52.2	41.4	53.0	52.1	Italie
Luxembourg	..	75.3	73.0	73.2	74.5	..	..	..	Luxembourg
Netherlands	48.0	48.0	47.5	48.4	48.3	64.4	48.0	46.6	Pays-Bas
Portugal	56.0	53.9	53.6	53.7	..	..	47.1	..	Portugal
Spain	52.3	51.5	51.1	51.3	51.4	51.9	51.8	51.7	Espagne
United Kingdom	45.3	45.3	45.7	45.7	45.9	46.0	46.2	50.1	Royaume-Uni
Other Europe - OECD									**Autres pays d'Europe - OCDE**
Austria	65.8	61.6	64.0	63.9	68.2	63.4	63.1	62.9	Autriche
Finland	..	..	..	..	..	..	61.5	62.4	Finlande
Iceland	..	..	..	..	..	..	..	..	Islande
Norway	61.0	59.5	59.3	58.9	59.4	59.0	57.7	55.7	Norvège
Sweden	..	..	..	..	..	34.5	37.3	..	Suède
Switzerland	54.0	53.6	53.5	53.7	53.8	53.7	53.5	53.4	Suisse
Turkey	45.0	44.6	44.0	44.2	44.2	44.7	44.8	45.0	Turquie
Central & Eastern Europe									**Europe centrale et orientale**
Czech Republic	..	..	..	..	..	..	..	43.7	République tchèque
Hungary	..	..	..	..	..	..	44.1	..	Hongrie

Table / Tableau IV.1.19.

Enrolments in primary education (FTE, PPV)
Effectifs de l'enseignement primaire (EPT, PPV)

ISCED / CITE 1

	1985	1986	1987	1988	1989	1990	1991	1992	
North America									*Amérique du Nord*
Canada	2 244 301	2 254 874	2 269 639	2 288 419	2 317 019	2 345 000	2 373 778	2 391 512	*Canada*
United States	20 248 296	20 439 070	20 807 807	21 339 056	21 726 941	22 280 116	22 391 623	22 777 447	*États-Unis*
Pacific Area									*Pays du Pacifique*
Australia	1 716 870	1 700 052	1 696 867	1 713 615	1 743 148	..	1 786 446	1 804 370	*Australie*
Japan	11 503 137	11 131 926	10 700 303	10 259 607	9 904 651	9 637 898	9 403 719	9 187 346	*Japon*
New Zealand	331 778	326 397	324 371	318 577	317 904	318 568	318 759	317 286	*Nouvelle-Zélande*
European Community									*Communauté européenne*
Belgium	768 207	758 260	755 085	756 617	755 629	752 024	749 148	744 032	*Belgique*
Denmark	415 148	402 707	391 895	380 049	365 170	350 200	340 267	327 233	*Danemark*
France	4 121 360	4 046 258	4 046 629	4 081 479	4 106 913	4 095 815	4 083 591	4 046 853	*France*
Germany (FTFR)	2 306 479	2 271 546	2 287 622	2 323 968	2 387 995	2 475 517	2 561 267	2 590 082	*Allemagne (ex- terr. de la RFA)*
Greece	..	..	..	..	..	..	..	790 311	*Grèce*
Ireland	424 664	424 154	426 037	427 265	427 456	426 093	420 395	412 212	*Irlande*
Italy	3 904 143	3 703 108	3 518 316	3 370 709	3 241 810	3 140 113	3 055 883	2 999 679	*Italie*
Luxembourg	..	23 238	23 644	24 610	24 727	..	..	..	*Luxembourg*
Netherlands	1 162 662	1 176 602	1 165 014	1 163 306	1 156 829	1 154 293	1 156 048	1 113 962	*Pays-Bas*
Portugal	1 196 391	1 185 755	1 157 916	1 109 330	..	1 010 949	1 024 533	..	*Portugal*
Spain	3 569 744	3 483 948	3 412 939	3 246 655	3 116 892	2 961 953	2 820 497	2 662 490	*Espagne*
United Kingdom	4 316 824	4 336 989	4 360 525	4 408 919	4 448 451	4 529 841	4 573 770	5 005 351	*Royaume-Uni*
Other Europe - OECD									*Autres pays d'Europe - OCDE*
Austria	342 779	343 823	343 013	350 734	360 542	367 006	370 210	378 676	*Autriche*
Finland	374 413	379 339	386 914	389 485	388 756	389 067	390 587	392 695	*Finlande*
Iceland	..	..	..	..	..	..	..	..	*Islande*
Norway	347 316	335 373	325 577	317 228	312 384	310 600	309 432	308 516	*Norvège*
Sweden	631 435	617 800	604 558	590 790	584 200	582 500	584 204	600 877	*Suède*
Switzerland	385 514	376 546	373 331	375 326	383 042	394 061	404 154	435 911	*Suisse*
Turkey	6 527 036	6 635 821	6 703 895	6 880 304	6 766 829	6 848 083	6 861 722	6 878 923	*Turquie*
Central & Eastern Europe									*Europe centrale et orientale*
Czech Republic	..	..	..	..	..	..	..	556 301	*République tchèque*
Hungary	..	..	..	..	..	..	524 411	513 370	*Hongrie*

United Kingdom: 1992 includes pupils in infant classes, in primary schools

Royaume-Uni : 1992 comprend les élèves des classes enfantines, dans les écoles primaires

Table / Tableau IV.1.20.

Enrolments in primary education (FTE, PPV), percent women
Effectifs de l'enseignement primaire (EPT, PPV), pourcentage femmes

ISCED / CITE 1

	1985	1986	1987	1988	1989	1990	1991	1992	
North America									**Amérique du Nord**
Canada	48.2	48.2	48.2	48.2	48.3	48.5	48.3	48.3	Canada
United States	48.6	49.0	48.4	48.5	48.6	48.8	48.4	48.4	États-Unis
Pacific Area									**Pays du Pacifique**
Australia	48.5	48.5	48.6	48.6	48.6	..	48.6	48.6	Australie
Japan	48.7	48.7	48.7	48.7	48.7	48.8	48.8	48.8	Japon
New Zealand	48.6	48.5	48.4	48.6	48.5	48.4	48.4	48.5	Nouvelle-Zélande
European Community									**Communauté européenne**
Belgium	48.6	48.5	48.7	48.7	48.6	48.6	48.6	48.6	Belgique
Denmark	49.1	48.9	48.9	48.9	48.9	48.9	48.9	48.9	Danemark
France	48.4	48.4	48.5	48.6	48.6	48.5	48.6	48.6	France
Germany (FTFR)	48.9	48.9	49.0	49.0	49.0	49.0	49.0	49.0	Allemagne (ex- terr. de la RFA)
Greece	..	..	..	..	..	..	..	48.5	Grèce
Ireland	48.7	48.7	48.7	48.7	48.7	48.8	48.7	48.6	Irlande
Italy	48.6	48.6	48.5	48.6	48.6	48.7	48.6	48.7	Italie
Luxembourg	..	48.8	49.0	49.4	49.4	..	..	..	Luxembourg
Netherlands	48.4	48.3	48.4	46.5	48.4	48.5	48.5	48.5	Pays-Bas
Portugal	47.6	47.6	47.6	47.8	..	47.5	47.9	..	Portugal
Spain	48.3	48.3	48.6	48.2	48.2	48.2	48.5	48.3	Espagne
United Kingdom	48.6	48.7	48.8	48.7	48.9	48.8	48.8	48.8	Royaume-Uni
Other Europe - OECD									**Autres pays d'Europe - OCDE**
Austria	48.7	48.3	48.4	48.4	48.5	48.7	48.7	48.6	Autriche
Finland	48.7	48.8	49.0	48.9	48.8	48.8	48.7	48.8	Finlande
Iceland	..	..	..	..	..	..	..	..	Islande
Norway	48.9	48.9	48.9	48.8	48.8	48.8	48.7	48.8	Norvège
Sweden	48.7	49.3	48.4	48.6	48.4	48.4	48.7	48.9	Suède
Switzerland	49.0	49.0	49.1	49.1	49.1	49.1	49.1	48.5	Suisse
Turkey	47.0	47.2	47.1	47.2	47.1	47.1	47.1	47.1	Turquie
Central & Eastern Europe									**Europe centrale et orientale**
Czech Republic	..	..	..	..	..	..	..	48.9	République tchèque
Hungary	..	..	..	..	..	..	49.1	49.4	Hongrie

Table / Tableau IV.1.21.

Enrolments in primary education (FTE, PUB)
Effectifs de l'enseignement primaire (EPT, PUB)

ISCED / CITE 1

	1985	1986	1987	1988	1989	1990	1991	1992	
North America									**Amérique du Nord**
Canada	2 176 390	2 182 415	2 194 008	2 209 419	2 235 370	2 260 163	2 286 602	2 300 279	Canada
United States	17 488 296	17 746 070	18 165 807	18 622 056	19 136 941	19 608 116	20 049 100	20 428 221	États-Unis
Pacific Area									**Pays du Pacifique**
Australia	1 311 841	1 290 062	1 282 864	1 290 889	1 310 080	..	1 338 533	1 351 665	Australie
Japan	11 443 048	11 071 842	10 639 951	10 198 849	9 843 003	9 575 028	9 339 741	9 122 123	Japon
New Zealand	325 151	319 534	317 331	311 192	309 822	310 482	310 782	309 199	Nouvelle-Zélande
European Community									**Communauté européenne**
Belgium	352 525	343 596	338 167	335 260	333 691	330 205	328 969	327 490	Belgique
Denmark	379 860	366 463	355 449	342 804	328 288	317 631	308 622	297 782	Danemark
France	3 499 350	3 430 125	3 431 899	3 464 602	3 491 620	3 482 810	3 475 448	3 445 037	France
Germany (FTFR)	2 271 835	2 236 002	2 250 732	2 284 949	2 346 673	2 431 687	2 516 666	2 543 911	Allemagne (ex- terr. de la RFA)
Greece	..	..	..	..	..	..	..	733 462	Grèce
Ireland	1 300	1 300	1 300	1 300	1 300	1 300	1 300	405 896	Irlande
Italy	3 604 292	3 417 879	3 246 899	3 107 008	3 001 916	2 904 605	2 838 103	2 779 043	Italie
Luxembourg	..	..	..	24 399	24 522	..	..	..	Luxembourg
Netherlands	365 292	368 626	362 817	396 374	359 181	357 797	358 939	345 936	Pays-Bas
Portugal	1 117 106	1 100 525	1 075 292	1 039 258	..	944 786	947 506	..	Portugal
Spain	2 334 898	2 291 756	2 231 980	2 156 681	2 050 779	1 940 029	1 835 253	1 718 406	Espagne
United Kingdom	4 124 060	4 142 276	4 159 931	4 201 384	4 235 089	4 312 622	4 354 213	4 699 207	Royaume-Uni
Other Europe - OECD									**Autres pays d'Europe - OCDE**
Austria	329 707	330 282	330 000	337 344	346 735	352 720	355 531	363 661	Autriche
Finland	372 219	377 063	384 727	387 213	386 448	385 653	387 095	389 217	Finlande
Iceland	..	..	..	..	..	..	..	..	Islande
Norway	344 743	332 042	322 664	314 182	309 060	307 161	305 831	304 711	Norvège
Sweden	626 935	613 200	600 138	586 390	579 500	577 400	578 918	595 174	Suède
Switzerland	377 007	368 067	364 562	366 292	373 847	384 546	394 501	421 592	Suisse
Turkey	6 506 738	6 611 057	6 672 384	6 843 335	6 726 230	6 804 154	6 817 280	6 834 539	Turquie
Central & Eastern Europe									**Europe centrale et orientale**
Czech Republic	..	..	..	..	..	..	..	555 089	République tchèque
Hungary	..	..	..	..	..	..	..	509 370	Hongrie

Ireland: 1992, change in definition of private education

Irlande : 1992, changement de définition pour l'enseignement privé

Table / Tableau IV.1.22.

Enrolments in primary education (FTE, PUB), percent women
Effectifs de l'enseignement primaire (EPT, PUB), pourcentage femmes
ISCED / CITE 1

	1985	1986	1987	1988	1989	1990	1991	1992	
North America									*Amérique du Nord*
Canada	48.1	48.2	48.2	48.2	48.3	48.5	48.3	48.3	Canada
United States	48.5	48.8	48.2	48.2	48.4	48.7	47.5	48.1	États-Unis
Pacific Area									*Pays du Pacifique*
Australia	48.3	48.3	48.3	48.4	48.4	..	48.4	48.5	Australie
Japan	48.7	48.7	48.7	48.7	48.7	48.7	48.7	48.7	Japon
New Zealand	48.6	48.5	48.5	48.6	48.5	48.4	48.5	48.5	Nouvelle-Zélande
European Community									*Communauté européenne*
Belgium	43.7	43.7	43.9	44.1	44.1	44.4	44.5	44.8	Belgique
Denmark	49.1	48.9	48.9	48.9	48.9	48.9	48.9	48.9	Danemark
France	48.5	48.5	48.6	48.6	48.6	48.6	48.7	48.6	France
Germany (FTFR)	48.9	48.9	49.0	49.0	49.0	49.0	49.0	49.0	Allemagne (ex- terr. de la RFA)
Greece	..	..	..	..	..	..	..	48.5	Grèce
Ireland	50.0	50.0	50.0	50.0	50.0	50.0	50.0	48.6	Irlande
Italy	48.3	48.3	48.3	48.4	48.4	48.4	48.4	48.6	Italie
Luxembourg	..	..	..	49.4	49.4	..	..	..	Luxembourg
Netherlands	47.6	48.3	48.3	42.4	48.3	48.4	48.4	48.4	Pays-Bas
Portugal	47.6	47.6	47.6	47.8	..	..	47.8	..	Portugal
Spain	46.1	46.3	47.0	46.5	46.6	46.7	46.9	47.2	Espagne
United Kingdom	48.7	48.7	48.8	48.7	48.9	48.8	48.8	48.8	Royaume-Uni
Other Europe - OECD									*Autres pays d'Europe - OCDE*
Austria	48.4	48.1	48.2	48.2	48.3	48.5	48.5	48.4	Autriche
Finland	..	..	..	..	..	..	48.7	48.8	Finlande
Iceland	..	..	..	..	..	..	..	..	Islande
Norway	48.9	48.9	48.9	48.8	48.8	48.8	48.7	48.7	Norvège
Sweden	..	..	..	..	..	..	..	..	Suède
Switzerland	49.0	49.0	49.2	49.2	49.1	49.1	49.1	48.7	Suisse
Turkey	47.0	47.2	47.1	47.2	47.1	47.1	47.1	47.1	Turquie
Central & Eastern Europe									*Europe centrale et orientale*
Czech Republic	..	..	..	..	..	..	..	48.9	République tchèque
Hungary	..	..	..	..	..	..	..	..	Hongrie

Table / Tableau IV.1.23.

Enrolments in primary education (FTE, PRV)
Effectifs de l'enseignement primaire (EPT, PRV)

ISCED / CITE 1

	1985	1986	1987	1988	1989	1990	1991	1992	
North America									**Amérique du Nord**
Canada	67 911	72 459	75 631	79 000	81 649	84 837	87 176	91 233	Canada
United States	2 760 000	2 693 000	2 642 000	2 717 000	2 590 000	2 672 000	2 342 523	2 349 225	États-Unis
Pacific Area									**Pays du Pacifique**
Australia	405 029	409 990	414 003	422 726	433 068	..	447 913	452 705	Australie
Japan	60 086	60 084	60 352	60 758	61 648	62 870	63 978	65 223	Japon
New Zealand	6 627	6 863	7 040	7 385	8 082	8 086	7 977	8 087	Nouvelle-Zélande
European Community									**Communauté européenne**
Belgium	415 682	414 664	416 918	421 357	421 938	421 819	420 179	416 542	Belgique
Denmark	35 288	36 244	36 446	37 245	36 882	32 569	31 645	29 451	Danemark
France	627 010	616 133	614 730	616 877	615 293	613 005	608 143	601 816	France
Germany (FTFR)	34 644	35 544	36 890	39 019	41 322	43 830	44 601	46 171	Allemagne (ex- terr. de la RFA)
Greece	..	..	..	..	..	..	..	56 849	Grèce
Ireland	423 364	422 854	424 737	425 965	426 156	424 793	419 095	6 316	Irlande
Italy	299 851	285 229	271 417	263 701	239 894	235 508	217 780	220 636	Italie
Luxembourg	..	..	..	211	205	..	..	..	Luxembourg
Netherlands	797 370	807 976	802 197	766 932	797 648	796 496	797 109	768 026	Pays-Bas
Portugal	79 285	85 230	82 624	70 072	..	66 163	77 027	..	Portugal
Spain	1 234 846	1 192 192	1 180 959	1 089 974	1 066 113	1 021 924	985 244	944 084	Espagne
United Kingdom	192 764	194 713	200 594	207 535	213 362	217 219	219 557	306 144	Royaume-Uni
Other Europe - OECD									**Autres pays d'Europe - OCDE**
Austria	13 072	13 541	13 013	13 390	13 807	14 286	14 679	15 015	Autriche
Finland	2 200	2 276	2 187	2 272	2 308	3 414	3 492	3 478	Finlande
Iceland	..	..	..	..	..	..	..	..	Islande
Norway	2 573	3 331	2 913	3 046	3 324	3 439	3 601	3 805	Norvège
Sweden	4 500	4 600	4 420	4 400	4 700	5 100	5 286	5 703	Suède
Switzerland	8 507	8 479	8 769	9 034	9 195	9 515	9 653	14 319	Suisse
Turkey	20 298	24 764	31 511	36 969	40 599	43 929	44 442	44 384	Turquie
Central & Eastern Europe									**Europe centrale et orientale**
Czech Republic	..	..	..	..	..	..	..	1 212	République tchèque
Hungary	..	..	..	..	..	..	..	4 000	Hongrie

Ireland: 1992, change in definition of private education
United Kingdom: 1992 includes pupils in infant classes, in primary schools

Irlande : 1992, changement de définition pour l'enseignement privé
Royaume-Uni : 1992 comprend les élèves des classes enfantines, dans les écoles primaires

Table / Tableau IV.1.24.

Enrolments in primary education (FTE, PRV), percent women
Effectifs de l'enseignement primaire (EPT, PRV), pourcentage femmes

ISCED / CITE 1

	1985	1986	1987	1988	1989	1990	1991	1992	
North America									**Amérique du Nord**
Canada	48.8	48.7	48.8	48.6	48.7	48.8	49.0	48.7	Canada
United States	49.8	50.0	50.2	50.4	49.8	49.1	55.9	50.8	États-Unis
Pacific Area									**Pays du Pacifique**
Australia	49.1	49.2	49.3	49.2	49.1	..	49.1	49.2	Australie
Japan	60.5	60.6	60.7	60.8	60.7	60.7	60.8	60.8	Japon
New Zealand	46.1	47.0	46.9	47.6	46.6	46.7	46.1	47.1	Nouvelle-Zélande
European Community									**Communauté européenne**
Belgium	52.7	52.5	52.5	52.3	52.2	51.9	51.8	51.5	Belgique
Denmark	49.1	48.9	48.9	48.9	48.9	48.9	48.9	48.9	Danemark
France	47.5	47.7	48.3	48.7	48.7	48.0	48.2	48.3	France
Germany (FTFR)	49.8	49.3	49.8	50.1	50.3	50.3	50.3	50.1	Allemagne (ex- terr. de la RFA)
Greece	..	..	..	..	..	..	..	48.2	Grèce
Ireland	48.7	48.7	48.7	48.7	48.7	48.8	48.7	48.5	Irlande
Italy	52.3	51.9	51.3	50.7	51.7	51.9	50.7	50.6	Italie
Luxembourg	..	..	..	49.8	49.8	..	..	..	Luxembourg
Netherlands	48.8	48.3	48.4	48.6	48.5	48.6	48.6	48.5	Pays-Bas
Portugal	47.5	48.4	47.8	48.2	..	..	48.6	..	Portugal
Spain	52.3	52.0	51.6	51.6	51.3	51.1	51.3	50.4	Espagne
United Kingdom	47.5	47.0	47.2	48.0	48.0	48.0	48.0	48.3	Royaume-Uni
Other Europe - OECD									**Autres pays d'Europe - OCDE**
Austria	55.4	54.2	54.1	53.5	53.4	54.0	53.5	53.6	Autriche
Finland	..	..	..	..	..	..	50.3	50.5	Finlande
Iceland	..	..	..	..	..	..	..	..	Islande
Norway	49.1	47.4	49.1	48.5	49.2	49.5	49.2	49.6	Norvège
Sweden	..	..	..	..	..	..	..	..	Suède
Switzerland	48.1	47.7	47.3	48.2	47.4	47.6	47.8	43.9	Suisse
Turkey	45.3	45.5	45.2	45.0	44.7	44.3	44.3	44.3	Turquie
Central & Eastern Europe									**Europe centrale et orientale**
Czech Republic	..	..	..	..	..	..	..	41.3	République tchèque
Hungary	..	..	..	..	..	..	..	..	Hongrie

Table / Tableau IV.1.25.

Enrolments in pre-primary education (FTE, PPV)
Effectifs de l'éducation préscolaire (EPT, PPV)
ISCED / CITE 0

	1985	1986	1987	1988	1989	1990	1991	1992	
North America									**Amérique du Nord**
Canada	206 852	211 051	215 064	220 521	229 380	237 500	236 011	232 841	Canada
United States	3 948 094	4 308 494	4 491 976	4 479 136	4 464 357	4 635 272	5 064 169	4 758 875	États-Unis
Pacific Area									**Pays du Pacifique**
Australia	..	..	..	..	..	..	..	..	Australie
Japan	2 134 934	2 069 988	2 020 629	2 018 345	2 043 833	2 039 556	2 009 852	1 979 647	Japon
New Zealand	60 805	62 195	61 725	62 402	101 024	118 367	126 134	58 238	Nouvelle-Zélande
European Community									**Communauté européenne**
Belgium	395 883	393 677	381 787	373 433	369 324	371 838	376 102	400 452	Belgique
Denmark	59 013	56 735	56 132	51 988	51 814	50 679	51 583	142 907	Danemark
France	2 525 624	2 563 464	2 539 895	2 518 602	2 504 125	2 535 955	2 555 684	2 558 735	France
Germany (FTFR)	1 585 133	1 587 123	1 691 018	1 665 821	1 651 859	1 727 512	1 762 440	1 777 152	Allemagne (ex- terr. de la RFA)
Greece	..	..	..	..	..	..	..	134 640	Grèce
Ireland	148 415	148 625	146 383	142 841	136 684	130 769	128 197	126 834	Irlande
Italy	1 648 833	1 660 986	1 632 284	1 586 850	1 579 504	1 566 364	1 552 694	1 572 699	Italie
Luxembourg	..	8 107	8 670	8 338	8 222	..	..	..	Luxembourg
Netherlands	401 111	360 972	353 252	342 067	344 851	353 384	363 784	370 509	Pays-Bas
Portugal	..	..	..	124 448	..	..	170 052	..	Portugal
Spain	1 145 968	1 127 348	1 084 752	1 054 241	1 010 765	1 000 301	994 322	1 025 797	Espagne
United Kingdom	676 670	670 700	680 700	699 840	722 338	775 830	799 101	417 530	Royaume-Uni
Other Europe - OECD									**Autres pays d'Europe - OCDE**
Austria	171 881	181 582	190 373	192 571	192 385	192 946	194 829	197 186	Autriche
Finland	72 645	76 097	77 690	81 283	83 577	86 806	86 400	88 492	Finlande
Iceland	..	..	..	..	..	..	..	..	Islande
Norway	90 475	94 896	99 952	106 313	113 502	121 662	131 806	131 960	Norvège
Sweden	92 310	95 480	95 990	93 870	93 210	92 900	94 231	270 193	Suède
Switzerland	120 774	123 176	127 428	132 879	134 804	136 845	139 798	143 818	Suisse
Turkey	81 714	99 486	104 567	103 204	105 924	112 053	119 819	132 965	Turquie
Central & Eastern Europe									**Europe centrale et orientale**
Czech Republic	..	..	..	..	..	..	..	325 791	République tchèque
Hungary	..	..	..	..	..	..	391 129	394 091	Hongrie

Denmark: 1992 includes children under 5
Sweden: 1992 includes children under 4
United Kingdom: 1992, change in definition of ISCED 1

Danemark : 1992 comprend les enfants de moins de 5 ans
Suède : 1992 comprend les enfants de moins de 4 ans
Royaume-Uni : 1992, changement de définition pour CITE 1

Table / Tableau IV.1.26.

Enrolments in pre-primary education (FTE, PPV), percent women
Effectifs de l'éducation préscolaire (EPT, PPV), pourcentage femmes
ISCED / CITE 0

	1985	1986	1987	1988	1989	1990	1991	1992	
North America									**Amérique du Nord**
Canada	48.4	48.7	48.7	48.7	48.6	48.5	48.7	48.8	Canada
United States	48.9	49.7	48.0	46.8	48.6	48.0	48.2	48.4	États-Unis
Pacific Area									**Pays du Pacifique**
Australia	..	..	..	..	..	..	..	..	Australie
Japan	49.0	49.0	49.0	49.0	49.1	49.1	49.2	49.2	Japon
New Zealand	48.8	48.5	48.7	49.0	48.8	48.8	48.4	48.6	Nouvelle-Zélande
European Community									**Communauté européenne**
Belgium	48.7	48.8	48.7	48.7	48.7	48.7	48.6	48.6	Belgique
Denmark	49.0	48.9	49.1	49.1	48.8	48.9	48.9	48.9	Danemark
France	48.7	48.6	48.7	48.7	48.8	48.7	48.8	48.9	France
Germany (FTFR)	47.7	47.7	49.3	48.4	48.3	48.6	48.4	48.6	Allemagne (ex- terr. de la RFA)
Greece	..	..	..	..	..	..	..	49.1	Grèce
Ireland	48.5	48.3	48.4	48.4	48.4	48.2	48.2	48.5	Irlande
Italy	48.9	48.5	48.9	48.9	48.9	48.9	48.9	48.7	Italie
Luxembourg	..	48.6	48.5	49.5	49.8	..	..	..	Luxembourg
Netherlands	48.8	49.0	49.0	48.9	48.9	48.9	49.1	49.5	Pays-Bas
Portugal	..	..	..	..	..	..	51.9	..	Portugal
Spain	49.5	49.3	49.6	49.2	49.1	49.0	49.4	48.8	Espagne
United Kingdom	48.8	48.8	48.8	48.9	48.8	48.7	48.9	49.4	Royaume-Uni
Other Europe - OECD									**Autres pays d'Europe - OCDE**
Austria	48.7	48.8	48.8	48.8	48.8	48.7	48.6	48.5	Autriche
Finland	49.0	49.0	49.0	49.0	49.0	49.0	49.0	49.0	Finlande
Iceland	..	..	..	..	..	..	..	..	Islande
Norway	50.0	50.0	50.0	50.0	50.0	50.0	50.0	50.0	Norvège
Sweden	48.7	48.7	48.8	48.8	48.7	48.8	50.4	50.0	Suède
Switzerland	48.6	48.6	48.6	48.7	48.7	48.5	48.8	48.5	Suisse
Turkey	47.5	47.3	47.4	47.4	47.1	46.9	47.3	47.1	Turquie
Central & Eastern Europe									**Europe centrale et orientale**
Czech Republic	..	..	..	..	..	..	..	50.0	République tchèque
Hungary	..	..	..	..	..	..	48.0	48.2	Hongrie

Table / Tableau IV.1.27.

Enrolments in pre-primary education (FTE, PUB)
Effectifs de l'éducation préscolaire (EPT, PUB)
ISCED / CITE 0

	1985	1986	1987	1988	1989	1990	1991	1992	
North America									**Amérique du Nord**
Canada	200 054.0	203 740.0	207 200.0	211 944.0	220 353.0	227 850.0	224 625.0	220 773.0	Canada
United States	2 497 380	2 787 346	2 866 425	2 889 585	2 926 391	2 926 786	3 023 469	2 990 846	États-Unis
Pacific Area									**Pays du Pacifique**
Australia	..	..	..	..	..	..	..	..	Australie
Japan	538 392.0	513 057.0	489 759.0	479 130.0	476 192.0	462 613.0	441 679.0	419 332.0	Japon
New Zealand	60 553.0	61 908.0	61 487.0	62 141.0	100 826.0	117 901.0	125 863.0	49 734.0	Nouvelle-Zélande
European Community									**Communauté européenne**
Belgium	165 998.0	166 339.0	159 658.0	156 939.0	156 722.0	160 072.0	162 365.0	171 853.0	Belgique
Denmark	54 587.0	52 196.0	51 361.0	47 309.0	46 995.0	46 777.0	47 611.0	| 131 332	Danemark
France	2 196 645	2 233 978	2 220 407	2 208 435	2 198 076	2 226 834	2 241 008	2 241 573	France
Germany (FTFR)	..	..	..	..	551 702.0	575 088.0	587 049.0	632 601.0	Allemagne (ex- terr. de la RFA)
Greece	..	..	..	..	..	..	..	128 040.0	Grèce
Ireland	250.0	200.0	200.0	200.0	200.0	200.0	200.0	| 124 521.0	Irlande
Italy	1 103 754	1 126 972	1 117 709	1 102 376	1 101 240	1 106 069	1 095 503	1 122 451	Italie
Luxembourg	..	8 107.0	8 670.0	8 338.0	8 222.0	..	..	..	Luxembourg
Netherlands	122 982.0	113 784.0	110 674.0	107 372.0	109 277.0	110 039.0	114 359.0	116 992.0	Pays-Bas
Portugal	..	..	..	55 900.0	..	..	73 041.0	..	Portugal
Spain	699 170.0	702 057.0	681 702.0	662 799.0	632 162.0	617 559.0	607 887.0	635 288.0	Espagne
United Kingdom	641 670.0	635 400.0	643 700.0	658 002.0	678 123.0	729 767.0	751 255.0	| 417 530	Royaume-Uni
Other Europe - OECD									**Autres pays d'Europe - OCDE**
Austria	126 124.0	133 430.0	140 398.0	142 324.0	142 444.0	142 778.0	144 336.0	146 169.0	Autriche
Finland	67 005.0	70 147.0	71 300.0	74 889.0	77 555.0	81 581.0	80 683.0	80 612.0	Finlande
Iceland	..	..	..	..	..	..	..	..	Islande
Norway	56 102.0	58 804.0	62 901.0	68 144.0	73 219.0	78 436.0	83 838.0	81 649.0	Norvège
Sweden	92 310.0	95 480.0	95 990.0	93 870.0	93 210.0	92 900.0	94 231.0	270 193.0	Suède
Switzerland	116 548.0	118 999.0	123 035.0	126 002.0	127 797.0	129 709.0	132 339.0	134 898.0	Suisse
Turkey	76 477.0	94 703.0	98 036.0	96 957.0	99 978.0	105 512.0	113 085.0	126 604.0	Turquie
Central & Eastern Europe									**Europe centrale et orientale**
Czech Republic	..	..	..	..	..	..	..	325 791.0	République tchèque
Hungary	..	..	..	..	..	..	390 776.0	385 858.0	Hongrie

Table / Tableau IV.1.28.

Enrolments in pre-primary education (FTE, PUB), percent women
Effectifs de l'éducation préscolaire (EPT, PUB), pourcentage femmes
ISCED / CITE 0

	1985	1986	1987	1988	1989	1990	1991	1992	
North America									**Amérique du Nord**
Canada	48.4	48.6	48.7	48.7	48.6	48.5	48.6	48.7	Canada
United States	49.0	48.8	47.3	46.4	49.1	48.6	48.7	47.6	États-Unis
Pacific Area									**Pays du Pacifique**
Australia	..	..	..	..	..	..	..	..	Australie
Japan	49.2	49.1	49.2	49.2	49.2	49.2	49.1	49.1	Japon
New Zealand	48.8	48.4	48.7	49.0	48.8	48.8	48.4	48.6	Nouvelle-Zélande
European Community									**Communauté européenne**
Belgium	48.2	48.2	48.3	48.1	48.1	48.2	48.2	48.2	Belgique
Denmark	49.0	48.9	49.1	49.1	48.8	48.9	48.9	48.9	Danemark
France	48.6	48.6	48.7	48.7	48.7	48.7	48.7	48.8	France
Germany (FTFR)	..	..	..	..	48.0	48.3	48.1	48.2	Allemagne (ex- terr. de la RFA)
Greece	..	..	..	..	..	..	..	49.1	Grèce
Ireland	40.0	50.0	50.0	50.0	45.0	50.0	45.0	48.4	Irlande
Italy	48.7	48.4	48.8	48.8	48.6	48.0	48.7	48.6	Italie
Luxembourg	..	48.6	48.5	49.5	49.8	..	..	..	Luxembourg
Netherlands	49.2	48.9	48.8	48.2	48.0	48.9	49.3	50.7	Pays-Bas
Portugal	..	..	..	..	..	..	51.9	..	Portugal
Spain	47.2	47.3	48.1	47.3	47.9	47.9	48.2	47.8	Espagne
United Kingdom	48.8	48.8	48.7	49.0	48.7	48.6	48.8	49.4	Royaume-Uni
Other Europe - OECD									**Autres pays d'Europe - OCDE**
Austria	48.6	48.7	48.6	48.6	48.6	48.5	48.4	48.4	Autriche
Finland	..	..	..	..	..	..	49.1	50.3	Finlande
Iceland	..	..	..	..	..	..	..	..	Islande
Norway	50.0	50.0	50.0	50.0	50.0	50.0	50.0	51.4	Norvège
Sweden	48.7	48.7	48.8	48.8	48.7	48.8	50.4	50.0	Suède
Switzerland	48.5	48.6	48.5	48.6	48.6	48.5	48.7	48.5	Suisse
Turkey	47.4	47.3	47.4	47.6	47.1	46.9	47.4	47.2	Turquie
Central & Eastern Europe									**Europe centrale et orientale**
Czech Republic	..	..	..	..	..	..	..	50.0	République tchèque
Hungary	..	..	..	..	..	..	48.0	48.2	Hongrie

Table / Tableau IV.1.29.

Enrolments in pre-primary education (FTE, PRV)
Effectifs de l'éducation préscolaire (EPT, PRV)
ISCED / CITE 0

	1985	1986	1987	1988	1989	1990	1991	1992	
North America									**Amérique du Nord**
Canada	6 799	7 311	7 864	8 577	9 027	9 650	11 387	12 068	Canada
United States	1 450 714	1 521 148	1 625 552	1 589 551	1 537 966	1 708 486	2 040 700	1 768 029	États-Unis
Pacific Area									**Pays du Pacifique**
Australia	..	..	..	..	..	..	..	..	Australie
Japan	159 642	1 556 931	1 530 870	1 539 215	1 567 641	1 576 943	1 568 193	1 560 315	Japon
New Zealand	252	287	240	261	198	466	271	8 504	Nouvelle-Zélande
European Community									**Communauté européenne**
Belgium	229 885	227 338	222 129	216 494	212 602	211 766	213 737	228 599	Belgique
Denmark	4 426	4 539	4 771	4 679	4 819	3 902	3 972 |	11 575	Danemark
France	328 969	329 486	319 488	310 167	306 049	309 121	314 676	317 162	France
Germany (FTFR)	..	..	..	..	1 094 257	1 146 400	1 168 895	1 144 551	Allemagne (ex- terr. de la RFA)
Greece	..	..	..	..	..	..	..	6 600	Grèce
Ireland	148 165	148 425	146 183	142 641	136 484	130 569	127 997 |	2 313	Irlande
Italy	545 079	534 014	514 575	484 474	478 264	460 295	457 191	450 248	Italie
Luxembourg	..	..	..	..	..	..	..	..	Luxembourg
Netherlands	278 129	247 188	242 578	234 695	235 574	243 345	249 425	253 517	Pays-Bas
Portugal	..	..	..	68 548	..	..	97 011	..	Portugal
Spain	446 798	425 291	403 050	391 442	378 603	382 742	386 435	390 509	Espagne
United Kingdom	35 000	35 300	37 000	41 838	44 215	46 063	47 846	..	Royaume-Uni
Other Europe - OECD									**Autres pays d'Europe - OCDE**
Austria	45 757	48 152	49 975	50 247	49 941	50 168	50 493	51 017	Autriche
Finland	5 640	5 950	6 390	6 400	6 022	5 225	5 717	5 225	Finlande
Iceland	..	..	..	..	..	..	..	..	Islande
Norway	34 373	36 092	37 051	38 169	40 283	43 226	47 968	50 311	Norvège
Sweden	..	..	..	..	..	..	..	..	Suède
Switzerland	4 226	4 177	4 393	6 877	7 007	7 136	7 459	8 920	Suisse
Turkey	5 237	4 783	6 531	6 247	5 946	6 541	6 734	6 361	Turquie
Central & Eastern Europe									**Europe centrale et orientale**
Czech Republic	..	..	..	..	..	..	..	..	République tchèque
Hungary	..	..	..	..	..	..	353	8 233	Hongrie

Table / Tableau IV.1.30.

Enrolments in pre-primary education (FTE, PRV), percent women
Effectifs de l'éducation préscolaire (EPT, PRV), pourcentage femmes
ISCED / CITE 0

	1985	1986	1987	1988	1989	1990	1991	1992	
North America									**Amérique du Nord**
Canada	48.7	49.4	48.7	49.4	49.1	49.0	49.7	49.8	Canada
United States	48.8	51.5	49.2	47.6	47.6	47.1	47.6	49.6	États-Unis
Pacific Area									**Pays du Pacifique**
Australia	..	..	..	..	..	..	..	..	Australie
Japan	489.2	48.9	49.0	49.0	49.1	49.1	49.2	49.2	Japon
New Zealand	52.0	50.5	49.6	51.3	58.6	53.4	48.0	48.4	Nouvelle-Zélande
European Community									**Communauté européenne**
Belgium	49.1	49.1	49.0	49.2	49.2	49.1	48.9	48.9	Belgique
Denmark	49.0	48.9	49.1	49.1	48.8	48.9	48.9	48.9	Danemark
France	49.1	48.9	48.9	48.9	49.1	49.0	49.1	49.3	France
Germany (FTFR)	..	..	..	..	48.5	48.8	48.7	48.8	Allemagne (ex- terr. de la RFA)
Greece	..	..	..	..	..	..	..	48.6	Grèce
Ireland	48.5	48.3	48.4	48.4	48.4	48.2	48.2	50.6	Irlande
Italy	49.4	48.8	49.2	49.2	49.7	51.2	49.4	49.1	Italie
Luxembourg	..	..	..	..	..	..	..	..	Luxembourg
Netherlands	48.7	49.1	49.1	49.2	49.3	48.9	49.0	48.9	Pays-Bas
Portugal	..	..	..	..	..	..	51.9	..	Portugal
Spain	53.1	52.6	52.2	52.2	51.1	50.9	51.3	50.5	Espagne
United Kingdom	48.6	49.9	49.7	47.8	50.0	49.8	50.2	..	Royaume-Uni
Other Europe - OECD									**Autres pays d'Europe - OCDE**
Austria	48.7	49.0	49.2	49.4	49.2	49.1	49.1	49.0	Autriche
Finland	..	..	..	..	..	..	47.4	53.1	Finlande
Iceland	..	..	..	..	..	..	..	..	Islande
Norway	50.0	50.0	50.0	50.0	50.0	50.0	50.0	47.8	Norvège
Sweden	..	..	..	..	..	..	..	..	Suède
Switzerland	49.6	49.2	49.0	49.1	50.2	48.9	50.0	48.5	Suisse
Turkey	48.3	47.1	47.8	45.4	46.3	46.9	44.6	46.1	Turquie
Central & Eastern Europe									**Europe centrale et orientale**
Czech Republic	..	..	..	..	..	..	..	..	République tchèque
Hungary	..	..	..	..	..	..	49.9	48.2	Hongrie

Table / Tableau IV.2.1.

New entrants - higher education (PPV)
Nouveaux inscrits - enseignement supérieur (PPV)
ISCED / CITE 567

	1985	1986	1987	1988	1989	1990	1991	1992	
North America									**Amérique du Nord**
Canada	..	..	..	..	..	..	..	..	Canada
United States	2 520 758	2 444 867	2 455 148	2 555 130	2 645 315	2 670 685	2 715 514	..	États-Unis
Pacific Area									**Pays du Pacifique**
Australia	..	..	435 139	459 547	409 233	..	167 766	..	Australie
Japan	..	804 459	900 812	1 033 471	988 026	1 021 670	1 076 739	1 136 569	Japon
New Zealand	..	..	..	..	..	..	..	21 254	Nouvelle-Zélande
European Community									**Communauté européenne**
Belgium	..	..	..	..	..	..	65 545	..	Belgique
Denmark	29 472	29 840	29 820	32 293	33 368	34 412	37 931	33 250	Danemark
France	279 308	285 588	288 569	301 414	334 287	367 080	395 200	422 522	France
Germany (FTFR)	309 675	300 507	302 133	323 787	340 342	347 165	369 836	364 500	Allemagne (ex- terr. de la RFA)
Greece	..	..	..	..	..	..	..	41 500	Grèce
Ireland	17 929	19 076	19 166	20 346	21 704	22 503	23 801	25 516	Irlande
Italy	256 459	246 132	249 939	263 349	282 330	300 041	..	380 440	Italie
Luxembourg	..	..	746	803	735	..	..	..	Luxembourg
Netherlands	68 113	66 388	70 384	75 102	77 912	80 910	85 491	82 521	Pays-Bas
Portugal	23 888	23 849	21 962	..	..	..	58 440	..	Portugal
Spain	206 331	227 222	221 704	239 702	251 870	261 772	..	284 922	Espagne
United Kingdom	169 000	169 900	170 100	175 100	185 452	219 187	222 330	284 664	Royaume-Uni
Other Europe - OECD									**Autres pays d'Europe - OCDE**
Austria	27 063	27 527	27 670	28 399	27 312	26 996	31 751	36 537	Autriche
Finland	25 600	28 125	30 129	31 331	33 710	35 566	37 873	39 520	Finlande
Iceland	..	..	..	..	..	..	..	..	Islande
Norway	19 880	17 915	21 062	22 178	21 358	28 827	28 041	28 766	Norvège
Sweden	49 866	50 276	51 329	52 040	53 249	54 957	57 128	60 544	Suède
Switzerland	20 558	20 487	20 441	22 840	23 326	24 154	25 431	26 232	Suisse
Turkey	129 402	137 432	142 632	160 075	178 769	188 672	191 265	198 218	Turquie
Central & Eastern Europe									**Europe centrale et orientale**
Czech Republic	..	..	..	..	..	..	..	32 707	République tchèque
Hungary	..	..	..	..	..	..	22 662	22 657	Hongrie

Australia: 1991, TAFE students excluded   *Australie : pour 1991, étudiants TAFE exclus*

Table / Tableau IV.2.2.

New entrants - higher education (PPV), percent women
Nouveaux inscrits - enseignement supérieur (PPV), pourcentage femmes
ISCED / CITE 567

	1985	1986	1987	1988	1989	1990	1991	1992	
North America									*Amérique du Nord*
Canada	..	..	..	..	..	..	..	..	Canada
United States	49.4	51.1	50.3	50.4	53.7	50.0	51.9	..	États-Unis
Pacific Area									*Pays du Pacifique*
Australia	..	..	..	..	..	..	57.7	..	Australie
Japan	..	47.5	49.1	45.4	49.1	49.8	50.1	50.2	Japon
New Zealand	..	..	..	..	..	..	..	53.2	Nouvelle-Zélande
European Community									*Communauté européenne*
Belgium	..	..	..	..	..	..	52.3	..	Belgique
Denmark	51.0	49.7	49.6	50.1	52.0	53.1	53.3	53.1	Danemark
France	54.4	54.2	53.9	53.8	53.9	53.9	54.0	54.2	France
Germany (FTFR)	46.3	47.2	46.6	45.9	45.1	43.7	43.2	39.5	Allemagne (ex- terr. de la RFA)
Greece	..	..	..	..	..	..	..	..	Grèce
Ireland	47.0	47.5	47.9	47.4	46.7	47.9	48.6	49.2	Irlande
Italy	47.8	48.1	47.8	48.7	49.4	49.5	..	48.4	Italie
Luxembourg	..	..	..	..	..	..	..	..	Luxembourg
Netherlands	44.0	44.6	44.8	43.1	45.3	45.8	46.2	48.3	Pays-Bas
Portugal	..	54.1	52.8	..	..	..	..	..	Portugal
Spain	49.1	50.4	50.2	50.5	50.8	51.8	..	51.6	Espagne
United Kingdom	..	44.7	45.1	46.3	46.8	48.0	47.5	47.9	Royaume-Uni
Other Europe - OECD									*Autres pays d'Europe - OCDE*
Austria	53.3	52.9	52.0	52.4	51.8	52.5	50.2	51.4	Autriche
Finland	48.4	52.1	54.2	54.5	55.3	55.7	56.1	56.9	Finlande
Iceland	..	..	..	..	..	..	..	..	Islande
Norway	51.1	52.2	53.9	54.7	55.2	52.6	53.9	55.4	Norvège
Sweden	50.0	50.2	49.9	50.5	51.1	52.3	52.5	53.0	Suède
Switzerland	37.7	37.4	37.3	37.8	38.9	40.9	41.9	42.4	Suisse
Turkey	31.4	32.7	33.3	33.6	34.2	35.0	34.8	35.7	Turquie
Central & Eastern Europe									*Europe centrale et orientale*
Czech Republic	..	..	..	..	..	..	..	44.3	République tchèque
Hungary	..	..	..	..	..	..	49.2	..	Hongrie

Table / Tableau IV.2.3.

New entrants - university education (PPV)
Nouveaux inscrits - enseignement supérieur de type universitaire (PPV)
ISCED / CITE 6

	1985	1986	1987	1988	1989	1990	1991	1992	
North America									*Amérique du Nord*
Canada	..	..	..	..	..	..	..	..	Canada
United States	1 259 173	1 194 795	1 187 507	1 249 870	1 304 829	1 354 550	1 336 508	..	États-Unis
Pacific Area									*Pays du Pacifique*
Australia	81 572	88 317	94 090	72 805	83 374	..	103 516	105 525	Australie
Japan	416 002	411 993	436 896	465 503	472 965	476 786	492 340	521 899	Japon
New Zealand	9 641	9 780	10 379	11 425	12 607	13 425	14 761	14 437	Nouvelle-Zélande
European Community									*Communauté européenne*
Belgium	21 727	21 730	21 097	20 820	22 029	22 789	23 711 |	35 504	Belgique
Denmark	10 938	12 169	12 197	13 604	15 870	16 379	18 305	18 169	Danemark
France	188 113	189 653	190 989	196 680	219 377	243 566	258 600	265 800	France
Germany (FTFR)	217 345	208 469	211 101	232 317	246 213	256 629	277 539	268 907	Allemagne (ex- terr. de la RFA)
Greece	..	..	..	..	..	..	..	22 500	Grèce
Ireland	9 679	10 142	9 987	10 368	10 747	11 214	12 264	14 113	Irlande
Italy	247 219	239 076	240 904	254 357	273 266	291 281	326 185	360 751	Italie
Luxembourg	..	..	516	536	464	..	..	..	Luxembourg
Netherlands	25 141	25 110	26 643	30 515	31 268	32 691	32 455 |	82 521	Pays-Bas
Portugal	21 457	21 656	20 963	27 544	26 222	..	31 550	..	Portugal
Spain	206 270	227 162	221 623	239 618	251 767	261 666	268 462	284 922	Espagne
United Kingdom	..	144 800	124 200	128 000	131 055	158 256	162 200 |	205 311	Royaume-Uni
Other Europe - OECD									*Autres pays d'Europe - OCDE*
Austria	21 386	22 121	22 600	22 835	22 150	21 829	26 555	29 584	Autriche
Finland	14 300	15 196	15 788	17 296	18 148	19 247	20 213	21 375	Finlande
Iceland	..	..	..	..	..	..	..	..	Islande
Norway	4 484	4 552	4 644	9 787	10 680	13 541	12 675	12 941	Norvège
Sweden	14 328	14 555	14 521	13 651	14 791	15 506	16 558	16 941	Suède
Switzerland	12 425	12 095	12 040	12 385	12 611	12 817	13 317	14 121	Suisse
Turkey	101 332	105 826	108 992	120 565	135 470	147 997	148 240	150 877	Turquie
Central & Eastern Europe									*Europe centrale et orientale*
Czech Republic	..	..	..	..	..	..	..	24 400	République tchèque
Hungary	..	..	..	..	..	..	10 587	13 117	Hongrie

Belgium: prior to 1992, French Community only
Netherlands: 1992, change in definition of ISCED 6
United Kingdom: 1992 includes estimate of foreign students

Belgique : avant 1992, Communauté française seulement
Pays-Bas : 1992, changement de définition pour CITE 6
Royaume-Uni : 1992 comprend une estimation des étudiants étrangers

Table / Tableau IV.2.4.

New entrants - university education (PPV), percent women
Nouveaux inscrits - enseignement supérieur de type universitaire (PPV), pourcentage femmes
ISCED / CITE 6

	1985	1986	1987	1988	1989	1990	1991	1992	
North America									*Amérique du Nord*
Canada	..	..	..	..	..	..	..	..	*Canada*
United States	47.0	50.8	50.3	46.9	52.8	49.7	51.1	..	*États-Unis*
Pacific Area									*Pays du Pacifique*
Australia	47.8	49.5	50.4	48.5	49.6	..	52.3	55.1	*Australie*
Japan	24.9	25.3	25.9	26.7	27.9	29.1	30.2	30.8	*Japon*
New Zealand	42.9	44.1	43.8	44.9	45.8	47.9	47.7	51.5	*Nouvelle-Zélande*
European Community									*Communauté européenne*
Belgium	45.3	46.0	47.5	47.2	47.6	48.5	49.3	44.9	*Belgique*
Denmark	40.6	41.9	43.4	43.3	50.2	57.2	57.3	61.7	*Danemark*
France	55.3	55.4	55.4	55.6	55.8	56.2	56.7	55.5	*France*
Germany (FTFR)	38.6	39.9	40.1	40.3	40.1	39.5	39.6	34.5	*Allemagne (ex- terr. de la RFA)*
Greece	..	..	..	..	..	..	..	..	*Grèce*
Ireland	49.8	49.5	50.1	49.2	49.4	52.2	52.7	49.2	*Irlande*
Italy	47.4	47.5	47.5	48.4	49.1	49.3	49.8	48.6	*Italie*
Luxembourg	..	..	..	..	..	..	..	..	*Luxembourg*
Netherlands	39.9	39.9	40.9	41.8	42.5	42.9	45.3	48.3	*Pays-Bas*
Portugal	..	50.5	50.8	..	..	..	55.9	..	*Portugal*
Spain	49.1	50.4	50.2	50.5	50.8	51.8	51.8	51.6	*Espagne*
United Kingdom	..	44.2	44.2	45.3	45.5	44.5	47.2	46.9	*Royaume-Uni*
Other Europe - OECD									*Autres pays d'Europe - OCDE*
Austria	49.6	49.8	49.0	48.7	48.5	49.7	48.2	48.6	*Autriche*
Finland	45.5	45.3	45.6	48.5	47.1	47.4	47.8	47.8	*Finlande*
Iceland	..	..	..	..	..	..	..	..	*Islande*
Norway	62.5	64.2	65.8	63.2	61.9	53.7	55.4	58.9	*Norvège*
Sweden	45.7	46.6	46.3	44.9	48.0	49.0	48.7	50.8	*Suède*
Switzerland	38.9	38.8	38.6	39.3	40.1	42.1	43.7	43.8	*Suisse*
Turkey	31.9	32.9	33.1	34.3	34.9	35.7	35.3	36.3	*Turquie*
Central & Eastern Europe									*Europe centrale et orientale*
Czech Republic	..	..	..	..	..	..	..	41.1	*République tchèque*
Hungary	..	..	..	..	..	..	42.7	..	*Hongrie*

Table / Tableau IV.2.5.

New entrants - non-university higher education (PPV)
Nouveaux inscrits - enseignement supérieur de type non universitaire (PPV)
ISCED / CITE 5

	1985	1986	1987	1988	1989	1990	1991	1992	
North America									**Amérique du Nord**
Canada	..	..	..	..	..	..	..	..	Canada
United States	823 108	818 991	807 290	808 083	937 449	821 746	923 721	..	États-Unis
Pacific Area									**Pays du Pacifique**
Australia	..	..	311 821	322 956	313 096	..	47 253	..	Australie
Japan	413 655	392 466	463 916	494 018	515 061	544 884	584 399	614 670	Japon
New Zealand	..	..	..	..	..	..	..	6 817	Nouvelle-Zélande
European Community									**Communauté européenne**
Belgium	..	..	..	..	..	..	..	32 958	Belgique
Denmark	11 211	11 302	11 112	11 646	9 247	9 096	10 196	| 8 547	Danemark
France	91 195	95 935	97 580	104 734	114 910	123 514	136 600	150 500	France
Germany (FTFR)	92 330	92 038	91 032	91 470	94 129	90 536	92 297	95 593	Allemagne (ex- terr. de la RFA)
Greece	..	..	..	..	..	..	..	19 000	Grèce
Ireland	8 250	8 934	9 179	9 978	10 957	11 289	11 537	11 403	Irlande
Italy	9 240	9 036	9 035	8 992	9 064	8 760	..	| 3 654	Italie
Luxembourg	..	..	230	267	271	..	..	..	Luxembourg
Netherlands	45 180	43 528	46 506	47 433	50 756	53 769	59 091 |	..	Pays-Bas
Portugal	2 431	2 193	999	..	..	..	26 890	..	Portugal
Spain	61	60	81	84	103	106	..	-	Espagne
United Kingdom	..	25 100	45 900	47 100	54 397	60 931	60 130	79 353	Royaume-Uni
Other Europe - OECD									**Autres pays d'Europe - OCDE**
Austria	5 677	5 406	5 070	5 564	5 162	5 167	5 196	6 599	Autriche
Finland	11 300	12 929	14 341	14 035	15 562	16 319	17 660	18 158	Finlande
Iceland	..	..	..	..	..	..	..	..	Islande
Norway	12 326	10 783	13 727	9 078	8 222	11 323	11 571	11 890	Norvège
Sweden	35 538	35 721	36 808	38 389	38 458	39 451	40 570	43 056	Suède
Switzerland	8 133	8 392	8 401	10 455	10 715	11 337	12 114	12 111	Suisse
Turkey	21 660	22 161	23 256	26 493	30 135	26 778	28 788	29 575	Turquie
Central & Eastern Europe									**Europe centrale et orientale**
Czech Republic	..	..	..	..	..	..	..	7 112	République tchèque
Hungary	..	..	..	..	..	..	12 075	9 540	Hongrie

Denmark: 1992, estimate
Italy: 1992, estimate
Netherlands:1992, change in definition of ISCED 5

Danemark : 1992, estimation
Italie : 1992, estimation
Pays-Bas : 1992, changement de définition pour CITE 5

Table / Tableau IV.2.6.

New entrants - non-university higher education (PPV), percent women
Nouveaux inscrits - enseignement supérieur de type non universitaire (PPV), pourcentage femmes
ISCED / CITE 5

	1985	1986	1987	1988	1989	1990	1991	1992	
North America									**Amérique du Nord**
Canada	..	..	..	..	..	..	..	..	Canada
United States	55.1	55.1	50.0	57.6	56.1	50.0	53.4	..	États-Unis
Pacific Area									**Pays du Pacifique**
Australia	..	..	..	..	..	..	72.3	..	Australie
Japan	71.3	70.8	70.9	69.8	68.5	68.0	66.9	66.7	Japon
New Zealand	..	..	..	..	..	..	..	56.8	Nouvelle-Zélande
European Community									**Communauté européenne**
Belgium	..	..	..	..	..	..	..	61.4	Belgique
Denmark	64.4	61.9	60.6	60.6	53.8	50.1	50.8	41.5	Danemark
France	52.6	51.8	50.9	50.6	50.2	49.3	48.8	52.8	France
Germany (FTFR)	64.6	63.9	61.7	60.1	58.1	55.5	54.3	53.7	Allemagne (ex- terr. de la RFA)
Greece	..	..	..	..	..	..	..	..	Grèce
Ireland	43.6	45.2	45.4	45.4	44.1	43.6	44.2	49.2	Irlande
Italy	56.3	55.3	55.9	56.7	57.1	56.9	..	66.9	Italie
Luxembourg	..	..	..	..	..	..	..	..	Luxembourg
Netherlands	45.9	46.7	47.0	43.6	46.8	47.1	48.7		Pays-Bas
Portugal	92.5	90.1	93.7	..	..	..	56.6	..	Portugal
Spain	72.1	76.7	72.8	75.0	68.0	55.7	..	-	Espagne
United Kingdom	..	47.4	47.7	49.0	50.2	56.8	48.5	50.4	Royaume-Uni
Other Europe - OECD									**Autres pays d'Europe - OCDE**
Austria	67.1	65.5	65.5	67.7	65.7	64.1	60.4	65.5	Autriche
Finland	52.2	60.2	63.7	61.9	64.8	65.4	65.7	67.5	Finlande
Iceland	..	..	..	..	..	..	..	..	Islande
Norway	50.3	50.2	52.1	51.9	51.0	54.3	55.6	55.7	Norvège
Sweden	51.7	51.6	51.4	52.5	52.3	53.7	54.1	54.0	Suède
Switzerland	35.7	35.5	35.4	35.9	37.6	39.5	39.8	40.7	Suisse
Turkey	29.3	32.5	34.1	29.7	31.0	31.2	32.0	33.1	Turquie
Central & Eastern Europe									**Europe centrale et orientale**
Czech Republic	..	..	..	..	..	..	..	59.0	République tchèque
Hungary	..	..	..	..	..	..	55.0	..	Hongrie

Table / Tableau IV.3.1.

Graduates of higher education (PPV)
Diplômés de l'enseignement supérieur (PPV)
ISCED / CITE 567

	1985	1986	1987	1988	1989	1990	1991	1992	
North America									**Amérique du Nord**
Canada	457 833	492 223	506 679	525 367	552 577	572 943	592 810	613 416	Canada
United States	1 828 446	1 830 000	1 824 903	1 834 836	1 872 716	1 937 298	1 999 953	1 996 602	États-Unis
Pacific Area									**Pays du Pacifique**
Australia	..	..	..	..	..	..	..	120 584	Australie
Japan	768 808	771 957	782 442	834 422	860 128	905 955	963 358	1 010 490	Japon
New Zealand	12 274	13 163	14 033	13 260	13 159	14 134	..	38 072	Nouvelle-Zélande
European Community									**Communauté européenne**
Belgium	..	..	..	..	..	..	..	38 785	Belgique
Denmark	22 726	22 659	22 377	22 630	22 674	24 545	26 442	29 473	Danemark
France	..	..	..	..	..	..	..	..	France
Germany (FTFR)	230 237	232 194	239 887	243 540	246 094	250 329	256 578	256 578	Allemagne (ex- terr. de la RFA)
Greece	..	..	..	..	..	..	..	26 312	Grèce
Ireland	13 116	14 722	15 475	15 729	15 833	17 250	17 579	20 393	Irlande
Italy	90 109	93 481	97 282	101 187	108 579	103 110	107 024	113 591	Italie
Luxembourg	..	..	..	..	..	..	..	..	Luxembourg
Netherlands	64 385	62 786	62 512	72 432	68 552	62 923	67 812	71 156	Pays-Bas
Portugal	..	..	..	..	..	..	..	..	Portugal
Spain	94 638	99 969	109 496	116 156	121 061	126 786	136 546	140 926	Espagne
United Kingdom	..	..	..	..	..	..	..	395 699	Royaume-Uni
Other Europe - OECD									**Autres pays d'Europe - OCDE**
Austria	..	13 981	13 607	14 896	13 783	15 793	16 707	17 270	Autriche
Finland	21 702	22 243	22 715	26 553	24 683	24 176	26 235	28 470	Finlande
Iceland	..	..	..	..	..	..	..	..	Islande
Norway	30 724	29 174	31 718	35 494	42 255	46 009	53 577	46 592	Norvège
Sweden	42 369	41 036	41 475	40 972	40 145	38 341	37 726	37 168	Suède
Switzerland	10 092	10 380	11 049	11 451	11 766	12 070	12 337 |	33 602	Suisse
Turkey	46 719	61 098	75 827	79 131	81 063	87 090	91 317	94 714	Turquie
Central & Eastern Europe									**Europe centrale et orientale**
Czech Republic	..	..	..	..	..	..	..	23 154	République tchèque
Hungary	..	..	..	..	..	..	24 103	24 811	Hongrie

Switzerland: 1992, change in definition of ISCED 5

Suisse : 1992, *changement de définition pour CITE 5*

Table / Tableau IV.3.2.

Graduates of higher education (PPV), percent women
Diplômés de l'enseignement supérieur (PPV), pourcentage femmes
ISCED / CITE 567

	1985	1986	1987	1988	1989	1990	1991	1992	
North America									**Amérique du Nord**
Canada	45.8	47.3	49.1	50.2	50.9	51.4	51.6	51.2	Canada
United States	50.7	51.0	51.2	52.0	52.7	54.4	54.1	54.3	États-Unis
Pacific Area									**Pays du Pacifique**
Australia	..	..	..	..	..	..	..	57.1	Australie
Japan	48.4	47.8	47.9	49.4	50.0	49.6	49.5	49.9	Japon
New Zealand	43.7	46.7	47.3	46.3	50.9	51.0	..	48.4	Nouvelle-Zélande
European Community									**Communauté européenne**
Belgium	..	..	..	..	..	..	..	52.8	Belgique
Denmark	51.3	49.7	46.7	45.9	50.1	50.7	51.4	51.1	Danemark
France	..	..	..	..	..	..	..	..	France
Germany (FTFR)	46.5	46.5	46.2	45.4	43.4	42.9	42.7	42.7	Allemagne (ex- terr. de la RFA)
Greece	..	..	..	..	..	..	..	55.7	Grèce
Ireland	..	..	..	..	..	46.9	48.1	46.4	Irlande
Italy	44.8	45.3	46.3	46.4	47.6	47.5	48.1	50.3	Italie
Luxembourg	..	..	..	..	..	..	..	..	Luxembourg
Netherlands	46.1	43.7	44.0	43.5	44.0	45.2	45.5	46.6	Pays-Bas
Portugal	..	..	..	..	..	..	..	..	Portugal
Spain	52.7	54.1	55.9	57.2	57.0	57.3	57.3	56.8	Espagne
United Kingdom	..	..	..	..	..	..	..	48.3	Royaume-Uni
Other Europe - OECD									**Autres pays d'Europe - OCDE**
Austria	..	50.5	46.3	49.3	48.8	47.9	48.1	49.9	Autriche
Finland	52.2	52.4	54.0	50.7	52.6	52.9	57.0	58.6	Finlande
Iceland	..	..	..	..	..	..	..	..	Islande
Norway	55.6	56.7	55.8	55.1	52.6	55.4	54.3	53.3	Norvège
Sweden	55.6	54.2	52.1	53.2	53.9	54.4	54.9	57.2	Suède
Switzerland	31.7	32.3	33.0	33.4	35.0	33.7	35.3	30.4	Suisse
Turkey	33.3	34.8	34.7	35.2	36.1	35.2	35.0	35.5	Turquie
Central & Eastern Europe									**Europe centrale et orientale**
Czech Republic	..	..	..	..	..	..	..	50.4	République tchèque
Hungary	..	..	..	..	..	..	..	52.4	Hongrie

Table / Tableau IV.3.3.

Graduates of university education (PPV)
Diplômés de l'enseignement supérieur de type universitaire (PPV)
ISCED / CITE 67

	1985	1986	1987	1988	1989	1990	1991	1992	
North America									*Amérique du Nord*
Canada	126 446	132 368	139 037	140 191	143 221	145 968	152 328	159 596	Canada
United States	1 373 734	1 383 953	1 387 766	1 399 751	1 435 952	1 482 619	1 544 000	1 508 385	États-Unis
Pacific Area									*Pays du Pacifique*
Australia	..	..	66 589	71 974	75 406	..	94 515	110 414	Australie
Japan	399 207	404 184	412 190	414 456	410 643	435 080	464 774	477 519	Japon
New Zealand	9 969	10 860	11 167	10 689	10 384	11 567	12 480	14 759	Nouvelle-Zélande
European Community									*Communauté européenne*
Belgium	..	..	..	..	..	..	..	20 487	Belgique
Denmark	12 881	13 267	13 367	13 506	16 079	17 486	18 180	22 909	Danemark
France	..	..	..	..	..	..	..	..	France
Germany (FTFR)	146 920	150 112	154 840	159 132	162 988	166 101	171 941	171 941	Allemagne (ex- terr. de la RFA)
Greece	..	..	..	..	..	..	..	19 100	Grèce
Ireland	9 152	10 583	10 681	11 216	10 554	11 059	11 336	12 870	Irlande
Italy	83 441	87 339	90 028	93 840	101 258	97 366	101 637 |	111 702	Italie
Luxembourg	..	..	..	..	..	..	..	..	Luxembourg
Netherlands	17 857	19 462	22 667	30 377	27 590	22 102	23 190 |	711 59	Pays-Bas
Portugal	..	..	..	..	..	..	..	..	Portugal
Spain	94 578	99 905	109 446	116 099	120 982	126 675	133 452	136 154	Espagne
United Kingdom	..	..	..	..	..	..	..	252 284	Royaume-Uni
Other Europe - OECD									*Autres pays d'Europe - OCDE*
Austria	9 382	9 198	9 906	10 579	9 657	11 282	11 665	11 912	Autriche
Finland	11 696	12 123	12 181	14 681	13 702	13 957	14 096	14 648	Finlande
Iceland	..	..	..	..	..	..	..	..	Islande
Norway	16 647	15 418	19 270	19 827	21 138	23 002	26 020	17 765	Norvège
Sweden	18 392	17 022	18 024	18 253	18 046	17 078	17 579	18 460	Suède
Switzerland	9 136	9 403	9 989	10 438	10 678	11 156	11 466	12 311	Suisse
Turkey	35 755	46 547	58 142	61 614	68 466	72 305	74 677	75 773	Turquie
Central & Eastern Europe									*Europe centrale et orientale*
Czech Republic	..	..	..	..	..	..	..	18 182	République tchèque
Hungary	..	..	..	..	..	..	..	15 141	Hongrie

Italy: 1992, change in definition of ISCED 5
Netherlands: 1992, change in definition of ISCED 5

Italie : 1992, changement de définition pour CITE 5
Pays-Bas : 1992, changement de définition pour CITE 5

Table / Tableau IV.3.4.

Graduates of university education (PPV), percent women
Diplômés de l'enseignement supérieur de type universitaire (PPV), pourcentage femmes
ISCED / CITE 67

	1985	1986	1987	1988	1989	1990	1991	1992	
North America									**Amérique du Nord**
Canada	50.4	51.2	52.2	52.6	53.4	54.2	55.3	56.0	Canada
United States	49.2	49.4	49.7	50.6	51.2	52.0	52.7	52.9	États-Unis
Pacific Area									**Pays du Pacifique**
Australia	..	..	50.1	51.0	52.8	..	54.7	56.1	Australie
Japan	24.1	24.2	25.1	25.4	25.9	26.6	27.4	28.4	Japon
New Zealand	40.9	44.4	43.7	43.7	46.7	47.5	46.8	48.5	Nouvelle-Zélande
European Community									**Communauté européenne**
Belgium	..	..	..	..	..	..	..	42.7	Belgique
Denmark	41.3	39.1	37.5	36.9	50.3	50.9	51.3	55.2	Danemark
France	..	..	..	..	..	..	..	..	France
Germany (FTFR)	36.8	37.3	36.8	36.6	36.0	36.5	37.1	37.1	Allemagne (ex- terr. de la RFA)
Greece	..	..	..	..	..	..	..	55.9	Grèce
Ireland	..	..	..	..	..	47.6	46.7	47.1	Irlande
Italy	43.4	44.0	45.0	45.1	46.3	46.8	47.4	50.0	Italie
Luxembourg	..	..	..	..	..	..	..	..	Luxembourg
Netherlands	29.6	30.8	32.8	37.2	36.6	37.7	38.7	46.6	Pays-Bas
Portugal	..	..	..	..	..	..	..	..	Portugal
Spain	52.7	54.1	55.9	57.1	57.0	57.3	57.4	57.1	Espagne
United Kingdom	..	..	..	..	..	..	..	46.3	Royaume-Uni
Other Europe - OECD									**Autres pays d'Europe - OCDE**
Austria	37.2	38.8	38.9	41.4	39.3	41.6	41.8	42.1	Autriche
Finland	44.9	45.6	47.2	43.0	47.2	48.0	48.4	48.2	Finlande
Iceland	..	..	..	..	..	..	..	..	Islande
Norway	51.2	52.2	57.2	57.9	56.6	58.9	57.5	55.2	Norvège
Sweden	53.6	54.2	52.1	53.6	54.0	53.0	52.7	54.7	Suède
Switzerland	29.4	29.8	30.3	31.0	32.3	31.5	33.2	33.7	Suisse
Turkey	32.6	34.6	34.5	34.6	36.5	35.7	35.8	36.1	Turquie
Central & Eastern Europe									**Europe centrale et orientale**
Czech Republic	..	..	..	..	..	..	..	47.0	République tchèque
Hungary	..	..	..	..	..	..	..	46.5	Hongrie

Table / Tableau IV.3.5.

Graduates in engineering (PPV)
Diplômés en ingénierie (PPV)
ISCED / CITE 67

	1985	1986	1987	1988	1989	1990	1991	1992	
North America									**Amérique du Nord**
Canada	10 041	10 464	10 368	10 641	9 763	9 636	9 853	9 807	Canada
United States	120 892	121 024	119 587	116 285	114 320	111 923	109 095	109 017	États-Unis
Pacific Area									**Pays du Pacifique**
Australia	4 296	4 308	4 265	4 501	4 680	..	4 993	5 665	Australie
Japan	..	88 538	92 178	93 339	93 798	99 167	105 924	103 331	Japon
New Zealand	535	..	..	569	553	620	616	546	Nouvelle-Zélande
European Community									**Communauté européenne**
Belgium	..	..	..	..	..	..	..	4 503	Belgique
Denmark	1 729	2 087	2 294	2 526	2 814	3 263	3 413	3 626	Danemark
France	..	..	..	..	..	..	..	..	France
Germany (FTFR)	22 795	24 670	27 248	29 723	30 825	31 672	32 514	33 081	Allemagne (ex- terr. de la RFA)
Greece	..	..	..	..	..	..	..	2 453	Grèce
Ireland	1 080	1 324	1 234	1 354	1 394	1 448	1 262	1 517	Irlande
Italy	..	..	..	..	..	7 005	7 299	7 933	Italie
Luxembourg	..	..	..	..	..	..	..	..	Luxembourg
Netherlands	2 092	2 245	2 971	4 707	3 245	2 676	3 046	10 692	Pays-Bas
Portugal	..	..	..	..	..	..	..	..	Portugal
Spain	6 613	6 712	7 178	7 720	7 767	8 463	9 427	10 924	Espagne
United Kingdom	..	..	..	..	..	..	..	32 720	Royaume-Uni
Other Europe - OECD									**Autres pays d'Europe - OCDE**
Austria	812	777	861	991	946	1 139	1 205	..	Autriche
Finland	2 911	2 802	2 864	2 926	2 745	3 078	3 148	3 404	Finlande
Iceland	..	..	..	..	..	..	..	..	Islande
Norway	1 154	1 180	2 151	2 149	3 063	2 942	3 275	3 662	Norvège
Sweden	2 163	2 303	2 716	2 591	2 698	2 665	2 764	2 936	Suède
Switzerland	713	733	770	878	813	866	895	905	Suisse
Turkey	6 607	7 580	9 549	9 741	9 780	9 946	10 390	11 491	Turquie
Central & Eastern Europe									**Europe centrale et orientale**
Czech Republic	..	..	..	..	..	..	..	5 915	République tchèque
Hungary	..	..	..	..	..	..	2 906	2 299	Hongrie

Netherlands: 1992 includes bachelor's degree

Pays-Bas : 1992 comprend la licence

Table / Tableau IV.3.6.

Graduates in engineering (PPV), percent women
Diplômés en ingénierie (PPV), pourcentage femmes
ISCED / CITE 67

	1985	1986	1987	1988	1989	1990	1991	1992	
North America									**Amérique du Nord**
Canada	8.6	9.7	9.8	10.6	11.0	11.5	12.3	13.4	Canada
United States	12.5	12.6	13.2	13.2	13.3	13.5	15.0	13.9	États-Unis
Pacific Area									**Pays du Pacifique**
Australia	..	..	6.6	6.9	8.4	..	9.9	10.8	Australie
Japan	..	3.5	3.7	3.9	4.0	4.0	4.0	3.8	Japon
New Zealand	3.7	..	..	7.4	8.5	5.3	10.2	20.7	Nouvelle-Zélande
European Community									**Communauté européenne**
Belgium	..	..	..	..	..	..	..	16.4	Belgique
Denmark	5.6	6.8	8.4	8.4	13.8	16.5	18.2	19.8	Danemark
France	..	..	..	..	..	..	..	..	France
Germany (FTFR)	4.9	5.7	6.0	5.8	5.9	6.9	7.3	7.6	Allemagne (ex- terr. de la RFA)
Greece	..	..	..	..	..	..	..	24.4	Grèce
Ireland	..	..	..	..	..	..	12.0	12.5	Irlande
Italy	..	..	..	..	..	6.2	6.8	8.5	Italie
Luxembourg	..	..	..	..	..	..	..	..	Luxembourg
Netherlands	3.9	6.6	5.9	6.9	9.3	9.9	10.2	12.2	Pays-Bas
Portugal	..	..	..	..	..	..	..	..	Portugal
Spain	9.0	10.2	10.4	11.2	12.4	13.8	15.5	16.1	Espagne
United Kingdom	..	..	..	..	..	..	..	26.4	Royaume-Uni
Other Europe - OECD									**Autres pays d'Europe - OCDE**
Austria	4.9	3.1	3.4	3.8	6.0	6.1	6.6	..	Autriche
Finland	11.9	10.6	11.4	12.1	12.6	12.8	13.6	13.9	Finlande
Iceland	..	..	..	..	..	..	..	..	Islande
Norway	16.3	18.6	20.4	24.7	23.8	22.7	23.5	22.3	Norvège
Sweden	12.1	16.4	17.3	17.8	18.8	20.0	21.0	20.7	Suède
Switzerland	3.1	4.5	4.2	5.0	4.6	5.8	4.9	3.6	Suisse
Turkey	18.9	19.1	20.8	20.2	18.4	19.4	19.8	20.3	Turquie
Central & Eastern Europe									**Europe centrale et orientale**
Czech Republic	..	..	..	..	..	..	..	22.3	République tchèque
Hungary	..	..	..	..	..	..	..	18.8	Hongrie

Table / Tableau IV.3.7.

Graduates in mathematics (PPV)
Diplômés en mathématiques (PPV)
ISCED / CITE 67

	1985	1986	1987	1988	1989	1990	1991	1992	
North America									*Amérique du Nord*
Canada	5 398	6 278	6 804	6 515	6 378	5 950	5 556	5 664	Canada
United States	64 954	70 510	69 064	64 244	59 950	56 889	54 337	54 735	États-Unis
Pacific Area									*Pays du Pacifique*
Australia	..	..	..	..	..	..	..	4 253	Australie
Japan	..	..	..	..	..	..	..	×	Japon
New Zealand	544	..	..	552	627	608	482	492	Nouvelle-Zélande
European Community									*Communauté européenne*
Belgium	..	..	..	..	..	..	..	465	Belgique
Denmark	139	160	179	172	215	250	266	344	Danemark
France	..	..	..	..	..	..	..	..	France
Germany (FTFR)	3 296	3 755	4 087	4 490	5 127	5 616	6 423	7 246	Allemagne (ex- terr. de la RFA)
Greece	..	..	..	..	..	..	..	1 087	Grèce
Ireland	352	285	325	289	461	687	493	638	Irlande
Italy	..	..	..	..	..	..	3 274	3 753	Italie
Luxembourg	..	..	..	..	..	..	..	..	Luxembourg
Netherlands	..	..	..	474	458	359	380	| 2 111	Pays-Bas
Portugal	..	..	..	..	..	..	..	..	Portugal
Spain	1 278	1 554	1 808	2 336	2 464	3 293	3 877	4 567	Espagne
United Kingdom	..	..	..	..	..	..	..	15 384	Royaume-Uni
Other Europe - OECD									*Autres pays d'Europe - OCDE*
Austria	405	372	413	580	576	585	573	..	Autriche
Finland	734	747	631	802	555	814	898	986	Finlande
Iceland	..	..	..	..	..	..	..	..	Islande
Norway	385	389	403	265	247	203	245	| 573	Norvège
Sweden	346	458	672	800	855	869	922	997	Suède
Switzerland	204	252	284	315	360	363	382	376	Suisse
Turkey	609	753	1 113	1 615	1 589	1 600	1 780	1 229	Turquie
Central & Eastern Europe									*Europe centrale et orientale*
Czech Republic	..	..	..	..	..	..	..	143	République tchèque
Hungary	..	..	..	..	..	..	240	×	Hongrie

Netherlands: 1992 includes bachelor's degree
Norway: 1992 includes bachelor's degree

Pays-Bas : 1992 *comprend la licence*
Norvège : 1992 *comprend la licence*

Table / Tableau IV.3.8.

Graduates in mathematics (PPV), percent women
Diplômés en mathématiques (PPV), pourcentage femmes
ISCED / CITE 67

	1985	1986	1987	1988	1989	1990	1991	1992	
North America									*Amérique du Nord*
Canada	28.7	31.2	29.9	29.3	28.9	28.0	29.2	29.9	Canada
United States	37.7	37.2	36.7	35.2	34.4	34.2	38.6	33.8	États-Unis
Pacific Area									*Pays du Pacifique*
Australia	..	..	..	..	..	..	..	27.6	Australie
Japan	..	..	..	..	..	..	..	x	Japon
New Zealand	23.9	..	..	24.8	23.9	26.6	24.1	26.2	Nouvelle-Zélande
European Community									*Communauté européenne*
Belgium	..	..	..	..	..	..	..	31.4	Belgique
Denmark	17.3	21.9	17.9	18.6	22.8	27.2	28.6	27.3	Danemark
France	..	..	..	..	..	..	..	..	France
Germany (FTFR)	17.4	17.6	18.2	20.2	18.4	18.5	18.8	23.2	Allemagne (ex- terr. de la RFA)
Greece	..	..	..	..	..	..	..	54.1	Grèce
Ireland	..	..	..	..	..	..	28.8	27.6	Irlande
Italy	..	..	..	..	..	..	52.1	49.8	Italie
Luxembourg	..	..	..	..	..	..	..	..	Luxembourg
Netherlands	..	..	..	16.5	15.9	16.7	13.4	14.0	Pays-Bas
Portugal	..	..	..	..	..	..	..	..	Portugal
Spain	41.3	38.0	43.4	38.7	40.2	40.1	39.0	36.2	Espagne
United Kingdom	..	..	..	..	..	..	..	33.6	Royaume-Uni
Other Europe - OECD									*Autres pays d'Europe - OCDE*
Austria	30.9	27.4	23.0	26.2	21.5	26.8	23.7	..	Autriche
Finland	20.2	22.0	18.1	19.0	17.7	15.4	11.6	12.4	Finlande
Iceland	..	..	..	..	..	..	..	..	Islande
Norway	20.0	23.9	19.4	26.0	22.7	29.1	26.5	36.1	Norvège
Sweden	26.0	26.0	26.2	27.5	28.5	25.9	25.4	26.0	Suède
Switzerland	17.2	13.1	13.0	16.8	15.3	10.7	16.2	13.0	Suisse
Turkey	39.7	44.2	45.6	44.0	41.7	41.3	41.7	46.7	Turquie
Central & Eastern Europe									*Europe centrale et orientale*
Czech Republic	..	..	..	..	..	..	..	30.1	République tchèque
Hungary	..	..	..	..	..	..	..	x	Hongrie

Table / Tableau IV.3.9.

Graduates in natural science (PPV)
Diplômés en sciences naturelles (PPV)

ISCED / CITE 67

	1985	1986	1987	1988	1989	1990	1991	1992	
North America									**Amérique du Nord**
Canada	6 619	7 422	8 352	8 622	9 103	9 157	9 088	10 388	Canada
United States	79 867	78 079	75 789	72 516	71 307	71 621	72 859	77 760	États-Unis
Pacific Area									**Pays du Pacifique**
Australia	8 590	9 178	9 412	10 321	10 804	..	13 336	10 484	Australie
Japan	..	11 678	12 243	12 474	12 733	12 860	13 590	17 969	Japon
New Zealand	1 400	..	..	1 264	1 285	1 120	1 036	..	Nouvelle-Zélande
European Community									**Communauté européenne**
Belgium	..	..	..	..	..	..	..	1 065	Belgique
Denmark	697	741	735	786	886	847	1 070	887	Danemark
France	..	..	..	..	..	..	..	..	France
Germany (FTFR)	9 413	9 926	10 768	12 426	13 592	15 027	15 644	16 318	Allemagne (ex- terr. de la RFA)
Greece	..	..	..	..	..	..	..	1 354	Grèce
Ireland	1 231	1 318	1 475	1 559	1 551	1 644	1 474	1 524	Irlande
Italy	..	..	..	..	..	6 497	6 707	6 803	Italie
Luxembourg	..	..	..	..	..	..	..	..	Luxembourg
Netherlands	1 685	1 732	1 906	2 799	2 180	1 812	1 752	1 854	Pays-Bas
Portugal	..	..	..	..	..	..	..	..	Portugal
Spain	5 767	6 347	7 089	6 803	7 401	7 871	7 761	7 945	Espagne
United Kingdom	..	..	..	..	..	..	..	25 040	Royaume-Uni
Other Europe - OECD									**Autres pays d'Europe - OCDE**
Austria	524	450	520	544	628	673	780		Autriche
Finland	1 009	1 135	811	968	734	736	727	734	Finlande
Iceland	..	..	..	..	..	..	..	..	Islande
Norway	1 196	943	987	654	737	743	779	509	Norvège
Sweden	671	709	805	850	844	923	916	975	Suède
Switzerland	1 148	1 170	1 325	1 398	1 462	1 524	1 595	1 657	Suisse
Turkey	1 360	1 497	2 101	3 117	3 425	3 533	3 796	2 168	Turquie
Central & Eastern Europe									**Europe centrale et orientale**
Czech Republic	..	..	..	..	..	..	..	489	République tchèque
Hungary	..	..	..	..	..	..	1 379	..	Hongrie

Table / Tableau IV.3.10.

Graduates in natural science (PPV), percent women
Diplômés en sciences naturelles (PPV), pourcentage femmes
ISCED / CITE 67

	1985	1986	1987	1988	1989	1990	1991	1992	
North America									**Amérique du Nord**
Canada	33.8	36.1	38.3	38.9	39.5	40.5	41.3	43.1	Canada
United States	38.1	38.5	39.3	40.9	41.0	42.0	44.4	43.5	États-Unis
Pacific Area									**Pays du Pacifique**
Australia	..	..	38.7	39.7	39.1	..	40.5	45.4	Australie
Japan	..	16.2	16.2	15.6	15.6	16.4	16.7	..	Japon
New Zealand	36.9	..	..	36.7	38.1	41.0	38.6	..	Nouvelle-Zélande
European Community									**Communauté européenne**
Belgium	..	..	..	..	..	..	..	42.1	Belgique
Denmark	18.4	19.6	20.7	24.2	26.4	24.8	30.9	34.5	Danemark
France	..	..	..	..	..	..	..	..	France
Germany (FTFR)	23.6	25.8	26.5	26.8	25.9	26.5	28.2	29.8	Allemagne (ex- terr. de la RFA)
Greece	..	..	..	..	..	..	..	44.4	Grèce
Ireland	..	..	..	..	..	..	49.1	49.5	Irlande
Italy	..	..	..	..	..	57.5	56.9	55.6	Italie
Luxembourg	..	..	..	..	..	..	..	..	Luxembourg
Netherlands	18.5	16.2	18.8	21.1	21.1	24.3	25.5	27.2	Pays-Bas
Portugal	..	..	..	..	..	..	..	..	Portugal
Spain	45.7	42.8	45.5	45.8	46.4	48.8	48.4	49.1	Espagne
United Kingdom	..	..	..	..	..	..	..	42.0	Royaume-Uni
Other Europe - OECD									**Autres pays d'Europe - OCDE**
Austria	33.6	37.1	31.0	35.7	29.0	36.3	33.8	..	Autriche
Finland	50.0	47.0	46.6	47.7	47.4	45.1	47.2	46.5	Finlande
Iceland	..	..	..	..	..	..	..	..	Islande
Norway	27.9	29.2	35.4	34.7	38.8	38.1	37.7	43.2	Norvège
Sweden	32.3	40.3	36.3	39.2	39.5	39.8	44.3	43.0	Suède
Switzerland	21.8	21.0	20.6	22.7	22.4	24.1	23.3	25.5	Suisse
Turkey	43.1	47.2	47.1	43.1	43.3	44.2	44.4	51.8	Turquie
Central & Eastern Europe									**Europe centrale et orientale**
Czech Republic	..	..	..	..	..	..	..	45.2	République tchèque
Hungary	..	..	..	..	..	..	..	..	Hongrie

Table / Tableau IV.3.11.

Graduates of non-university higher education (PPV)
Diplômés de l'enseignement supérieur de type non universitaire (PPV)
ISCED / CITE 5

	1985	1986	1987	1988	1989	1990	1991	1992	
North America									**Amérique du Nord**
Canada	331 387	359 855	367 642	385 176	409 356	426 975	440 482	453 820	Canada
United States	454 712	446 047	437 137	435 085	436 764	454 679	455 953	488 217	États-Unis
Pacific Area									**Pays du Pacifique**
Australia	..	..	..	..	..	..	..	10 170	Australie
Japan	369 601	367 773	370 252	419 966	449 485	470 875	498 584	532 971	Japon
New Zealand	2 305	2 303	2 866	2 571	2 775	2 567	..	| 23 313	Nouvelle-Zélande
European Community									**Communauté européenne**
Belgium	25 018	18 792	..	..	24 545	24 545	26 402	18 298	Belgique
Denmark	9 845	9 392	9 010	9 124	6 595	7 059	8 262	6 564	Danemark
France	..	..	..	..	..	..	..	140 420	France
Germany (FTFR)	83 317	82 082	85 047	84 408	83 106	84 228	84 637	84 637	Allemagne (ex- terr. de la RFA)
Greece	..	..	..	..	..	..	..	7 212	Grèce
Ireland	3 964	4 139	4 794	4 513	5 279	6 191	6 243	7 523	Irlande
Italy	6 668	6 142	7 254	7 347	7 321	5 744	5 387	| 1 889	Italie
Luxembourg	..	112	152	165	167	..	..	..	Luxembourg
Netherlands	46 528	43 324	39 845	42 055	40 962	40 821	44 622	| .	Pays-Bas
Portugal	1 850	2 578	2 577	..	..	3 666	..	..	Portugal
Spain	60	64	50	57	79	111	3 094	4 772	Espagne
United Kingdom	..	..	..	..	..	..	..	143 415	Royaume-Uni
Other Europe - OECD									**Autres pays d'Europe - OCDE**
Austria	..	4 783	3 701	4 317	4 126	4 511	5 042	5 358	Autriche
Finland	10 006	10 120	10 534	11 872	10 981	10 219	12 139	13 822	Finlande
Iceland	..	..	..	..	..	..	..	..	Islande
Norway	14 077	13 756	12 448	15 667	21 117	23 007	27 557	28 827	Norvège
Sweden	23 977	24 014	23 451	22 719	22 099	21 263	20 147	18 708	Suède
Switzerland	956	977	1 060	1 013	1 088	914	871	| 21 291	Suisse
Turkey	10 964	14 551	17 685	17 517	12 597	14 785	16 640	18 941	Turquie
Central & Eastern Europe									**Europe centrale et orientale**
Czech Republic	..	..	..	..	..	..	..	4 972	République tchèque
Hungary	..	..	..	..	..	..	15 265	9 670	Hongrie

Italy: 1992, change in definition of ISCED 5
Netherlands: 1992, change in definition of ISCED 5
Switzerland: 1992, change in definition of ISCED 5

Italie : 1992, changement de définition pour CITE 5
Pays-Bas : 1992, changement de définition pour CITE 5
Suisse : 1992, changement de définition pour CITE 5

Table / Tableau IV.3.12.

Graduates of non-university higher education (PPV), percent women
Diplômés de l'enseignement supérieur de type non universitaire (PPV), pourcentage femmes

ISCED / CITE 5

	1985	1986	1987	1988	1989	1990	1991	1992	
North America									**Amérique du Nord**
Canada	44.1	45.9	47.9	49.4	50.0	50.5	50.3	49.5	Canada
United States	55.4	56.0	56.2	56.3	57.3	62.4	58.8	58.5	États-Unis
Pacific Area									**Pays du Pacifique**
Australia	..	..	..	..	..	..	..	67.8	Australie
Japan	74.7	73.8	73.2	73.0	72.0	70.8	70.2	69.2	Japon
New Zealand	55.8	57.7	61.3	57.1	66.4	67.0	..	48.3	Nouvelle-Zélande
European Community									**Communauté européenne**
Belgium	28.4	60.6	..	..	65.1	65.1	61.9	64.2	Belgique
Denmark	64.5	64.7	60.3	59.2	49.7	50.3	51.5	37.1	Danemark
France	..	..	..	..	..	..	..	46.8	France
Germany (FTFR)	63.7	63.3	63.3	62.0	58.0	55.6	54.1	54.1	Allemagne (ex- terr. de la RFA)
Greece	..	..	..	..	..	..	..	55.2	Grèce
Ireland	..	..	..	..	..	45.6	50.7	45.1	Irlande
Italy	63.3	64.0	61.8	62.0	65.7	60.7	60.9	67.1	Italie
Luxembourg								..	Luxembourg
Netherlands	52.4	49.5	50.3	48.1	48.9	49.2	49.0	.	Pays-Bas
Portugal	85.9	92.2	92.7	..	..	72.5	..	..	Portugal
Spain	76.7	78.1	76.0	80.7	54.4	60.4	53.1	49.4	Espagne
United Kingdom	..	..	..	..	..	..	..	51.9	Royaume-Uni
Other Europe - OECD									**Autres pays d'Europe - OCDE**
Austria	..	73.1	66.3	68.6	71.1	63.9	62.8	67.3	Autriche
Finland	60.7	60.6	61.9	60.3	59.4	59.6	67.0	69.5	Finlande
Iceland	..	..	..	..	..	..	..	..	Islande
Norway	60.7	61.6	53.8	51.6	48.7	51.8	51.4	52.1	Norvège
Sweden	57.2	54.2	52.0	52.9	53.8	55.5	56.8	59.7	Suède
Switzerland	53.7	56.6	59.1	57.3	61.3	60.4	62.3	28.5	Suisse
Turkey	35.7	35.5	35.4	37.3	34.1	33.2	31.6	33.3	Turquie
Central & Eastern Europe									**Europe centrale et orientale**
Czech Republic	..	..	..	..	..	..	..	62.9	République tchèque
Hungary	..	..	..	..	..	..	..	61.5	Hongrie

Table / Tableau IV.3.13.

Graduates of upper secondary education (PPV)
Diplômés de l'enseignement du second degré - second cycle (PPV)
ISCED / CITE 3

	1985	1986	1987	1988	1989	1990	1991	1992	
North America									*Amérique du Nord*
Canada	277 200	275 710	267 400	257 800	259 890	262 000	262 000	260 507	*Canada*
United States	2 677 201	2 642 616	2 693 803	2 773 374	2 724 139	2 591 651	2 510 000	2 505 248	*États-Unis*
Pacific Area									*Pays du Pacifique*
Australia	..	..	..	..	..	..	..	239 049	*Australie*
Japan	1 429 603	1 678 527	1 714 936	1 717 225	1 769 971	1 845 399	1 882 133	1 891 493	*Japon*
New Zealand	..	..	..	..	..	..	..	..	*Nouvelle-Zélande*
European Community									*Communauté européenne*
Belgium	..	..	..	..	..	..	..	98 252	*Belgique*
Denmark	74 004	69 723	78 872	75 478	73 084	71 092	75 331	74 309	*Danemark*
France	548 335	572 657	577 252	602 936	625 757	636 803	657 558	658 820	*France*
Germany (FTFR)	1 089 545	1 109 003	1 078 742	1 029 659	986 798	906 672	861 348	862 747	*Allemagne (ex- terr. de la RFA)*
Greece	..	..	..	..	..	..	..	119 919	*Grèce*
Ireland	..	..	54 905	..	55 000	56 000	55 971	66 453	*Irlande*
Italy	382 216	380 495	383 468	405 065	428 096	416 708	451 622	511 016	*Italie*
Luxembourg	..	2 445	2 617	2 563	2 695	..	..	..	*Luxembourg*
Netherlands	165 227	174 756	169 446	176 269	178 602	182 103	184 602	202 439	*Pays-Bas*
Portugal	38 627	33 140	38 855	..	..	68 233	82 577	..	*Portugal*
Spain	345 759	339 328	335 618	367 208	368 120	411 501	419 507	490 144	*Espagne*
United Kingdom	..	..	..	..	..	..	..	563 668	*Royaume-Uni*
Other Europe - OECD									*Autres pays d'Europe - OCDE*
Austria	..	..	..	95 110	99 023	96 396	93 721	94 009	*Autriche*
Finland	90 402	86 437	84 579	76 875	74 551	73 263	72 401	75 500	*Finlande*
Iceland	..	..	..	..	..	..	..	..	*Islande*
Norway	48 243	50 139	51 115	51 707	52 126	53 170	58 014	59 121	*Norvège*
Sweden	98 181	96 382	90 318	92 906	93 395	91 050	92 225	94 589	*Suède*
Switzerland	88 392	88 192	86 990	86 067	84 452	82 446	80 673	71 747	*Suisse*
Turkey	204 188	225 966	233 879	253 058	259 844	286 252	343 563	368 955	*Turquie*
Central & Eastern Europe									*Europe centrale et orientale*
Czech Republic	..	..	..	..	..	..	..	169 853	*République tchèque*
Hungary	..	..	..	..	..	..	129 040	136 529	*Hongrie*

Ireland: 1992 includes second educational programs
Netherlands: 1992 includes second educational programs

Irlande : 1992 comprend le second cursus de formation
Pays-Bas : 1992 comprend le second cursus de formation

Table / Tableau IV.3.14.

Graduates of upper secondary education (PPV), percent women
Diplômés de l'enseignement du second degré - second cycle (PPV), pourcentage femmes

ISCED / CITE 3

	1985	1986	1987	1988	1989	1990	1991	1992	
North America									**Amérique du Nord**
Canada	49.8	49.7	50.1	49.9	49.9	49.8	49.8	52.1	Canada
United States	52.7	52.5	52.3	51.5	51.0	50.4	50.0	49.3	États-Unis
Pacific Area									**Pays du Pacifique**
Australia	..	..	..	..	..	..	..	45.4	Australie
Japan	50.8	50.9	50.6	50.6	50.6	50.4	50.5	50.5	Japon
New Zealand	..	..	..	..	..	..	..	..	Nouvelle-Zélande
European Community									**Communauté européenne**
Belgium	..	..	..	..	..	..	..	51.6	Belgique
Denmark	49.1	49.7	50.7	52.0	52.3	52.9	53.4	52.2	Danemark
France	52.2	51.9	51.3	51.5	51.0	50.9	51.5	51.2	France
Germany (FTFR)	48.4	48.1	48.4	47.6	48.2	48.8	48.2	48.2	Allemagne (ex- terr. de la RFA)
Greece	..	..	..	..	..	..	..	45.6	Grèce
Ireland	..	..	..	..	..	..	..	53.8	Irlande
Italy	49.4	51.5	51.7	52.0	51.9	52.3	52.3	51.3	Italie
Luxembourg	..	54.7	54.2	52.9	..	..	..	..	Luxembourg
Netherlands	51.2	..	50.1	..	46.8	48.9	45.7	48.2	Pays-Bas
Portugal	55.7	55.4	55.9	..	..	56.8	56.0	..	Portugal
Spain	51.3	51.7	52.4	51.7	52.5	52.1	53.5	53.4	Espagne
United Kingdom	..	..	..	..	..	..	..	50.8	Royaume-Uni
Other Europe - OECD									**Autres pays d'Europe - OCDE**
Austria	..	..	..	48.1	45.2	45.0	45.0	44.6	Autriche
Finland	57.9	57.5	57.7	56.9	57.3	57.5	57.9	58.7	Finlande
Iceland	..	..	..	..	..	..	..	..	Islande
Norway	41.8	42.4	41.7	42.4	42.4	43.8	43.8	42.3	Norvège
Sweden	49.7	49.1	48.8	48.5	49.0	49.8	49.9	50.3	Suède
Switzerland	44.6	45.2	45.7	46.5	46.8	46.8	47.3	46.7	Suisse
Turkey	39.0	38.4	39.1	39.4	39.7	39.0	38.6	38.7	Turquie
Central & Eastern Europe									**Europe centrale et orientale**
Czech Republic	..	..	..	..	..	..	..	48.3	République tchèque
Hungary	..	..	..	..	..	..	..	47.3	Hongrie

Table / Tableau IV.3.15.

Graduates of upper secondary general education (PPV)
Diplômés de l'enseignement général - second degré - second cycle (PPV)
ISCED / CITE 3

	1985	1986	1987	1988	1989	1990	1991	1992	
North America									**Amérique du Nord**
Canada	277 200	275 710	267 400	257 800	259 890	262 000	262 000	..	Canada
United States	2 677 201	2 642 616	2 693 803	2 773 374	2 724 139	2 591 651	2 510 000	..	États-Unis
Pacific Area									**Pays du Pacifique**
Australia	..	..	..	..	..	..	..	..	Australie
Japan	987 834	1 183 995	1 225 773	1 227 793	1 273 726	1 337 278	1 372 047	1 382 209	Japon
New Zealand	9 564	11 200	14 063	15 574	18 320	18 534	20 281	..	Nouvelle-Zélande
European Community									**Communauté européenne**
Belgium	..	..	..	..	..	..	..	44 440	Belgique
Denmark	25 608	24 528	22 829	22 426	21 929	23 841	23 997	36 544	Danemark
France	170 564	178 918	185 582	207 616	226 901	247 213	267 111	272 366	France
Germany (FTFR)	209 358	205 140	201 619	196 867	183 562	177 508	177 728	177 728	Allemagne (ex- terr. de la RFA)
Greece	..	..	..	..	..	..	..	85 523	Grèce
Ireland	43 500	43 500	46 400	46 400	49 000	50 000	49 971	49 153	Irlande
Italy	151 693	146 345	141 419	148 145	155 191	151 085	161 700	189 083	Italie
Luxembourg	..	876	910	830	909	..	..	..	Luxembourg
Netherlands	71 338	72 932	71 659	72 638	70 840	68 492	65 523	69 439	Pays-Bas
Portugal	30 900	27 499	30 320	..	..	61 282	71 745	..	Portugal
Spain	170 929	167 329	172 534	182 872	200 099	219 162	221 421	285 818	Espagne
United Kingdom	..	..	..	..	..	..	..	438 622	Royaume-Uni
Other Europe - OECD									**Autres pays d'Europe - OCDE**
Austria	18 417	17 955	17 893	16 875	17 016	15 496	14 460	15 274	Autriche
Finland	31 646	31 084	31 164	28 724	28 029	27 469	26 724	26 200	Finlande
Iceland	..	..	..	..	..	..	..	..	Islande
Norway	23 685	23 312	23 498	23 230	22 260	23 420	25 715	24 896	Norvège
Sweden	25 761	24 166	21 155	19 971	20 190	21 507	22 765	24 988	Suède
Switzerland	17 177	16 388	16 009	15 059	15 097	15 578	15 826	13 947	Suisse
Turkey	116 853	132 010	131 621	145 381	151 261	160 458	196 691	213 848	Turquie
Central & Eastern Europe									**Europe centrale et orientale**
Czech Republic	..	..	..	..	..	..	..	64 932	République tchèque
Hungary	..	..	..	..	..	..	35 697	28 886	Hongrie

Denmark: 1992 includes basic vocational education

Danemark : 1992 comprend l'enseignement professionnel de base

Table / Tableau IV.3.16.

Graduates of upper secondary general education (PPV), percent women
Diplômés de l'enseignement général - second degré - second cycle (PPV), pourcentage femmes
ISCED / CITE 3

	1985	1986	1987	1988	1989	1990	1991	1992	
North America									**Amérique du Nord**
Canada	49.8	49.7	50.1	49.9	49.9	49.8	49.8	..	Canada
United States	52.7	52.5	52.3	51.5	51.0	50.4	50.0	..	États-Unis
Pacific Area									**Pays du Pacifique**
Australia	..	..	..	..	..	..	..	..	Australie
Japan	..	51.6	51.2	51.2	51.1	51.0	51.0	51.1	Japon
New Zealand	47.6	46.8	48.9	50.2	50.4	52.5	51.0	..	Nouvelle-Zélande
European Community									**Communauté européenne**
Belgium	..	..	..	..	..	..	..	55.3	Belgique
Denmark	59.5	61.0	60.1	60.2	60.3	60.4	61.3	58.0	Danemark
France	57.7	57.3	57.2	57.3	56.8	56.9	57.1	57.2	France
Germany (FTFR)	50.3	50.1	49.9	50.0	49.8	50.5	51.0	51.0	Allemagne (ex- terr. de la RFA)
Greece	..	..	..	..	..	..	..	52.2	Grèce
Ireland	..	..	..	..	53.0	52.5	53.3	52.9	Irlande
Italy	63.1	64.7	..	63.5	63.5	64.1	63.9	64.0	Italie
Luxembourg	..	54.2	54.5	53.0	51.3	..	..	..	Luxembourg
Netherlands	51.1	52.0	54.0	51.9	51.7	52.9	53.0	52.7	Pays-Bas
Portugal	57.1	56.7	58.0	..	..	58.7	58.3	..	Portugal
Spain	54.6	54.5	54.1	55.1	56.2	55.2	55.7	55.3	Espagne
United Kingdom	..	..	..	..	..	..	..	52.7	Royaume-Uni
Other Europe - OECD									**Autres pays d'Europe - OCDE**
Austria	57.0	56.5	55.5	55.3	56.3	56.3	57.2	57.7	Autriche
Finland	62.0	62.3	61.4	60.5	60.3	59.6	59.0	59.5	Finlande
Iceland	..	..	..	..	..	..	..	..	Islande
Norway	57.4	56.2	55.2	54.9	55.2	55.4	54.6	54.9	Norvège
Sweden	64.1	63.8	64.3	64.4	64.9	65.5	66.1	65.1	Suède
Switzerland	50.6	51.8	51.4	52.0	51.4	51.6	52.7	53.9	Suisse
Turkey	45.0	45.5	45.9	46.0	46.1	44.9	43.4	43.4	Turquie
Central & Eastern Europe									**Europe centrale et orientale**
Czech Republic	..	..	..	..	..	..	..	62.4	République tchèque
Hungary	..	..	..	..	..	..	..	65.7	Hongrie

Table / Tableau IV.3.17.

Upper secondary apprenticeship graduates (PPV)
Diplômés de l'apprentissage - second degré - second cycle (PPV)
ISCED / CITE 3

	1985	1986	1987	1988	1989	1990	1991	1992	
North America									*Amérique du Nord*
Canada	..	..	..	..	..	..	..	.	*Canada*
United States	..	..	..	..	..	..	..	.	*États-Unis*
Pacific Area									*Pays du Pacifique*
Australia	..	..	..	..	..	..	..	39 582	*Australie*
Japan	..	..	..	..	..	..	..	.	*Japon*
New Zealand	..	..	..	..	..	..	..	2 360	*Nouvelle-Zélande*
European Community									*Communauté européenne*
Belgium	..	..	..	..	6 480	6 097	..	5 278	*Belgique*
Denmark	..	..	..	..	13 692	12 506	10 392 |	.	*Danemark*
France	45 826	46 357	47 023	47 943	48 695	49 253	47 821	46 954	*France*
Germany (FTFR)	..	..	..	..	..	..	..	x	*Allemagne (ex- terr. de la RFA)*
Greece					..	..	..		*Grèce*
Ireland	..	..	..	..	1 000	1 000	1 000 |	2 500	*Irlande*
Italy	..	..	..	..	..	..	..	-	*Italie*
Luxembourg	..	..	..	..	..	..	..	..	*Luxembourg*
Netherlands	33 428	34 486	38 194	43 523	44 954	47 182	50 200	55 000	*Pays-Bas*
Portugal	..	..	..	..	..	..	2 276	..	*Portugal*
Spain	..	..	..	..	..	..	..	.	*Espagne*
United Kingdom	..	..	..	..	..	..	..	-	*Royaume-Uni*
Other Europe - OECD									*Autres pays d'Europe - OCDE*
Austria	..	..	..	52 503	51 174	50 568	49 320	48 864	*Autriche*
Finland	3 500	3 541	3 231	3 299	3 318	3 322	2 896	2 400	*Finlande*
Iceland	..	..	..	..	..	..	..	..	*Islande*
Norway	10 369	11 353	11 446	11 709	13 616	11 384	11 607	11 670	*Norvège*
Sweden	..	..	..	..	..	..	..	.	*Suède*
Switzerland	..	..	..	..	..	..	..	x	*Suisse*
Turkey	..	..	..	..	..	..	..	.	*Turquie*
Central & Eastern Europe									*Europe centrale et orientale*
Czech Republic	..	..	..	..	..	..	..	x	*République tchèque*
Hungary	..	..	..	..	..	..	60 501	65 947	*Hongrie*

Ireland: 1992 inludes second educational programs   *Irlande : 1992 comprend le second cursus de formation*

Table / Tableau IV.3.18.

Upper secondary apprenticeship graduates (PPV), percent women
Diplômés de l'apprentissage - second degré - second cycle (PPV), pourcentage femmes
ISCED / CITE 3

	1985	1986	1987	1988	1989	1990	1991	1992	
North America									**Amérique du Nord**
Canada	..	..	..	..	..	..	..	.	Canada
United States	..	..	..	..	..	..	..	.	États-Unis
Pacific Area									**Pays du Pacifique**
Australia	..	..	..	..	..	..	..	..	Australie
Japan	..	..	..	..	..	..	..	.	Japon
New Zealand	..	..	..	..	..	..	..	15.0	Nouvelle-Zélande
European Community									**Communauté européenne**
Belgium	..	..	..	..	..	..	..	33.1	Belgique
Denmark	..	..	..	..	24.7	23.8	24.4	.	Danemark
France	..	..	..	..	..	..	..	28.3	France
Germany (FTFR)	..	..	..	..	..	..	..	×	Allemagne (ex- terr. de la RFA)
Greece	..	..	..	..	..	..	..	.	Grèce
Ireland	..	..	..	..	..	..	..	6.4	Irlande
Italy	..	..	..	..	..	..	..	-	Italie
Luxembourg	..	..	..	..	..	..	..	..	Luxembourg
Netherlands	50.8	47.5	47.1	46.2	45.9	47.7	38.2	47.3	Pays-Bas
Portugal	..	..	..	..	..	..	30.0	..	Portugal
Spain	..	..	..	..	..	..	..	..	Espagne
United Kingdom	..	..	..	..	..	..	..	-	Royaume-Uni
Other Europe - OECD									**Autres pays d'Europe - OCDE**
Austria	..	..	..	34.1	33.3	33.3	33.3	32.6	Autriche
Finland	45.7	46.0	46.6	47.3	50.8	51.2	51.8	54.2	Finlande
Iceland	..	..	..	..	..	..	..	..	Islande
Norway	10.3	12.7	14.1	15.8	15.7	15.5	18.3	17.0	Norvège
Sweden	..	..	..	..	..	..	..	.	Suède
Switzerland	..	..	..	..	..	..	..	×	Suisse
Turkey	..	..	..	..	..	..	..	.	Turquie
Central & Eastern Europe									**Europe centrale et orientale**
Czech Republic	..	..	..	..	..	..	..	×	République tchèque
Hungary	..	..	..	..	..	..	..	34.2	Hongrie

Table / Tableau IV.3.19.

Graduates of upper secondary vocational/technical education (PPV)
Diplômés de l'enseignement technique et professionnel - second degré - second cycle (PPV)

ISCED / CITE 3

	1985	1986	1987	1988	1989	1990	1991	1992	
North America									*Amérique du Nord*
Canada	..	..	..	..	..	..	..	..	*Canada*
United States	..	..	..	..	..	..	..	..	*États-Unis*
Pacific Area									*Pays du Pacifique*
Australia	..	..	..	..	..	..	..	..	*Australie*
Japan	44 769	494 532	489 163	489 432	496 245	508 121	510 086	509 284	*Japon*
New Zealand	..	..	..	..	..	..	..	13 350	*Nouvelle-Zélande*
European Community									*Communauté européenne*
Belgium	..	..	..	..	..	..	..	48 534	*Belgique*
Denmark	48 396	45 195	56 013	53 052 |	37 463	34 745	40 942 |	37 765	*Danemark*
France	331 945	347 382	344 647	347 377	350 161	340 337	342 626	339 500	*France*
Germany (FTFR)	880 187	903 863	877 123	832 792	803 236	729 164	683 620	685 019	*Allemagne (ex- terr. de la RFA)*
Greece	..	..	..	..	..	..	..	34 396	*Grèce*
Ireland	..	..	..	..	5 000	5 000	5 000 |	14 800	*Irlande*
Italy	230 523	234 150	242 049	256 920	272 905	265 623	289 922	321 933	*Italie*
Luxembourg	..	1 569	1 707	1 733	1 786	..	..	..	*Luxembourg*
Netherlands	60 461	67 338	59 593	60 108	62 808	66 429	68 879 |	78 000	*Pays-Bas*
Portugal	7 727	5 641	8 535	..	..	6 951	8 556	..	*Portugal*
Spain	174 830	171 999	163 084	184 336	168 021	192 339	198 086	204 326	*Espagne*
United Kingdom	..	..	..	..	..	..	..	125 046	*Royaume-Uni*
Other Europe - OECD									*Autres pays d'Europe - OCDE*
Austria	..	..	..	25 732	30 833	30 332	29 941	29 871	*Autriche*
Finland	55 256	51 812	50 184	44 852	43 204	42 472	42 781	46 900	*Finlande*
Iceland	..	..	..	..	..	..	..	..	*Islande*
Norway	14 189	15 474	16 171	16 768	16 250	18 366	20 692	22 555	*Norvège*
Sweden	72 420	72 216	69 163	72 935	73 205	69 543	69 460	69 601	*Suède*
Switzerland	71 215	71 804	70 981	71 008	69 355	66 868	64 847 |	57 800	*Suisse*
Turkey	87 335	93 956	102 258	107 677	108 583	125 794	146 872	155 107	*Turquie*
Central & Eastern Europe									*Europe centrale et orientale*
Czech Republic	..	..	..	..	..	..	..	104 921	*République tchèque*
Hungary	..	..	..	..	..	..	32 842	41 696	*Hongrie*

Denmark: 1985-1988, includes apprenticeship
Denmark: 1992, change in definition
Germany: 1992 includes apprenticeship
Ireland: 1992 includes second educational programs
Netherlands: 1992 includes second educational programs
Switzerland: 1992 includes apprenticeship
Czech Republic: 1992 includes apprenticeship

Danemark : 1985-1988, comprend l'apprentissage
Danemark : 1992, changement de définition
Allemagne : 1992 comprend l'apprentissage
Irlande : 1992 comprend le second cursus de formation
Pays-Bas : 1992 comprend le second cursus de formation
Suisse : 1992 comprend l'apprentissage
République tchèque : 1992 comprend l'apprentissage

Table / Tableau IV.3.20.

Graduates of upper secondary vocational/technical education (PPV), percent women
Diplômés de l'enseignement technique et professionnel - second degré - second cycle (PPV), pourcentage femmes

ISCED / CITE 3

	1985	1986	1987	1988	1989	1990	1991	1992	
North America									**Amérique du Nord**
Canada	..	..	..	..	..	..	..	..	Canada
United States	..	..	..	..	..	..	..	..	États-Unis
Pacific Area									**Pays du Pacifique**
Australia	..	..	..	..	..	..	..	..	Australie
Japan	..	49.1	49.2	49.1	49.1	48.8	49.1	48.7	Japon
New Zealand	..	..	..	..	..	..	..	52.9	Nouvelle-Zélande
European Community									**Communauté européenne**
Belgium	..	..	..	..	..	..	..	50.2	Belgique
Denmark	43.6	43.6	46.9	48.5	57.7	58.4	56.1	46.6	Danemark
France	56.6	56.0	55.2	55.2	54.4	53.9	54.4	49.5	France
Germany (FTFR)	47.9	47.7	48.0	47.1	47.9	48.4	47.5	47.5	Allemagne (ex- terr. de la RFA)
Greece	..	..	..	..	..	..	..	29.3	Grèce
Ireland	..	..	..	..	..	67.0	67.0	64.8	Irlande
Italy	40.4	43.2	..	45.4	45.4	45.6	45.8	43.8	Italie
Luxembourg	..	55.0	54.0	52.9	..	..	..	..	Luxembourg
Netherlands	51.6	46.4	47.5	47.9	41.8	45.5	44.4	44.9	Pays-Bas
Portugal	50.4	49.1	48.4	..	..	40.4	43.6	..	Portugal
Spain	48.0	49.1	50.7	48.3	48.2	48.6	50.9	50.8	Espagne
United Kingdom	..	..	..	..	..	..	..	44.1	Royaume-Uni
Other Europe - OECD									**Autres pays d'Europe - OCDE**
Austria	..	..	..	72.1	58.7	58.6	58.3	57.6	Autriche
Finland	56.2	55.4	56.1	55.2	55.8	56.6	57.7	58.4	Finlande
Iceland	..	..	..	..	..	..	..	..	Islande
Norway	38.6	43.4	41.6	43.5	47.4	46.5	44.5	41.4	Norvège
Sweden	44.5	44.1	44.1	44.1	44.6	45.0	44.5	44.9	Suède
Switzerland	43.1	43.7	44.4	45.3	45.8	45.6	45.9	44.9	Suisse
Turkey	30.9	28.5	30.2	30.6	30.7	31.6	32.3	32.2	Turquie
Central & Eastern Europe									**Europe centrale et orientale**
Czech Republic	..	..	..	..	..	..	..	39.5	République tchèque
Hungary	..	..	..	..	..	..	..	55.0	Hongrie

Chapter/*Chapitre* V

Labour market outcomes
Marché du travail et niveau de formation

Chapter V presents data on rates of completion of education, rates of participation in the labour force and rates of unemployment. All tables are ordered by ISCED level and by age range, with data for both men and women. Data in this chapter were collected in connection with the development of indicators on labour market outcomes.

*   *

*

Le chapitre V présente des données sur les taux d'achèvement de la scolarité, les taux d'activité et les taux de chômage. Tous les tableaux sont présentés par niveau CITE et par âge, pour les hommes et femmes. Les données de ce chapitre ont été recueillies en liaison avec le développement des indicateurs sur les résultats obtenus sur le marché du travail et le niveau de formation.

Table / Tableau V.1.

Percentage of the population 25 to 64 years of age that has completed a certain highest level of education
Pourcentage de la population âgée de 25 à 64 ans ayant atteint un certain niveau maximal de formation

	Year / Année	Early childhood and primary education / Education préscolaire et primaire			Lower secondary education / Enseignement secondaire 1er cycle			Upper secondary education / Enseignement secondaire 2e cycle			Non-university tertiary education / Enseignement supérieur non universitaire			University education / Enseignement supérieur universitaire			Total		
		M+W	Men	Women	M+W	Men	Women	M+W	Men	Women	M+W	Men	Women	M+W	Men	Women	M+W	Men	Women
North America / Amérique du Nord																			
Canada	1992	11.0	11.2	10.9	17.7	17.8	17.6	30.2	27.6	32.7	26.1	26.6	25.6	15.0	16.8	13.2	100.0	100.0	100.0
United States / États-Unis	1992	6.0	6.5	5.6	9.9	9.7	10.1	53.9	51.9	55.8	6.6	5.9	7.2	23.6	26.0	21.3	100.0	100.0	100.0
Pacific Area / Pays du Pacifique																			
Australia / Australie	1993	..	..	..	47.2	37.0	57.4	30.4	39.4	21.2	10.6	10.6	10.7	11.8	12.9	10.7	100.0	100.0	100.0
New Zealand / Nouvelle-Zélande	1992	32.2	29.0	35.3	11.4	8.8	14.0	32.8	40.6	25.2	12.5	8.1	16.9	11.1	13.5	8.7	100.0	100.0	100.0
European Community / Communauté européenne																			
Belgium / Belgique	1992	28.3	25.4	31.2	26.4	27.6	25.2	25.0	26.2	23.8	11.4	9.2	13.6	8.8	11.6	6.1	100.0	100.0	100.0
Denmark / Danemark	1992	..	..	..	41.1	36.6	45.7	39.7	44.4	34.9	5.9	5.0	6.8	13.3	14.0	12.7	100.0	100.0	100.0
France	1992	26.2	24.3	28.1	21.5	19.5	23.5	36.3	39.9	32.8	5.7	5.1	6.4	10.2	11.3	9.2	100.0	100.0	100.0
Germany / Allemagne	1992	..	..	..	18.1	11.4	24.9	60.5	61.1	59.9	9.8	12.7	6.9	11.6	14.8	8.3	100.0	100.0	100.0
Ireland / Irlande	1992	31.7	33.7	29.7	26.1	27.4	24.7	25.3	21.2	29.3	8.6	7.9	9.3	8.3	9.8	6.9	100.0	100.0	100.0
Italy / Italie	1992	36.9	32.5	41.3	34.6	37.0	32.3	22.1	23.1	21.0	..	..	..	6.4	7.3	5.4	100.0	100.0	100.0
Netherlands / Pays-Bas	1992	16.7	14.4	19.1	25.3	21.8	29.0	37.1	40.0	34.1	..	..	..	20.9	23.8	17.8	100.0	100.0	100.0
Portugal	1991	77.6	76.3	78.7	8.3	9.0	7.6	7.5	8.4	6.7	1.7	0.9	2.4	5.0	5.4	4.6	100.0	100.0	100.0
Spain / Espagne	1992	61.1	58.0	64.1	16.0	16.4	15.6	9.9	10.9	8.9	3.0	4.1	2.0	10.0	10.7	9.4	100.0	100.0	100.0
United Kingdom / Royaume-Uni	1992	..	..	..	31.9	26.1	37.8	49.6	53.9	45.3	7.7	6.2	9.2	10.7	13.8	7.7	100.0	100.0	100.0
Other Europe - OECD / Autres pays d'Europe - OCDE																			
Austria / Autriche	1992	..	..	..	32.0	22.3	41.7	61.0	69.7	52.4	..	..	..	6.9	7.9	6.0	100.0	100.0	100.0
Finland / Finlande	1992	..	..	..	38.5	38.9	38.1	42.9	41.2	44.6	8.2	7.8	8.5	10.4	12.1	8.8	100.0	100.0	100.0
Norway / Norvège	1992	1.4	1.6	1.1	19.6	18.6	20.7	53.7	52.7	54.8	12.8	12.4	13.3	12.4	14.8	10.0	100.0	100.0	100.0
Sweden / Suède	1992	..	..	..	30.2	31.7	28.6	45.8	45.2	46.4	12.4	10.9	13.8	11.7	12.2	11.2	100.0	100.0	100.0
Switzerland / Suisse	1992	..	..	..	19.2	13.0	25.4	59.8	56.8	62.9	12.9	19.2	6.6	8.0	11.0	5.1	100.0	100.0	100.0
Turkey / Turquie	1992	80.0	73.1	87.1	6.4	8.7	3.9	8.9	11.6	6.1	..	..	..	4.8	6.6	2.9	100.0	100.0	100.0

194

Table / Tableau V.2.

Percentage of the population 25 to 34 years of age that has completed a certain highest level of education
Pourcentage de la population âgée de 25 à 34 ans ayant atteint un certain niveau maximal de formation

	Year / Année	Early childhood and primary education / Éducation préscolaire et primaire			Lower secondary education / Enseignement secondaire 1er cycle			Upper secondary education / Enseignement secondaire 2e cycle			Non-university tertiary education / Enseignement supérieur non universitaire			University education / Enseignement supérieur universitaire			Total		
		M+W	Men	Women	M+W	Men	Women	M+W	Men	Women	M+W	Men	Women	M+W	Men	Women	M+W	Men	Women
North America / *Amérique du Nord*																			
Canada / *Canada*	1992	3.9	4.3	3.5	15.4	16.7	14.0	34.8	33.2	36.3	29.9	29.8	30.0	16.1	16.0	16.2	100.0	100.0	100.0
United States / *États-Unis*	1992	4.0	4.3	3.6	9.6	9.7	9.4	56.3	56.7	55.9	7.0	6.0	7.9	23.2	23.3	23.1	100.0	100.0	100.0
Pacific Area / *Pays du Pacifique*																			
Australia / *Australie*	1993	:	:	:	43.5	34.8	52.1	33.7	43.1	24.3	9.7	9.0	10.4	13.1	13.1	13.1	100.0	100.0	100.0
New Zealand / *Nouvelle-Zélande*	1992	25.6	24.4	26.7	14.8	11.6	18.0	36.4	43.2	30.0	10.6	6.5	14.5	12.6	14.3	10.9	100.0	100.0	100.0
European Community / *Communauté européenne*																			
Belgium / *Belgique*	1992	13.2	12.5	13.9	26.9	29.8	23.9	32.7	32.5	32.9	15.7	12.0	19.6	11.5	13.2	9.6	100.0	100.0	100.0
Denmark / *Danemark*	1992	:	:	:	33.1	32.4	33.9	47.4	49.8	44.9	6.2	5.0	7.4	13.3	12.9	13.7	100.0	100.0	100.0
France / *France*	1992	:	:	:	32.9	31.6	34.3	45.5	47.8	43.3	9.2	8.2	10.3	12.3	12.4	12.1	100.0	100.0	100.0
Germany / *Allemagne*	1992	:	:	:	11.4	9.1	13.7	68.2	68.8	67.5	8.7	9.1	8.2	11.8	13.0	10.5	100.0	100.0	100.0
Ireland / *Irlande*	1992	13.8	13.9	13.7	30.4	35.7	25.2	34.6	29.5	39.6	11.4	10.7	11.9	9.8	10.1	9.6	100.0	100.0	100.0
Italy / *Italie*	1992	8.9	8.0	9.8	48.7	50.6	46.9	35.6	34.7	36.6	:	:	:	6.8	6.8	6.7	100.0	100.0	100.0
Netherlands / *Pays-Bas*	1992	9.5	9.1	9.9	22.6	22.4	22.9	44.3	44.3	44.4	:	:	:	23.6	24.3	22.8	100.0	100.0	100.0
Portugal / *Portugal*	1991	65.4	67.1	63.7	14.0	14.2	13.7	12.1	12.0	12.3	1.6	0.6	2.5	6.9	6.1	7.7	100.0	100.0	100.0
Spain / *Espagne*	1992	28.5	28.3	28.7	30.3	30.5	30.0	18.8	19.4	18.2	6.2	7.3	5.1	16.3	14.5	18.1	100.0	100.0	100.0
United Kingdom / *Royaume-Uni*	1992	:	:	:	19.1	17.8	20.4	60.3	60.5	60.1	8.1	7.4	8.8	12.5	14.3	10.7	100.0	100.0	100.0
Other Europe - OECD / *Autres pays d'Europe - OCDE*																			
Austria / *Autriche*	1992	:	:	:	21.1	15.0	27.3	71.0	77.4	64.4	:	:	:	7.9	7.6	8.3	100.0	100.0	100.0
Finland / *Finlande*	1992	:	:	:	18.3	20.2	16.3	61.1	59.6	62.8	9.5	8.0	11.0	11.1	12.2	9.9	100.0	100.0	100.0
Norway / *Norvège*	1992	1.3	1.5	1.1	10.7	12.1	9.2	59.8	59.4	60.3	15.6	14.1	17.1	12.7	12.9	12.4	100.0	100.0	100.0
Sweden / *Suède*	1992	:	:	:	17.0	18.6	15.3	57.8	57.1	58.5	15.9	14.9	16.9	9.3	9.4	9.3	100.0	100.0	100.0
Switzerland / *Suisse*	1992	:	:	:	12.8	10.3	15.3	66.0	60.4	71.7	12.5	18.0	7.0	8.7	11.4	6.1	100.0	100.0	100.0
Turkey / *Turquie*	1992	70.4	61.4	79.3	9.1	12.4	5.8	14.9	19.2	10.7	:	:	:	5.6	7.1	4.1	100.0	100.0	100.0

195

Table / Tableau V.3.

Percentage of the population 35 to 44 years of age that has completed a certain highest level of education
Pourcentage de la population âgée de 35 à 44 ans ayant atteint un certain niveau maximal de formation

	Year / Année	Early childhood and primary education / Éducation préscolaire et primaire			Lower secondary education / Enseignement secondaire 1er cycle			Upper secondary education / Enseignement secondaire 2e cycle			Non-university tertiary education / Enseignement supérieur non universitaire			University education / Enseignement supérieur universitaire			Total		
		M+W	Men	Women	M+W	Men	Women	M+W	Men	Women	M+W	Men	Women	M+W	Men	Women	M+W	Men	Women
North America / Amérique du Nord																			
Canada	1992	6.5	6.6	6.3	16.0	16.3	15.7	32.1	29.0	35.2	28.0	29.0	27.0	17.4	19.1	15.8	100.0	100.0	100.0
United States / États-Unis	1992	4.2	4.4	3.9	7.7	7.6	7.7	53.3	51.8	54.7	8.1	7.6	8.5	26.8	28.6	25.1	100.0	100.0	100.0
Pacific Area / Pays du Pacifique																			
Australia / Australie	1993	..	..	..	43.7	32.9	54.5	29.1	38.7	19.5	12.5	12.1	12.9	14.7	16.3	13.1	100.0	100.0	100.0
New Zealand / Nouvelle-Zélande	1992	29.5	27.3	31.7	12.2	9.1	15.2	30.9	39.1	22.8	14.6	9.4	19.6	12.9	15.1	10.6	100.0	100.0	100.0
European Community / Communauté européenne																			
Belgium / Belgique	1992	20.9	19.1	22.8	27.6	27.6	27.5	28.2	29.4	27.0	12.6	10.2	15.1	10.7	13.7	7.6	100.0	100.0	100.0
Denmark / Danemark	1992	..	..	..	39.1	34.5	43.8	36.8	43.2	30.1	7.9	6.0	9.9	16.2	16.2	16.1	100.0	100.0	100.0
France	1992	18.4	17.3	19.5	24.6	21.8	27.4	39.4	43.6	35.2	6.4	5.6	7.3	11.2	11.7	10.7	100.0	100.0	100.0
Germany / Allemagne	1992	..	..	..	13.1	8.7	17.5	60.9	59.2	62.7	10.6	13.3	7.8	15.4	18.8	11.9	100.0	100.0	100.0
Ireland / Irlande	1992	27.6	29.3	25.9	28.7	29.7	27.8	25.8	21.9	29.8	8.9	8.5	9.3	8.9	10.6	7.2	100.0	100.0	100.0
Italy / Italie	1992	25.8	21.0	30.6	39.7	42.0	37.5	25.3	26.8	23.8	..	..	..	9.2	10.2	8.1	100.0	100.0	100.0
Netherlands / Pays-Bas	1992	14.3	12.8	16.1	24.7	20.4	29.2	36.8	39.1	34.2	..	..	..	24.2	27.7	20.5	100.0	100.0	100.0
Portugal	1991	74.6	73.2	76.0	8.7	9.0	8.4	8.2	9.5	6.9	2.1	1.1	3.0	6.4	7.1	5.7	100.0	100.0	100.0
Spain / Espagne	1992	58.8	55.5	62.1	16.8	16.6	17.1	10.7	11.9	9.4	2.7	4.0	1.5	10.9	12.0	9.9	100.0	100.0	100.0
United Kingdom / Royaume-Uni	1992	..	..	..	28.9	22.6	35.1	50.2	54.8	45.6	7.9	6.0	9.9	13.0	16.6	9.3	100.0	100.0	100.0
Other Europe - OECD / Autres pays d'Europe - OCDE																			
Austria / Autriche	1992	..	..	..	29.6	21.8	37.3	61.1	68.2	53.9	..	..	..	9.4	10.0	8.7	100.0	100.0	100.0
Finland / Finlande	1992	..	..	..	30.9	32.1	29.7	47.5	45.2	49.8	8.6	8.2	9.0	13.0	14.5	11.5	100.0	100.0	100.0
Norway / Norvège	1992	1.2	1.5	0.9	15.6	14.8	16.5	53.4	51.8	55.0	14.3	13.4	15.3	15.5	18.5	12.2	100.0	100.0	100.0
Sweden / Suède	1992	..	..	..	23.9	26.9	20.8	46.9	45.8	48.0	14.8	12.4	17.4	14.4	14.9	13.8	100.0	100.0	100.0
Switzerland / Suisse	1992	..	..	..	16.1	11.8	20.6	61.4	56.8	66.2	13.1	18.8	6.9	9.5	12.6	6.2	100.0	100.0	100.0
Turkey / Turquie	1992	79.6	72.0	87.7	6.4	8.8	3.9	7.9	10.6	5.0	..	..	..	6.1	8.7	3.4	100.0	100.0	100.0

Table / Tableau V.4.

Percentage of the population 45 to 54 years of age that has completed a certain highest level of education
Pourcentage de la population âgée de 45 à 54 ans ayant atteint un certain niveau maximal de formation

	Year / Année	Early childhood and primary education / Éducation préscolaire et primaire			Lower secondary education / Enseignement secondaire 1er cycle			Upper secondary education / Enseignement secondaire 2e cycle			Non-university tertiary education / Enseignement supérieur non universitaire			University education / Enseignement supérieur universitaire			Total		
		M+W	Men	Women	M+W	Men	Women	M+W	Men	Women	M+W	Men	Women	M+W	Men	Women	M+W	Men	Women
North America / Amérique du Nord																			
Canada	1992	15.5	15.4	15.7	19.0	18.5	19.6	26.2	23.1	29.3	24.4	24.4	24.3	14.9	18.6	11.1	100.0	100.0	100.0
United States / États-Unis	1992	6.9	7.5	6.3	10.4	9.7	11.1	53.0	49.1	56.6	5.6	4.7	6.4	24.1	29.0	19.6	100.0	100.0	100.0
Pacific Area / Pays du Pacifique																			
Australia / Australie	1993	:	:	:	49.3	38.2	60.9	28.5	37.2	19.5	11.3	11.8	10.7	10.9	12.8	8.9	100.0	100.0	100.0
New Zealand / Nouvelle-Zélande	1992	36.2	30.7	41.7	9.2	6.8	11.5	30.7	39.2	22.1	13.9	9.5	18.3	10.1	13.7	6.4	100.0	100.0	100.0
European Community / Communauté européenne																			
Belgium / Belgique	1992	35.0	31.1	38.8	26.8	27.3	26.4	20.7	22.4	19.0	10.1	8.1	12.1	7.4	11.1	3.6	100.0	100.0	100.0
Denmark / Danemark	1992	:	:	:	41.9	36.7	47.4	39.6	43.7	35.4	5.2	4.7	5.7	13.2	14.9	11.5	100.0	100.0	100.0
France	1992	38.8	36.0	41.5	13.9	11.3	16.6	33.1	37.0	29.2	3.7	3.3	4.1	10.4	12.2	8.6	100.0	100.0	100.0
Germany / Allemagne	1992	:	:	:	19.4	12.2	26.9	58.2	56.8	59.6	11.0	15.1	6.8	11.4	16.0	6.7	100.0	100.0	100.0
Ireland / Irlande	1992	41.7	45.2	38.1	23.5	22.3	24.7	19.7	16.0	23.6	7.2	6.4	8.0	7.8	10.1	5.5	100.0	100.0	100.0
Italy / Italie	1992	51.5	45.2	57.7	28.0	30.5	25.5	14.9	17.4	12.5	:	:	:	5.6	7.0	4.3	100.0	100.0	100.0
Netherlands / Pays-Bas	1992	19.2	17.0	21.5	28.6	21.9	35.5	33.8	38.6	28.8	:	:	:	18.4	22.5	14.1	100.0	100.0	100.0
Portugal	1991	84.2	81.1	87.0	5.4	6.6	4.2	5.0	6.4	3.7	1.7	1.1	2.3	3.7	4.7	2.8	100.0	100.0	100.0
Spain / Espagne	1992	77.0	72.4	81.4	9.2	9.7	8.8	4.9	6.0	3.8	1.7	2.8	0.6	7.1	9.0	5.3	100.0	100.0	100.0
United Kingdom / Royaume-Uni	1992	:	:	:	38.0	29.4	46.5	45.1	51.4	38.9	7.8	6.3	9.3	9.1	12.9	5.3	100.0	100.0	100.0
Other Europe - OECD / Autres pays d'Europe - OCDE																			
Austria / Autriche	1992	:	:	:	35.1	22.7	47.3	59.1	68.8	49.4	:	:	:	5.9	8.5	3.3	100.0	100.0	100.0
Finland / Finlande	1992	:	:	:	47.9	48.0	47.8	34.1	31.9	36.4	7.6	7.5	7.6	10.4	12.6	8.1	100.0	100.0	100.0
Norway / Norvège	1992	1.3	1.6	1.1	23.2	21.4	25.2	51.4	49.4	53.5	11.4	11.8	10.9	12.6	15.9	9.3	100.0	100.0	100.0
Sweden / Suède	1992	:	:	:	34.6	36.6	32.5	41.5	40.7	42.4	10.3	8.6	12.0	13.6	14.1	13.1	100.0	100.0	100.0
Switzerland / Suisse	1992	:	:	:	22.5	14.2	31.1	55.6	53.5	57.7	14.1	21.4	6.6	7.8	10.9	4.6	100.0	100.0	100.0
Turkey / Turquie	1992	86.9	81.0	92.9	4.4	6.5	2.3	4.8	6.4	3.1	:	:	:	3.9	6.1	1.7	100.0	100.0	100.0

Table / Tableau V.5.

Percentage of the population 55 to 64 years of age that has completed a certain highest level of education
Pourcentage de la population âgée de 55 à 64 ans ayant atteint un certain niveau maximal de formation

	Year / Année	Early childhood and primary education / Education préscolaire et primaire			Lower secondary education / Enseignement secondaire 1er cycle			Upper secondary education / Enseignement secondaire 2e cycle			Non-university tertiary education / Enseignement supérieur non universitaire			University education / Enseignement supérieur universitaire			Total		
		M+W	Men	Women	M+W	Men	Women	M+W	Men	Women	M+W	Men	Women	M+W	Men	Women	M+W	Men	Women
North America / Amérique du Nord																			
Canada	1992	27.7	28.1	27.3	23.6	21.8	25.3	22.6	19.8	25.3	17.4	18.4	16.6	8.6	11.9	5.5	100.0	100.0	100.0
United States / États-Unis	1992	12.6	13.9	11.4	14.2	14.0	14.5	51.3	45.6	56.5	4.2	4.0	4.3	17.7	22.5	13.3	100.0	100.0	100.0
Pacific Area / Pays du Pacifique																			
Australia / Australie	1993	..	..	..	57.6	47.2	68.1	28.9	37.1	20.7	7.9	8.9	7.0	5.5	6.8	4.3	100.0	100.0	100.0
New Zealand / Nouvelle-Zélande	1992	44.6	38.7	50.6	6.3	5.7	6.8	32.0	39.9	24.1	10.9	6.8	15.0	6.2	8.8	3.5	100.0	100.0	100.0
European Community / Communauté européenne																			
Belgium / Belgique	1992	52.5	47.2	57.5	23.9	24.8	23.0	14.4	16.5	12.4	5.0	4.8	5.3	4.2	6.7	1.9	100.0	100.0	100.0
Denmark / Danemark	1992	..	..	..	55.6	46.9	63.8	31.9	38.4	25.7	3.2	3.6	2.8	9.4	11.1	7.8	100.0	100.0	100.0
France	1992	62.5	58.5	66.2	8.6	6.9	10.1	21.6	25.4	18.1	1.7	1.5	1.9	5.6	7.7	3.7	100.0	100.0	100.0
Germany / Allemagne	1992	..	..	..	31.2	16.7	45.2	52.6	58.0	47.4	9.1	14.1	4.2	7.1	11.1	3.2	100.0	100.0	100.0
Ireland / Irlande	1992	57.7	61.0	54.5	17.2	15.6	18.8	14.7	12.1	17.3	5.2	4.1	6.2	5.2	7.3	3.2	100.0	100.0	100.0
Italy / Italie	1992	70.4	65.5	75.0	17.7	20.0	15.5	8.4	9.6	7.4	..	..	..	3.5	5.0	2.1	100.0	100.0	100.0
Netherlands / Pays-Bas	1992	31.0	24.3	37.4	27.3	23.0	31.4	28.5	35.2	22.0	..	..	..	13.2	17.4	9.2	100.0	100.0	100.0
Portugal	1991	90.0	87.6	92.0	3.3	4.2	2.6	3.2	4.1	2.5	1.3	0.9	1.6	2.2	3.2	1.3	100.0	100.0	100.0
Spain / Espagne	1992	87.3	84.2	90.1	4.4	4.7	4.1	3.1	3.9	2.4	0.9	1.4	0.4	4.3	5.9	3.0	100.0	100.0	100.0
United Kingdom / Royaume-Uni	1992	..	..	..	49.0	40.2	57.4	37.4	45.0	30.0	6.8	4.8	8.6	6.9	10.0	3.9	100.0	100.0	100.0
Other Europe - OECD / Autres pays d'Europe - OCDE																			
Austria / Autriche	1992	..	..	..	50.5	36.0	63.8	46.2	59.1	34.3	..	..	..	3.3	4.9	1.9	100.0	100.0	100.0
Finland / Finlande	1992	..	..	..	68.9	68.5	69.3	19.5	17.5	21.3	6.3	7.3	5.4	5.3	6.7	4.0	100.0	100.0	100.0
Norway / Norvège	1992	1.7	1.8	1.6	37.4	33.6	41.0	46.7	46.4	46.9	7.5	8.2	6.8	6.7	10.0	3.7	100.0	100.0	100.0
Sweden / Suède	1992	..	..	..	51.7	51.0	52.4	33.0	33.0	33.0	6.8	6.3	7.2	8.5	9.6	7.5	100.0	100.0	100.0
Switzerland / Suisse	1992	..	..	..	29.8	18.1	40.1	53.2	55.0	51.7	11.9	19.1	5.6	5.1	7.8	2.6	100.0	100.0	100.0
Turkey / Turquie	1992	92.5	89.6	95.4	2.9	3.8	2.1	2.9	3.9	1.9	..	..	..	1.7	2.7	0.6	100.0	100.0	100.0

Table / Tableau V.6.

Labour force participation rate by level of educational attainment for men and women 25-64 years of age
Taux d'activité par niveau de formation pour les hommes et les femmes de 25 à 64 ans

	Year Année	Early childhood and primary education Education préscolaire et primaire			Lower secondary education Enseignement secondaire 1er cycle			Upper secondary education Enseignement secondaire 2e cycle			Non-university tertiary education Enseignement supérieur non universitaire			University education Enseignement supérieur universitaire			Total			
		M+W	Men	Women	M+W	Men	Women	M+W	Men	Women	M+W	Men	Women	M+W	Men	Women	M+W	Men	Women	
North America																				**Amérique du Nord**
Canada	1992	52	66	37	69	82	55	80	89	72	86	91	80	90	94	84	78	87	69	Canada
United States	1992	54	68	38	64	80	50	80	90	71	87	94	81	88	94	82	79	89	70	États-Unis
Pacific Area																				**Pays du Pacifique**
Australia	1993	:	:	:	65	83	53	80	90	62	83	91	76	89	95	82	74	88	61	Australie
New Zealand	1992	63	80	50	77	91	69	79	88	66	81	91	76	89	95	81	75	87	64	Nouvelle-Zélande
European Community																				**Communauté européenne**
Belgium	1992	46	64	31	67	82	50	79	89	68	85	93	80	89	92	83	68	81	55	Belgique
Denmark	1992	:	:	:	73	79	68	89	91	87	93	94	93	94	95	92	83	87	79	Danemark
France	1992	55	67	45	77	91	66	83	91	75	89	95	85	87	91	82	75	85	66	France
Germany	1992	:	:	:	57	80	46	77	86	67	86	89	81	90	94	82	76	87	64	Allemagne
Ireland	1992	50	75	23	66	91	37	71	93	54	82	94	71	88	94	80	65	87	44	Irlande
Italy	1992	46	71	26	72	91	50	80	90	69	:	:	:	91	94	86	65	84	46	Italie
Netherlands	1992	45	66	29	62	84	45	77	88	63	91	91	91	85	91	77	70	85	54	Pays-Bas
Portugal	1991	63	83	46	82	90	74	88	91	85	91	95	91	95	96	94	69	85	54	Portugal
Spain	1992	53	80	30	74	94	53	80	92	66	89	95	77	86	91	82	64	85	43	Espagne
United Kingdom	1992	:	:	:	64	79	54	82	91	71	84	93	78	90	94	84	77	89	66	Royaume-Uni
Other Europe - OECD																				**Autres pays d'Europe - OCDE**
Austria	1992	:	:	:	53	72	43	74	84	61	:	:	:	88	93	82	68	82	55	Autriche
Finland	1992	:	:	:	70	73	66	85	90	80	86	89	82	92	93	89	80	84	76	Finlande
Norway	1992	44	53	32	66	77	56	83	90	77	89	91	87	93	96	89	81	88	75	Norvège
Sweden	1992	:	:	:	86	91	81	93	95	91	94	95	94	95	96	94	91	94	89	Suède
Switzerland	1992	:	:	:	72	92	61	82	95	70	92	96	79	93	98	82	82	95	69	Suisse
Turkey	1992	57	87	32	70	92	21	75	92	41	:	:	:	90	94	82	61	89	33	Turquie

199

Table / Tableau V.7.

Labour force participation rate by level of educational attainment for men and women 25-34 years of age
Taux d'activité par niveau de formation pour les hommes et les femmes de 25 à 34 ans

	Year / Année	Early childhood and primary education / Education préscolaire et primaire			Lower secondary education / Enseignement secondaire 1er cycle			Upper secondary education / Enseignement secondaire 2e cycle			Non-university tertiary education / Enseignement supérieur non universitaire			University education / Enseignement supérieur universitaire			Total			
		M+W	Men	Women	M+W	Men	Women	M+W	Men	Women	M+W	Men	Women	M+W	Men	Women	M+W	Men	Women	
North America																				**Amérique du Nord**
Canada	1992	58	72	42	74	88	59	83	92	75	89	95	84	90	95	86	84	92	76	Canada
United States	1992	63	78	44	70	88	51	84	94	73	91	97	86	89	94	84	83	93	74	États-Unis
Pacific Area																				**Pays du Pacifique**
Australia	1993	:	:	:	71	91	57	85	95	68	85	95	77	88	95	82	79	94	65	Australie
New Zealand	1992	66	88	47	75	94	63	82	93	66	80	94	73	90	96	82	78	93	63	Nouvelle-Zélande
European Community																				**Communauté européenne**
Belgium	1992	76	93	59	85	95	73	89	94	84	94	97	92	91	92	90	87	94	80	Belgique
Denmark	1992	:	:	:	79	83	76	93	94	91	96	96	96	94	94	94	89	91	87	Danemark
France	1992	:	:	:	79	94	65	89	97	81	93	96	90	86	89	83	86	95	77	France
Germany	1992	:	:	:	74	94	60	84	91	76	94	98	90	92	96	87	85	93	76	Allemagne
Ireland	1992	56	78	34	76	95	50	82	96	72	89	96	83	91	93	88	78	93	64	Irlande
Italy	1992	60	90	36	79	97	60	80	86	74	:	:	:	90	91	90	78	92	65	Italie
Netherlands	1992	62	87	38	75	95	55	84	96	72	91	95	86	91	95	86	82	95	68	Pays-Bas
Portugal	1991	80	94	65	88	96	79	88	89	88	97	99	97	97	97	96	83	94	73	Portugal
Spain	1992	68	92	45	78	96	59	82	92	72	91	97	82	84	84	84	78	92	63	Espagne
United Kingdom	1992	:	:	:	68	89	49	84	96	71	91	97	85	91	96	86	82	95	70	Royaume-Uni
Other Europe - OECD																				**Autres pays d'Europe - OCDE**
Austria	1992	:	:	:	69	86	60	82	91	70	:	:	:	88	90	86	80	90	69	Autriche
Finland	1992	:	:	:	82	89	74	85	92	78	88	93	84	92	95	88	86	92	79	Finlande
Norway	1992	56	65	42	75	88	58	85	92	77	84	84	84	89	91	86	84	90	77	Norvège
Sweden	1992	:	:	:	85	92	75	91	94	88	90	91	90	92	93	90	90	93	87	Suède
Switzerland	1992	:	:	:	81	98	69	83	96	72	93	98	79	93	97	84	85	97	72	Suisse
Turkey	1992	60	98	31	74	99	22	79	98	46	:	:	:	95	99	90	66	98	34	Turquie

Table / Tableau V.8.

Labour force participation rate by level of educational attainment for men and women 35-44 years of age
Taux d'activité par niveau de formation pour les hommes et les femmes de 35 à 44 ans

	Year / Année	Early childhood and primary education / Education préscolaire et primaire			Lower secondary education / Enseignement secondaire 1er cycle			Upper secondary education / Enseignement secondaire 2e cycle			Non-university tertiary education / Enseignement supérieur non universitaire			University education / Enseignement supérieur universitaire			Total		
		M+W	Men	Women	M+W	Men	Women	M+W	Men	Women	M+W	Men	Women	M+W	Men	Women	M+W	Men	Women
North America / *Amérique du Nord*																			
Canada / *Canada*	1992	65	78	51	78	89	67	85	94	78	90	95	84	93	97	87	85	93	78
United States / *États-Unis*	1992	63	78	47	71	86	58	85	93	78	89	97	83	91	98	84	85	93	77
Pacific Area / *Pays du Pacifique*																			
Australia / *Australie*	1993	:	:	:	75	91	65	87	95	71	89	97	81	92	97	86	83	94	71
New Zealand / *Nouvelle-Zélande*	1992	75	89	64	85	95	79	88	95	77	86	94	82	91	97	83	84	93	75
European Community / *Communauté européenne*																			
Belgium / *Belgique*	1992	72	91	55	78	94	62	86	97	73	92	98	88	93	97	85	82	95	69
Denmark / *Danemark*	1992	:	:	:	83	84	81	94	95	93	96	97	96	97	98	97	90	92	89
France / *France*	1992	78	93	64	83	96	72	91	98	82	91	99	85	93	98	87	87	97	77
Germany / *Allemagne*	1992	:	:	:	76	95	67	87	98	78	95	99	88	93	99	84	88	98	77
Ireland / *Irlande*	1992	58	84	28	67	95	37	69	96	48	83	98	69	89	98	76	68	93	44
Italy / *Italie*	1992	62	94	40	77	98	54	87	98	75	:	:	:	95	99	91	78	97	58
Netherlands / *Pays-Bas*	1992	61	82	44	71	93	55	84	97	69	:	:	:	90	97	80	79	94	63
Portugal / *Portugal*	1991	75	93	58	86	94	78	97	97	96	97	100.0	96	98	99	96	80	94	66
Spain / *Espagne*	1992	65	93	40	74	97	53	85	97	69	92	98	77	93	99	88	73	95	50
United Kingdom / *Royaume-Uni*	1992	:	:	:	76	89	67	89	96	80	90	98	85	94	98	87	86	95	77
Other Europe - OECD / *Autres pays d'Europe - OCDE*																			
Austria / *Autriche*	1992	:	:	:	71	90	60	84	97	69	:	:	:	91	98	84	81	95	67
Finland / *Finlande*	1992	:	:	:	88	91	85	91	95	87	92	98	87	95	98	92	91	94	87
Norway / *Norvège*	1992	51	51	46	79	87	71	88	94	82	92	96	89	96	98	92	88	93	82
Sweden / *Suède*	1992	:	:	:	92	95	88	96	97	94	97	98	96	97	98	96	95	97	94
Switzerland / *Suisse*	1992	:	:	:	81	97	72	86	98	75	96	100.0	84	94	99	81	87	99	75
Turkey / *Turquie*	1992	63	96	34	77	97	28	82	98	48	:	:	:	96	99	88	67	97	36

201

Table / Tableau V.9.

Labour force participation rate by level of educational attainment for men and women 45-54 years of age
Taux d'activité par niveau de formation pour les hommes et les femmes de 45 à 54 ans

	Year Année	Early childhood and primary education Education préscolaire et primaire M+W			Lower secondary education Enseignement secondaire 1er cycle M+W			Upper secondary education Enseignement secondaire 2e cycle M+W			Non-university tertiary education Enseignement supérieur non universitaire M+W			University education Enseignement supérieur universitaire M+W			Total M+W		
		M+W	Men	Women	M+W	Men	Women	M+W	Men	Women	M+W	Men	Women	M+W	Men	Women	M+W	Men	Women
North America																			
Canada	1992	63	77	48	74	87	61	83	92	76	87	94	81	93	97	87	81	90	71
United States	1992	57	71	42	67	82	54	82	92	74	88	94	84	92	97	86	82	91	73
Pacific Area																			
Australia	1993	:	:	:	71	85	61	83	92	65	88	95	80	92	96	84	79	90	66
New Zealand	1992	73	86	63	83	95	76	88	94	77	88	95	84	93	98	86	83	92	73
European Community																			
Belgium	1992	55	79	35	64	86	41	73	92	51	81	96	70	92	96	78	66	87	45
Denmark	1992	:	:	:	80	85	76	92	94	90	94	96	93	96	97	95	88	91	84
France	1992	74	90	61	81	94	71	86	94	76	89	95	84	92	97	85	81	93	70
Germany	1992	:	:	:	69	92	59	84	95	73	93	97	84	95	98	86	83	95	71
Ireland	1992	55	81	23	59	91	29	62	94	40	79	96	64	90	97	78	62	88	35
Italy	1992	57	87	33	68	90	43	80	95	61	:	:	:	93	98	85	65	90	42
Netherlands	1992	54	76	35	62	89	45	80	94	59	93	95	92	88	96	76	71	90	51
Portugal	1991	62	85	43	77	85	66	90	97	79	87	96	50	95	97	93	66	87	47
Spain	1992	57	88	31	68	94	41	78	95	52	89	97	85	91	98	79	62	90	35
United Kingdom	1992	:	:	:	74	85	66	87	93	80	89	97	85	95	97	89	83	91	74
Other Europe - OECD																			
Austria	1992	:	:	:	60	85	49	79	91	63	:	:	:	94	98	84	73	90	57
Finland	1992	:	:	:	84	84	84	89	89	89	95	96	93	95	96	94	88	88	87
Norway	1992	38	52	19	71	80	63	86	92	80	94	96	93	97	98	93	84	90	78
Sweden	1992	:	:	:	94	96	91	97	97	96	98	99	98	98	98	97	96	97	94
Switzerland	1992	:	:	:	78	96	70	88	98	79	95	98	84	96	99	89	88	98	77
Turkey	1992	58	84	34	63	79	16	55	74	15	:	:	:	80	88	52	59	83	34

			Amérique du Nord
			Canada
			États-Unis
			Pays du Pacifique
			Australie
			Nouvelle-Zélande
			Communauté européenne
			Belgique
			Danemark
			France
			Allemagne
			Irlande
			Italie
			Pays-Bas
			Portugal
			Espagne
			Royaume-Uni
			Autres pays d'Europe - OCDE
			Autriche
			Finlande
			Norvège
			Suède
			Suisse
			Turquie

Table / Tableau V.10.   Labour force participation rate by level of educational attainment for men and women 55-64 years of age
Taux d'activité par niveau de formation pour les hommes et les femmes de 55 à 64 ans

	Year Année	Early childhood and primary education Éducation préscolaire et primaire			Lower secondary education Enseignement secondaire 1er cycle			Upper secondary education Enseignement secondaire 2e cycle			Non-university tertiary education Enseignement supérieur non universitaire			University education Enseignement supérieur universitaire			Total		
		M+W	Men	Women	M+W	Men	Women	M+W	Men	Women	M+W	Men	Women	M+W	Men	Women	M+W	Men	Women
North America																				*Amérique du Nord*
Canada	1992	37	53	22	46	60	34	53	66	43	57	65	49	69	76	55	49	62	36	*Canada*
United States	1992	40	53	26	48	61	36	57	68	49	62	75	51	72	78	62	56	67	47	*États-Unis*
Pacific Area																				*Pays du Pacifique*
Australia	1993	:	:	:	36	58	21	52	65	29	53	58	47	71	78	60	44	62	26	*Australie*
New Zealand	1992	36	51	25	51	59	42	46	54	32	58	69	54	74	81	52	45	57	33	*Nouvelle-Zélande*
European Community																				*Communauté européenne*
Belgium	1992	16	26	8	26	38	13	36	49	20	36	53	21	61	68	38	24	37	12	*Belgique*
Denmark	1992	:	:	:	49	61	41	65	70	57	73	78	66	78	84	70	58	68	48	*Danemark*
France	1992	32	39	27	36	42	32	42	48	35	53	65	45	62	69	47	37	44	30	*France*
Germany	1992	:	:	:	31	51	23	41	51	29	56	61	39	66	72	46	41	55	27	*Allemagne*
Ireland	1992	38	60	13	41	68	19	43	72	24	57	70	48	71	79	53	42	65	20	*Irlande*
Italy	1992	27	47	12	37	54	17	51	65	34	:	:	:	74	81	59	33	52	15	*Italie*
Netherlands	1992	16	27	9	28	45	15	37	46	22	:	:	:	48	57	32	29	43	16	*Pays-Bas*
Portugal	1991	37	57	21	46	56	33	61	73	45	67	67	66	82	84	77	40	58	24	*Portugal*
Spain	1992	37	58	19	47	68	27	53	71	27	64	73	40	71	81	53	39	61	20	*Espagne*
United Kingdom	1992	:	:	:	45	60	35	58	68	42	54	69	46	71	78	53	52	66	39	*Royaume-Uni*
Other Europe - OECD																				*Autres pays d'Europe - OCDE*
Austria	1992	:	:	:	19	33	12	26	33	15	:	:	:	64	76	37	24	35	13	*Autriche*
Finland	1992	:	:	:	38	40	37	47	52	43	52	56	48	66	66	67	43	45	40	*Finlande*
Norway	1992	29	39	19	50	60	41	67	74	61	84	90	78	91	94	84	63	72	54	*Norvège*
Sweden	1992	:	:	:	75	80	70	86	88	83	89	89	89	91	92	90	81	84	77	*Suède*
Switzerland	1992	:	:	:	52	76	42	67	87	48	80	85	64	84	92	64	65	85	47	*Suisse*
Turkey	1992	44	63	27	34	51	2	32	45	7	:	:	:	47	53	19	44	61	26	*Turquie*

203

Table / Tableau V.11.

Unemployment rate by level of educational attainment for men and women 25-64 years of age in the labour force
Taux de chômage par niveau de formation en pourcentage de la population active pour les hommes et les femmes de 25 à 64 ans

	Year Année	Early childhood and primary education Éducation préscolaire et primaire			Lower secondary education Enseignement secondaire 1ᵉʳ cycle			Upper secondary education Enseignement secondaire 2ᵉ cycle			Non-university tertiary education Enseignement supérieur non universitaire			University education Enseignement supérieur universitaire			Total		
		M+W	Men	Women	M+W	Men	Women	M+W	Men	Women	M+W	Men	Women	M+W	Men	Women	M+W	Men	Women
North America / *Amérique du Nord*
Canada	1992	15.5	15.8	15.0	15.0	15.3	14.5	9.7	9.9	9.5	9.0	9.9	7.9	5.2	5.3	5.1	10.0	10.5	9.4
United States	1992	13.2	14.3	11.1	13.7	15.1	11.5	7.2	8.0	6.3	4.6	5.2	4.0	2.9	3.2	2.5	6.6	7.4	5.7
Pacific Area / *Pays du Pacifique*
Australia	1993	..	..	..	11.2	13.6	8.7	8.9	9.2	8.0	5.7	6.3	5.0	4.4	4.7	4.0	8.8	9.8	7.4
New Zealand	1992	13.1	14.6	11.2	6.5	6.3	6.8	7.5	8.1	6.4	4.6	5.7	4.1	3.7	3.6	4.1	8.0	8.8	7.1
European Community / *Communauté européenne*
Belgium	1992	19.9	14.7	28.7	7.9	4.4	14.3	4.7	2.3	8.1	2.3	1.8	2.7	2.2	1.8	2.9	7.8	5.2	11.7
Denmark	1992	..	..	..	15.6	14.5	16.6	9.1	8.4	10.2	5.8	5.7	5.9	4.8	4.9	4.7	10.6	9.7	11.6
France	1992	10.8	9.4	12.5	13.2	10.2	16.6	7.4	5.4	10.1	4.6	4.3	5.0	4.4	3.6	5.5	8.8	6.9	11.2
Germany	1992	..	..	..	8.9	9.0	8.9	6.4	4.4	9.0	4.5	3.0	7.7	3.7	3.3	4.6	6.2	4.5	8.4
Ireland	1992	22.5	21.7	25.4	17.3	16.3	19.9	9.3	7.9	11.1	5.8	5.5	6.2	3.3	2.3	4.8	13.6	13.5	13.6
Italy	1992	6.5	4.5	10.7	7.8	4.8	13.9	8.2	5.1	12.4	..	..	..	6.0	3.9	9.1	7.4	4.7	12.2
Netherlands	1992	11.1	10.3	12.6	6.5	3.9	10.3	4.7	2.6	7.4	..	..	1.8	3.9	1.1	3.4	5.6	3.4	7.6
Portugal	1991	5.4	3.3	8.8	5.1	3.0	8.0	4.5	3.0	6.4	1.9	2.3	..	1.8	1.5	2.1	4.9	3.1	7.6
Spain	1992	15.3	12.8	21.1	17.6	12.2	27.5	14.1	8.9	22.7	12.5	7.6	24.1	9.9	6.9	13.3	14.7	11.4	21.2
United Kingdom	1992	..	..	..	12.3	16.9	7.7	8.3	9.5	6.5	3.3	4.8	2.2	3.6	3.6	3.6	8.4	10.0	6.2
Other Europe - OECD / *Autres pays d'Europe - OCDE*
Austria	1992	..	..	..	5.6	5.9	5.3	3.2	3.0	3.5	..	..	3.4	1.3	1.3	1.4	3.6	3.4	3.9
Finland	1992	..	..	..	14.9	17.0	12.4	12.1	14.8	9.3	5.7	7.9	3.4	3.4	3.6	3.1	11.4	13.5	9.1
Norway	1992	7.1	8.4	4.0	7.1	8.1	6.0	4.9	5.7	4.0	2.8	3.6	2.0	1.8	1.8	1.8	4.6	5.2	3.8
Sweden	1992	..	..	..	4.6	5.3	3.8	4.3	5.3	3.3	2.3	2.9	1.8	2.0	2.0	1.9	3.8	4.5	3.0
Switzerland	1992	..	..	..	3.5	..	5.1	2.2	1.9	2.6	2.3	1.7	..	3.0	2.8	..	2.5	1.9	3.4
Turkey	1992	4.9	5.6	3.4	6.3	6.0	9.7	6.7	4.9	14.4	..	..	..	4.0	3.8	4.8	5.2	5.4	4.5

204

Table / Tableau V.12.

Unemployment rate by level of educational attainment for men and women 25-34 years of age in the labour force
Taux de chômage par niveau de formation en pourcentage de la population active pour les hommes et les femmes de 25 à 34 ans

	Year Année	Early childhood and primary education Éducation préscolaire et primaire			Lower secondary education Enseignement secondaire 1er cycle			Upper secondary education Enseignement secondaire 2e cycle			Non-university tertiary education Enseignement supérieur non universitaire			University education Enseignement supérieur universitaire			Total		
		M+W	Men	Women	M+W	Men	Women	M+W	Men	Women	M+W	Men	Women	M+W	Men	Women	M+W	Men	Women
North America / Amérique du Nord																			
Canada	1992	21.9	23.9	20.6	20.8	21.4	19.8	11.8	12.7	10.9	10.3	11.7	8.7	6.5	7.2	5.8	11.9	13.3	10.4
United States / États-Unis	1992	13.3	11.8	16.4	19.6	20.2	18.4	8.9	9.4	8.2	5.7	6.8	4.8	3.0	3.6	2.3	8.2	9.0	7.1
Pacific Area / Pays du Pacifique																			
Australia / Australie	1993	..	..	..	14.7	17.7	11.5	8.7	8.8	8.4	5.8	4.8	6.8	3.7	4.4	3.0	10.0	10.9	8.8
New Zealand / Nouvelle-Zélande	1992	21.5	22.4	20.0	7.8	9.7	6.5	8.2	9.2	6.6	5.6	4.4	6.3	5.0	5.1	4.9	10.3	11.4	8.9
European Community / Communauté européenne																			
Belgium / Belgique	1992	24.6	17.7	34.8	10.6	6.0	18.3	6.3	2.9	10.2	3.1	2.4	3.6	3.4	2.8	4.2	8.6	5.6	12.3
Denmark / Danemark	1992	..	..	..	23.0	20.8	25.5	10.5	8.8	12.5	7.2	6.9	7.4	7.8	7.9	7.7	13.6	12.2	15.2
France	1992	..	..	..	18.0	13.5	23.9	9.5	7.0	12.6	5.6	5.7	5.5	6.8	5.3	8.5	11.3	8.8	14.5
Germany / Allemagne	1992	..	..	..	10.2	10.7	9.6	6.1	4.1	8.7	4.6	2.3	7.6	4.3	3.7	5.3	6.1	4.5	8.3
Ireland / Irlande	1992	38.9	40.2	36.2	21.1	20.4	22.9	9.7	9.7	9.7	6.4	6.8	6.0	5.0	3.9	6.2	15.0	16.3	13.2
Italy / Italie	1992	18.9	12.8	31.2	12.1	7.9	19.3	14.1	10.2	18.4	..	..	..	17.2	13.0	21.5	13.7	9.4	19.8
Netherlands / Pays-Bas	1992	15.1	14.4	16.7	6.6	4.3	10.6	4.2	3.0	5.9	2.7	2.8	2.7	5.2	1.6	2.0	5.8	3.9	6.3
Portugal	1991	6.6	3.8	10.8	6.4	3.4	10.1	6.0	4.0	7.9	2.7	2.8	2.7	2.5	2.2	2.9	6.1	3.6	9.2
Spain / Espagne	1992	25.5	21.0	34.8	22.3	16.3	32.4	18.7	12.3	27.7	16.7	10.1	28.1	17.5	14.2	20.2	21.1	16.1	28.7
United Kingdom / Royaume-Uni	1992	..	..	..	21.2	25.3	14.6	9.8	10.8	8.4	3.8	5.0	2.7	3.8	3.6	4.1	10.2	11.7	8.1
Other Europe - OECD / Autres pays d'Europe - OCDE																			
Austria / Autriche	1992	..	..	..	6.6	6.9	6.4	2.6	2.6	2.7	..	..	..	2.2	2.5	2.0	3.3	3.2	3.5
Finland / Finlande	1992	10.3	11.0	8.5	21.5	22.6	19.5	13.3	15.3	10.9	8.1	11.1	5.6	6.6	8.1	4.6	13.4	15.5	10.9
Norway / Norvège	1992	..	..	..	12.7	11.8	14.5	7.4	8.2	6.3	4.1	5.8	2.6	2.8	2.5	3.1	6.8	7.6	5.8
Sweden / Suède	1992	..	..	..	9.6	10.3	8.3	6.4	8.0	4.7	3.2	3.6	2.8	3.7	3.2	4.2	6.1	7.2	4.8
Switzerland / Suisse	1992	..	..	..	..	..	..	2.7	..	..	..	..	..	..	..	..	3.1	2.9	3.5
Turkey / Turquie	1992	7.7	8.3	6.3	7.5	7.3	9.7	8.0	5.6	16.9	..	..	..	6.9	6.5	7.5	7.7	7.5	8.1

Table / Tableau V.13.

Percentage of the employed population 25 to 64 years of age that has participated in job- or career-related continuing education and training, by educational level

Pourcentage de la population active de 25 à 64 ans ayant participé à une formation continue liée à l'emploi, par niveau d'instruction

	Year Année	Early childhood and primary education *Éducation préscolaire et primaire*			Lower secondary education *Enseignement secondaire 1er cycle*			Upper secondary education *Enseignement secondaire 2e cycle*			Non-university tertiary education *Enseignement supérieur non universitaire*			University education *Enseignement supérieur universitaire*			Total			
		M+W	Men	Women	M+W	Men	Women	M+W	Men	Women	M+W	Men	Women	M+W	Men	Women	M+W	Men	Women
Reference period 12 months																				
Canada	1991	5	6	3	19	22	16	25	24	27	38	37	38	44	41	47	30	29	31
Finland	1990	..	..	..	28	23	33	47	42	52	73	69	79	74	74	74	46	43	50
France	1992	6	4	7	20	18	23	31	30	32	58	61	56	39	35	44	27	25	29
Germany	1992	..	..	..	11	..	..	23	23	22	38	41	31	44	41	50	27	29	24
Norway	1991	..	..	..	16	18	15	33	35	32	53	49	56	62	59	66	37	37	36
Sweden	1993	..	..	..	21	20	23	34	30	37	49	46	52	57	51	64	36	33	40
Switzerland	1993	..	..	..	16	14	17	39	41	37	51	52	45	53	52	56	38	42	34
United States	1991	10	11	8	10	11	10	30	28	32	49	51	47	56	54	60	38	37	39
Reference period 4 weeks																				
Denmark	1991	..	..	..	6	6	6	14	13	15	23	24	22	27	24	30	15	14	16
Ireland	1992	1	1	1	2	2	3	4	4	4	8	7	8	9	8	9	4	3	5
Spain	1992	0	0	0	1	1	2	6	6	7	5	4	7	8	7	9	3	2	3
UK	1992	..	..	..	4	4	4	10	10	11	19	16	22	20	18	23	11	10	11

Période de référence 12 mois: Canada, Finlande, France, Allemagne, Norvège, Suède, Suisse, États-Unis

Période de référence 4 semaines: Danemark, Irlande, Espagne, Royaume-Uni

Annexes

Definitions and Notes

Définitions et Notes

Definitions

Apprenticeship

Apprenticeship programmes are classified as belonging to formal education. Such programmes typically involve an alternation between learning in an educational institution (ordinary or specialised) and learning through work experience programmes, which may include highly organised training in a firm or with a craftsman. The apprentices and the firm (or craftsman) are bound by a legal agreement. Even though only a part of the training occurs in schools, it is considered as a full-time activity, because it covers both theoretical and practical training. Apprenticeship programmes are classified as technical or vocational programmes in upper secondary education (ISCED 3).

Curriculum

Intended curriculum

The intended curriculum is the subject matter content to be taught as defined at the national level or within the educational system level. It is embodied in textbooks, curriculum guides, the content of examinations, and in policies, regulations, and other official statements produced by the educational system.

Implemented curriculum

The implemented curriculum is the intended curriculum as interpreted by teachers and made available to students. It is set in a pedagogical context that includes teaching practices, aspects of classroom management, use of resources, teacher attitudes, and teacher background.

Early childhood education

Education preceding the first level (pre-primary). All types of establishments of group settings aimed at supporting and stimulating the child's social and intellectual development are included in pre-primary education. The pre-primary starting age is put at the typical starting age in countries where that age is clear and unambiguous. In countries where no exact starting age can be given – due, for example, to an integration of education and pre-primary childminding, with a gradual augmentation of the educational side of things – the starting age is put at three years.

Earnings

Earnings refer to annual money earnings, *i.e.* direct pay for work before taxes. Income from other sources, such as government aid programmes, interest on capital, etc., is not taken into account. Mean earnings are calculated on the basis of data only for all people with income from work.

Educational attainment

Educational attainment is expressed as the percentage of the adult population (25 to 64 years-old) that have completed a certain highest level of education defined according to the ISCED system.

Full-time equivalents

Coefficients used for calculating full-time equivalents are available in Table I.6. Unless another coefficient has been provided by the country, the following calculation applies. For pre-primary, primary, secondary and special education part-time students are counted as full-time without conversion. In tertiary education the duration of studies is typically longer if the programme is taken at less than full-time pace. A conversion of two part-time equal to one full-time is then applied.

Employed population

Employed population refers to all persons above a specific age who, during a specified brief period, either one week or one day, were in paid employment or self-employment. It includes both those in civilian employment and in the armed forces.

Expenditure on education: Capital and current

Capital expenditure refers to expenditure of assets that will be used for many consecutive years (e.g., buildings, major repairs, major items of equipment, vehicles, etc.), even if the financing of these assets is reported in a single financial year. For example, if a school is built in 1991, and if the construction costs are entirely accounted for in the 1991 budget, then the asset will be included as capital expenditure for that budget year.

Current expenditure refers to educational goods and services whose life span should not in theory exceed the current year (e.g., salaries of staff, educational supplies, scholarships, minor repairs and maintenance, administration, etc.). Conventionally, minor items of equipment are treated as current expenditure even if the corresponding physical asset lasts longer than one year.

Expenditure on education: Public and private

Public expenditure refers to the spending of public authorities at all levels. Expenditure by the Ministry of Education or an equivalent public authority that is not directly related to education (e.g., culture, sports, youth activities, etc.) is, in principle, not included. Expenditure on education by other Ministries or equivalent institutions, for example Health and Agriculture, is included.

Private expenditure refers to expenditure funded by private sources – mainly households, private non-profit institutions, and firms and businesses. It includes: school fees; materials such as textbooks and teaching equipment; transport to school (if organised by the school); meals (if provided by the school); boarding fees; and expenditure by employers for initial vocational training.

Gross domestic product

The gross domestic product (GDP) is equal to the total of the gross expenditure on the final uses of the domestic supply of goods and services valued at price to the purchaser minus the imports of goods and services.

Gross salary

The sum of wages (total sum of money that is paid by the employer for the labour supplied) minus the employers' premium for social security and pension (according to existing salary scales). Bonuses that constitute a regular part of the wages – such as a thirteenth month or a holiday or regional bonus – are included in the gross salary.

Hourly earnings in manufacturing

The series shown are those available from national sources which most closely correspond to average earnings paid per employed wage earner per hour, including overtime pay and regularly recurring cash supplements. The definitions may vary from country to country, particularly with respect to workers covered, treatment of bonuses and retrospective wage payments and size of reporting unit. Intercountry comparisons should, therefore be made with caution. For specific details per country refer to the OECD publication *Main Economic Indicators*.

Index of years in education completed

This index is calculated by summing across ISCED levels the product of the fraction of workers in the occupation group who have completed education at a particular level and the typical number of years required to complete that level.

ISCED

ISCED refers to the International Standard Classification of Education. This classification, developed by UNESCO, is used by countries and international agencies as a means of compiling internationally comparable statistics on education. According to ISCED, educational programmes may be classified as follows:

- Education preceding the first level (pre-primary)   ISCED 0.
- Education at the first level (primary)   ISCED 1.
- Education at the lower secondary level   ISCED 2.
- Education at the upper secondary level   ISCED 3.
- Education at the tertiary level, first stage, of the type that leads to an award not equivalent to a first university degree   ISCED 5.
- Education at the tertiary level, first stage, of the type that leads to a first university degree or equivalent   ISCED 6.
- Education at the tertiary level, second stage, of the type that leads to a post-graduate university degree or equivalent   ISCED 7.
- Education not definable by level   ISCED 9.

Labour force participation rate

The labour force participation rate is calculated as the percentage of the population in different age groups who are members of the labour force. The labour force is defined in accordance with the definitions used in the OECD *Labour Force Statistics*.

New entrants

New entrants refers to students entering a tertiary level programme for the first time. According to this definition, a student who completes a tertiary level non-degree programme and transfers at the end of that programme to a degree programme should not be regarded as a new entrant in the degree programme.

Non-university tertiary education

Non-university tertiary education is used for tertiary education programmes at ISCED level 5. In some systems, the programmes at this level (*i.e.* those not leading to a university degree or equivalent) do not lead on to other programmes in higher education; in other systems such programmes allow students who successfully complete their studies at ISCED level 5 to proceed to university degree programmes in the same field. The term "articulation" is used to distinguish the latter type of ISCED 5 programme from the former, "terminal" one. For example, the "Associate Degree", awarded after two years of study in the United States, is not regarded as a university degree for international purposes; it is coded as an ISCED level 5 qualification. This also applies to the *diplôme d'études universitaires générales* (DEUG) in France.

Public and private schools

Public schools are organised by public authorities. They normally provide open access without any distinction of race, sex, or religion.

Not government dependent private schools are normally organised independently of the public authorities, even though they may receive a small public funding.

Government dependent private schools are schools that obtain most of their funding from public authorities, even though these schools are not formally part of the public school sector.

Purchasing power parities

Purchasing power parities (PPPs) are the rates of currency conversion that equalise the purchasing power of different currencies. This means that a given sum of money, when converted into different currencies at the PPP rates, will buy the same basket of goods and services in all countries. Thus PPPs are the rates of currency conversion which eliminate differences in price levels between countries.

Staff expenditure

Total staff expenditure is included in current expenditure and is broken down into teaching staff expenditure and non-teaching staff expenditure. Total staff expenditure rather than net compensation should be reported; *i.e.*, this category should not only include non-salary allowances but also social and pension contributions made by the employer and the employee.

Teachers

A teacher is defined as a person whose professional activity involves the transmitting of knowledge, attitudes and skills that are stipulated in a formal curriculum programme to students enrolled in a formal educational institution.

This definition does not depend on the qualifications held by the teacher. It is based on three concepts: activity, thus excluding former teachers who no longer have active teaching duties; profession, thus excluding people who work occasionally or in a voluntary capacity in schools; and formal programme (curriculum), thus excluding people who provide services other than formal instruction (*e.g.*, supervisors, activity organisers, etc.), whether the programme is established at the country, district or school level.

In vocational education teachers of the "school-part" of apprenticeships in a dual system are included in the definition and trainers of the "in-company-part" of a dual system are excluded.

Head teachers without teaching responsibilities are not defined as teachers, but classified separately. Head teachers who do have teaching responsibilities are defined as (part-time) teachers, even if they only teach 10 per cent of their time.

Former teachers, people who work occasionally or in a voluntary capacity in schools, people who provide services other than formal instruction *e.g.*, supervisors or activity organisers, are also excluded.

Full-time equivalent teacher (FTE)

A teacher who has a full-time appointment teaches 100 per cent of the normal teaching hours for a teacher in a specific country. Since the normal teaching hours may differ from country to country, it is impossible to express FTE in person-hours. Thus a full time teacher may teach more hours per week/year in one country than in another. The teaching hours of part-timers (also principals who are teachers for a part of the week), can be expressed in FTE by calculating the ratio of the teaching hours of the person under concern and the normal teaching hours for a full-timer.

Teaching hours

Teaching hours (expressed in units of 60 minutes) per week refer to the number of hours per week a full-time appointed teacher is teaching a group of students in a specific country.

Usually, the units of time in which teaching takes place (periods) are less than 60 minutes, which will make a conversion into hours necessary.

Tertiary education

Tertiary education refers to any programme classified as either ISCED level 5, 6 or 7. Entry to a programme at tertiary level requires as a minimum condition of admission the successful completion of a programme of education at the second level. In some countries evidence of the attainment of an equivalent level of knowledge, or the fulfilment of specific conditions such as a combination of age and/or work experience, is accepted as conferring eligibility for enrolment in tertiary education programmes. Tertiary education is divided into university and non-university sectors.

Total Public Expenditure

For Table I.1, Total Public Expenditure has been calculated as the sum of:
Total current disbursements;
Gross fixed capital formation;
Net purchases of land;
Net purchases of intangible assets;
Net capital transfers.

Total labour force

The total labour force or currently active population comprises all persons who fulfil the requirements for inclusion among the employed or the unemployed as defined in OECD *Labour Force Statistics*.

Total population

All nationals present in or temporarily absent from the country and aliens permanently settled in the country. For further details, see OECD *Labour Force Statistics*.

Unemployed

The unemployed are defined as persons who are without work, seeking work and currently available for work. The standardised unemployment rate is the proportion of the unemployed as a percentage of the labour force.

University education

University education refers to any programme classified as either ISCED level 6 or 7 that leads to a university degree or equivalent. ISCED level 6 covers programmes leading to the award of a first university degree or a recognised equivalent qualification. If appropriate conditions are satisfied, this qualification allows a student to go on to a programme at ISCED level 7. These programmes lead to a university degree at post-graduate level. Some countries do not distinguish, for purposes of international data reporting, between ISCED level 6 and level 7.

Upper secondary education

Upper secondary education (ISCED level 3) is also described as second level, second stage education. It includes general, technical or vocational education for students who have completed the first cycle of secondary education (*i.e.* second level, first stage education; ISCED level 2). Apprenticeship programmes are included as are teacher training programmes offered at this level. Upper secondary education (ISCED 3) may either be "terminal" (*i.e.* preparing students for entry directly into working life) and/or "preparatory" (*i.e.* preparing students for tertiary education).

Second programme

If a student has completed a normal or regular sequence of upper secondary education (ISCED 3) and has graduated from that sequence (*i.e.* obtained the certificate or diploma) and then enrols in upper secondary education again in order to pursue another programme, he or she is said to be in a second upper secondary educational programme. If the student then completes that programme (*i.e.* obtains an additional certificate or diploma), he or she is a graduate of a second (or subsequent) upper secondary educational programme.

Définitions

Apprentissage

L'apprentissage est considéré comme faisant partie de l'enseignement formel. De manière générale, cette formation est dispensée en alternance dans un établissement scolaire ordinaire ou spécialisé et dans une entreprise ou chez un artisan. L'apprenti et le chef d'entreprise ou l'artisan sont liés par contrat. Même si cette formation n'est dispensée qu'à temps partiel dans des établissements scolaires, elle est considérée ici comme un enseignement à plein-temps puisqu'elle couvre à la fois les aspects théoriques et pratiques. De plus, elle fait partie de l'enseignement professionnel et technique au niveau secondaire du second cycle (CITE 3).

Programme scolaire ou programme d'études

Programme prévu

Le programme prévu est l'ensemble des matières à enseigner, tel qu'il est défini au niveau national ou à l'intérieur du système d'enseignement. Il s'exprime sous la forme de manuels scolaires, de principes directeurs, du contenu des examens, de grandes orientations, de règlements et de déclarations officielles émanant du système éducatif.

Programme mis en œuvre

Le programme mis en œuvre est le programme prévu tel qu'il est interprété par les enseignants et dispensé aux élèves. Il se situe dans un contexte pédagogique qui comprend les méthodes d'enseignement, divers aspects de la gestion de la classe, l'utilisation des ressources, les mentalités des enseignants et leurs antécédents.

Éducation préscolaire

L'éducation préscolaire peut être dispensée à plein-temps ou à temps partiel aux très jeunes enfants. Elle est conçue pour favoriser leur développement cognitif, social et affectif. Elle n'est pas obligatoire dans la plupart des pays. Les enfants inscrits dans des établissements gérés par des ministères autres que celui de l'Éducation (par exemple Santé et Affaires sociales) sont pris en considération si le principal objectif des programmes est d'ordre éducatif. Les garderies, les crèches, les centres de jeu et autres établissements du même ordre dont l'objectif principal se cantonne à la garde des enfants ne sont pas inclus. Cependant, on admet que la distinction entre ces différents programmes n'est pas toujours nette.

Revenus

Il s'agit des revenus monétaires annuels, c'est-à-dire des revenus directs du travail avant impôts. Les revenus provenant d'autres sources, comme les aides financières accordées par les gouvernements, les intérêts, etc., ne sont pas pris en compte. Les revenus moyens sont calculés à partir de données concernant toute la population active comprenant non seulement les personnes pourvues d'un emploi mais aussi les chômeurs.

Niveau d'instruction

On entend par niveau d'instruction le pourcentage de la population adulte (âgée de 25 à 64 ans) qui a terminé son niveau de formation le plus élevé, défini selon le système CITE.

Équivalents plein-temps

Les coefficients utilisés pour le calcul des équivalents plein-temps sont disponibles dans le tableau I.6. Exception faite des pays ayant fourni un autre coefficient, les calculs suivants s'appliquent. Pour le préscolaire, le primaire, le secondaire et l'enseignement spécial, les étudiants à temps partiel sont comptés comme à plein-temps sans faire aucune conversion. Dans l'enseignement supérieur, la durée d'études est nettement plus longue si le programme est suivi à une vitesse inférieure au plein-temps. Une conversion de deux temps partiel pour un plein-temps est effectuée.

Population active

La population active comprend toutes les personnes d'âge spécifique qui se trouvaient pourvues d'un emploi salarié ou non salarié durant une brève période de référence telle qu'une semaine ou un jour. Elle comprend à la fois la population active civile occupée et les forces armées.

Dépenses en capital et dépenses de fonctionnement

Les dépenses en capital se réfèrent aux biens durables qui seront utilisés pendant plusieurs années (par exemple, bâtiments, grosses réparations, équipements lourds, véhicules, etc.), même si le financement de ces biens est affecté à un seul exercice financier. Par exemple, si une école est construite en 1991 et que le coût de cette opération est entièrement réglé sur le budget de 1991, il apparaîtra dans les dépenses en capital de 1991.

Les dépenses de fonctionnement se réfèrent aux biens et services dont la durée d'utilisation ne peut théoriquement dépasser l'année en cours (traitements du personnel, fournitures scolaires, bourses d'études, petites réparations et entretien, administration, etc.). Les petits équipements sont considérés comme dépenses de fonctionnement, même si leur utilisation couvre plus d'une année.

Dépenses publiques et privées

Les dépenses publiques sont financées par les administrations publiques de tous les échelons. Les dépenses du ministère de l'Éducation qui ne sont pas en rapport direct avec l'enseignement sont en principe exclues (Culture, Sport, Jeunesse, etc.). En revanche, les dépenses d'enseignement effectuées par d'autres ministères (Santé, Agriculture, Travail, Tourisme, etc.) sont comprises.

Les dépenses privées sont considérées comme celles qui sont financées par le secteur privé – par les ménages, les institutions privées à but non lucratif et les entreprises. Ces dépenses sont : les frais d'inscription et droits de scolarité ; les fournitures scolaires tels que les manuels ou le matériel pédagogique ; les transports scolaires (s'ils sont organisés par les écoles) ; les repas (s'ils sont fournis par les écoles) ; les frais de pension ; les dépenses des entreprises au titre de la formation professionnelle initiale.

Produit intérieur brut

Le produit intérieur brut (PIB) est égal au total de l'emploi final de biens et services aux prix d'acquisition, moins les importations de biens et services.

Salaire brut

La somme des rémunérations (total des sommes versées par l'employeur en paiement du travail fourni), après déduction des cotisations patronales de sécurité sociale et de retraite (conformément aux barèmes en vigueur). Les primes qui font normalement partie de la rémunération – telles que treizième mois, primes de vacances ou primes régionales – sont incluses dans le salaire brut.

Gains horaires des industries manufacturières

Les séries présentées ci-dessus sont celles fournies par les sources nationales qui se rapprochent le plus des rémunérations moyennes par ouvrier occupé et par heure, y compris la rémunération des heures supplémentaires et les suppléments en espèces ayant un caractère de régularité. Les définitions peuvent varier d'un pays à l'autre, notamment en ce qui concerne les travailleurs couverts, le traitement des primes occasionnelles et des rappels de salaires, ainsi que la taille de l'unité statistique. Les comparaisons entre pays doivent donc être faites avec précaution. Pour plus de détails par pays, se référer à la publication de l'OCDE, *Principaux indicateurs économiques*.

Indice des années d'enseignement achevées

On calcule cet indice en additionnant pour tous les niveaux CITE le produit de la fraction des travailleurs de la catégorie professionnelle qui ont achevé leurs études à un niveau donné et le nombre théorique d'années requises pour parvenir au terme de ce niveau.

CITE

Il s'agit de la classification internationale type de l'éducation. Cette classification, élaborée par l'UNESCO, est utilisée par les pays et les organisations internationales pour harmoniser les statistiques de l'éducation. Dans cette classification, les niveaux scolaires sont désignés comme suit :
- Éducation préscolaire   CITE 0.
- Enseignement du premier degré (primaire)   CITE 1.
- Enseignement du second degré, premier cycle   CITE 2.
- Enseignement du second degré, deuxième cycle   CITE 3.
- Enseignement du troisième degré, premier niveau,
  conduisant à un titre non équivalent au premier grade universitaire   CITE 5.
- Enseignement du troisième degré, premier niveau,
  conduisant à un premier grade universitaire ou à un titre équivalent   CITE 6.
- Enseignement du troisième degré, deuxième niveau,
  conduisant à un grade universitaire supérieur ou à un titre équivalent   CITE 7.
- Enseignement impossible à définir selon le degré   CITE 9.

Taux d'activité

On calcule le taux d'activité en prenant le pourcentage de la population dans différentes tranches d'âge qui fait partie de la population active. La population active est définie conformément aux définitions utilisées dans les *Statistiques de l'OCDE sur la population active*.

Nouveaux inscrits

Les nouveaux inscrits correspondent aux étudiants entrant pour la première fois dans un programme d'enseignement supérieur. Selon cette définition, un étudiant ayant achevé un programme d'enseignement supérieur non universitaire, intégrant un programme d'enseignement universitaire ne doit pas être considéré comme un nouvel inscrit dans ce programme universitaire.

Enseignement supérieur non universitaire

Le terme désigne les cycles d'études de niveau CITE 5. Dans certaines cas, ces cycles d'études (qui ne conduisent pas à un diplôme universitaire) ne permettent pas d'accéder à d'autres études universitaires. Dans d'autres cas, ils peuvent – si les étudiants les mènent à bien – permettre d'accéder aux cycles de l'enseignement supérieur dans la même discipline. Ce sont alors des «passerelles» par opposition au niveau CITE 5 de caractère «terminal». Par exemple, le Associate Degree qui sanctionne deux années d'études aux États-Unis n'est pas considéré aux fins internationales comme un diplôme universitaire mais comme une qualification CITE 5. Il en est de même du diplôme d'études universitaires générales (DEUG) en France.

Établissements publics et privés

Les *établissements publics* sont gérés par les autorités publiques. Ils sont par définition ouverts à tous, sans distinction de race, de religion ou de sexe.

Les *établissements privés* ne dépendent pas des autorités publiques, même s'ils reçoivent des fonds publics.

Les *établissements privés principalement financés par le secteur public* sont les établissements dont la plupart du financement est assurée par les autorités publiques même si ces écoles ne font pas partie formellement du secteur d'enseignement public.

Parités de pouvoir d'achat

Les parités de pouvoir d'achat (PPA) sont des taux de conversion monétaire qui permettent d'exprimer dans une unité commune les pouvoirs d'achat des différentes monnaies. En d'autres termes, une somme d'argent donnée, convertie en monnaie nationale au moyen des PPA, permettra d'acheter le même panier de biens et de services dans tous les pays. Les PPA sont donc des taux de conversion monétaire qui éliminent les différences de niveau de prix existant entre les pays.

Dépenses pour l'ensemble du personnel

Le total des dépenses pour le personnel est inclus dans les dépenses de fonctionnement et est désagrégé entre les dépenses pour le personnel enseignant et celles pour le personnel non enseignant. Le total des dépenses pour le personnel doit être pris en compte plutôt que les rémunérations nettes ; en effet, cette catégorie devrait non seulement inclure les allocations non salariales mais aussi les charges sociales et cotisations pour les retraites faites par les employeurs et employés.

Enseignants

Est considérée comme enseignant toute personne dont le métier est de transmettre aux élèves des connaissances dont l'enseignement est prévu dans le programme d'un établissement du système d'enseignement ordinaire.

Cette définition exclut toute condition de diplôme, mais repose sur trois notions clés : celle « d'exercice » (sont exclus les anciens enseignants qui n'ont plus de tâches d'enseignement) ; celle de « métier » (sont exclues les personnes qui interviennent à titre occasionnel et/ou bénévole dans les écoles) ; celle de « programme » (sont exclues les personnes qui offrent aux élèves d'autres services que l'enseignement – surveillants, animateurs, etc.) – que le programme soit défini au niveau national, régional, ou au niveau de l'école elle-même.

Dans l'enseignement professionnel, les enseignants de la « partie scolaire » de l'apprentissage dans un système combiné sont inclus dans la définition, alors que les formateurs de la « partie formation en entreprise » sont exclus.

Les chefs d'établissement qui n'ont pas de charges d'enseignement ne sont pas définis comme enseignants mais classés séparément. Les chefs d'établissement qui ont des charges d'enseignement sont définis comme enseignants (à temps partiel) même s'ils ne consacrent à l'enseignement que 10 pour cent de leur temps.

Les anciens enseignants, les personnes qui exercent des activités occasionnelles ou bénévoles dans les écoles, les personnes qui offrent des services autres que l'enseignement, par exemple les surveillants ou animateurs, sont également exclus.

Enseignants en équivalents plein-temps (EPT)

L'enseignant qui exerce ses fonctions à plein-temps accomplit 100 pour cent des heures d'enseignement normales prévues pour un enseignant dans un pays donné. Étant donné que les heures d'enseignement normales peuvent être différentes d'un pays à l'autre, il est impossible d'exprimer les EPT en hommes-heures. Un enseignant à plein-temps peut donc dispenser plus d'heures par semaine ou par an dans un pays que dans un autre. Les heures d'enseignement assurées par les personnes exerçant à temps partiel (y compris les chefs d'établissement qui enseignent pendant une partie de la semaine) peuvent être exprimées en EPT en calculant le rapport entre les heures d'enseignement de la personne en question et les heures d'enseignement normales d'un enseignant exerçant à plein-temps.

Heures d'enseignement

Les heures d'enseignement hebdomadaires (exprimées en unités de 60 minutes) se réfèrent au nombre d'heures par semaine qu'un enseignant désigné exerçant à plein-temps consacre à l'enseignement d'un groupe d'élèves/étudiants dans un pays donné.

En général, les unités de temps (cours) pendant lesquelles l'enseignement est dispensé ont une durée inférieure à 60 minutes, ce qui rend nécessaire une conversion en heures.

Enseignement supérieur

Tout cycle d'études classé aux niveaux CITE 5, 6, ou 7. Pour avoir accès à l'enseignement supérieur, la condition minimale est d'avoir terminé le deuxième cycle du secondaire et d'avoir obtenu un diplôme ou un certificat. Dans certains pays, peut être admissible toute personne ayant atteint un niveau de connaissances équivalent ou remplissant certaines conditions d'âge ou d'expérience professionnelle, ou les deux à la fois. L'enseignement supérieur est divisé en deux secteurs, l'enseignement supérieur universitaire et l'enseignement supérieur non universitaire.

Dépenses publiques totales

Pour le tableau I.1, les dépenses publiques totales ont été calculées en faisant la somme de :
Total des emplois courants ;
Formation brute de capital fixe ;
Achats nets de terrain ;
Achats nets d'actifs incorporels ;
Transferts nets en capital.

Population active totale

La population active totale (ou population active actuelle) comprend toutes les personnes qui remplissent les conditions pour être inclues parmi les personnes pourvues d'un emploi ou le chômeurs, comme défini dans la publication *Statistiques de l'OCDE sur la population active*.

Population totale

La population est définie comme l'ensemble des nationaux présents ou temporairement absents du pays et des étrangers établis en permanence dans le pays. Pour plus de détails, se reporter à la publication *Statistiques de l'OCDE sur la population active*.

Chômeurs

On entend par chômeurs les personnes qui sont sans travail, qui cherchent un emploi et sont actuellement disponibles pour travailler. Le taux de chômage normalisé est la proportion des chômeurs en pourcentage de la population active.

Enseignement universitaire

On entend par enseignement universitaire tout cycle d'études correspondant au niveau CITE 6 ou 7 qui est sanctionné par un diplôme universitaire ou son équivalent. Le niveau CITE 6 couvre les cycles d'études qui mènent à un premier diplôme universitaire ou à une qualification équivalente reconnue. Si certaines conditions sont remplies, cette qualification permet à l'étudiant de suivre un cycle d'études correspondant au niveau CITE 7. Ces études sont sanctionnées par un diplôme d'études supérieures.

Certains pays ne font pas la distinction, aux fins de comparaisons internationales, entre les niveaux CITE 6 et 7.

Enseignement secondaire du deuxième cycle

L'enseignement secondaire supérieur (niveau CITE 3) ou enseignement secondaire de deuxième cycle, regroupe l'enseignement général, technique ou professionnel pour les élèves qui ont terminé le premier cycle de l'enseignement secondaire (c'est-à-dire le niveau CITE 2). L'apprentissage est inclus, de même que la formation des enseignants lorsqu'elle est dispensée à ce niveau. L'enseignement secondaire supérieur (niveau CITE 3) peut être «terminal» (les élèves entrent directement dans la vie active) ou «préparatoire» (les élèves passent dans l'enseignement supérieur).

Deuxième cursus

Si un élève a terminé un cycle d'études normal dans l'enseignement secondaire de deuxième cycle (CITE 3), a obtenu le certificat ou diplôme qui sanctionne ce cycle d'études, et réintègre ensuite l'enseignement secondaire de deuxième cycle pour y suivre un deuxième programme, on dit de lui qu'il suit un deuxième cursus dans le deuxième cycle secondaire. S'il termine ce programme (c'est-à-dire, obtient un deuxième certificat ou diplôme), il est considéré comme diplômé d'un deuxième cursus (voire troisième ou autre) du deuxième cycle secondaire.

Notes

For additional country notes refer to Annex 1 in *Education at a Glance*.

EXPENDITURE

All Countries

PPP rates used to convert expenditure data have been adjusted to the academic year. For further information see technical notes in *Education at a Glance*.

Austria

Expenditures for independent private institutions are included in expenditures for government-dependent private institutions.

Total expenditure for 1992 includes expenditure for adult education.

Canada

Expenditure for pre-primary education is included in expenditure for primary and secondary education.

Czech Republic

Data on expenditure for non-university tertiary education have been included in expenditure for upper secondary education as these expenditure are small.

Denmark

Expenditures for independent private institutions are not available by level.

Because adult education is included in the 1992 expenditure data, the following figures for full-time equivalent enrolments have been included.

Lower secondary education	12 000
Upper secondary education	21 000
Tertiary education	15 000

Finland

Early childhood education comprises only current expenditure. Expenditures in government-dependent private institutions are included in expenditures for public institutions. Figures include day care and pre-school education (and meals) provided for 3-6 year-olds in day-care centres, generally 8 to 10 hours a day, five days a week.

Research expenditure includes general university and business enterprise funds but not other separately identifiable R&D funds.

France

All separately identifiable R&D expenditure are not taken into account; however, compensation of university teaching staff (and other regular university staff) is included, of which the portion of compensation attributable to research.

Germany (FTFR)

For pre-primary, primary and secondary levels, figures refer to public institutions only.

Expenditures of government-dependent institutions for pre-primary education do not include private expenditures financed by private institutions and by parents (via the kindergarten fees). These expenditures account for a substantial amount of total expenditure. Unfortunately, there are no available data for these expenditure.

Total educational expenditure is not complete. The following expenditures are missing: private schools (however, public grants given to private schools are included); schools for nurses; agricultural training and research centres; German Research Foundation; Federal Institute for Employment (expenditure for retraining, better qualification, etc.); training of apprentices in the public service; support payments for dependent children made to persons undergoing education/training; allowances paid to teachers enjoying the status of public official for medical treatment and health insurance; scholarships granted by private institutions; households' purchases of commodities and services for education.

Public expenditures broken down by level of education and by type of expenditure are estimates.

Figures do not include the payments by private households and other private entities to government-dependent institutions.

Almost all expenditure on research is included: there are some minor omissions.

The expenditure share of government-dependent private institutions includes public transfers to government-dependent private institutions only.

Total expenditure for 1991 and 1992 includes East Berlin.

Hungary

Regional governments (counties) and municipalities are regarded as local governments because they have no significant redistributive role.

Ireland

Expenditure includes mainstream higher education research.

Expenditures of private entities other than households are underestimated because they are only provided for tertiary education. The expenditures for the other levels of education are not available.

Japan

All separately identifiable research expenditure has not been taken into account but compensation of teaching staff (and other regular staff) in universities is included.

Figures on expenditure by type of institutions do not include expenditure for textbooks and scholarships.

Expenditures for principals and vice-principals are included in expenditures for teachers.

Expenditure of prefectures and municipalities cannot be provided separately.

Netherlands

Expenditures for independent private institutions are included in expenditures for government-dependent private institutions.

Norway

Expenditures for early childhood education in government-dependent institutions (their amount is small) are included in expenditures for primary education.

Portugal

There is no distinction between public and private expenditures for public institutions.

Spain

Public expenditure on education is underestimated because an important part of the contributions paid by employees has not been taken into account.

Payments to independent private institutions for tertiary education are underestimated because only the payments of private entities to universities for their activities of research and development are included.

Expenditure on research has been partly taken into account. Some higher education institutions have all R&D expenditure in their budgets; others have only general university funds and certain types of contracts.

Sweden

Enrolments and expenditure for adult education have not been taken into account.

Switzerland

Figures on apprentices and vocational education students do not correspond to the figures for expenditure at this level.

United Kingdom

All pupils below compulsory school age in independent private schools are assumed to be receiving primary education rather than early childhood education.

Expenditure by or on behalf of independent institutions at the tertiary level has been assumed to be negligible.

Only general university funds and grants from the Department of Education are included. All other separate R&D funds have not been taken into account.

United States

All research expenditures are included except for funds on major university-administered federal R&D centres.

PARTICIPATION

Australia

At primary education, age 5 refers to ages 5 and under. Lower secondary education includes ungraded secondary students.

The participation figures for non-university tertiary education, as indicated in the commentary, are on the high side. This is mainly due to difficulties in attaching the appropriate categories of school levels to TAFE enrolments: these numbers, currently classified as non-university tertiary education, could be reduced substantially. Many of these could either go into upper secondary education or be classified as "out of scope" (i.e. to be regarded as courses whose duration is not long enough to be included in *Education at a Glance*).

Teachers include principals, deputy principals and senior teachers mainly involved in administrative tasks.

Austria

Day-care centres are generally excluded.

Nearly all private institutions should be classified as "government-dependent" but there remains a very small number of independent private institutions with only few pupils.

Austria reports equal male and female university enrolment rates.

Teachers' salaries depend exclusively on the training they have received (university training versus non-university training).

Belgium

Early childhood education starts at age 2 years and six months, so that the relevant population is only half the one taken into consideration. Taking this into account would bring the net enrolment rate for the 2-year-olds to 70.3 per cent.

Figures for lower and upper secondary general education include vocational education.

New entrants university education from 1985 to 1991 refer only to registrations in francophone programmes.

University education corresponds to long tertiary courses and higher education in institutions other than universities; non-university tertiary education corresponds to short courses of higher education.

No distinction is made between first and second stages at university level.

Czech Republic

There are no kindergartens other than in the public sector.

Most part-time students are enrolled in adult education. Their age is unknown. They attend the same curricula as full-time students and take the same examinations.

Denmark

Kindergartens are classified as public institutions.

Prior to 1992 enrolments in pre-primary education only include children 5 years old and older. From 1992 children from 3-5 years old are reported.

Children in *crèches* (normally before 2 years of age) are excluded. Children in private day care/child-minding are excluded. Children in private kindergartens (receiving substantial public subsidies) are included in public education. A small number of children enrolled part-time in kindergartens are classed as full-time. A small number of children enrolled in both kindergartens and pre-primary classes in primary schools are classed as primary school pupils. Age groups for pupils in pre-primary classes in primary schools are estimated.

All formal regular education is classified as full-time education. Numbers of pupils and students refer to the number of persons enrolled at 1 October. Adult education is excluded.

New entrants to university education second stage are excluded; 25 per cent of all students enter university education directly at second stage.

Full-time and part-time teachers are estimates. Distribution by school level (pre-primary, primary and lower secondary levels) is also an estimate. Pre-primary level only includes teachers in pre-primary classes in primary schools.

Finland

Pre-primary education includes children from 3-6 years old.

France

Figures for early childhood education are included in figures for primary education.

The number of teachers in private tertiary education institutions and in independent private secondary education institutions are entirely estimates. An important part of pedagogical and support staff has been estimated, about 18 per cent of all the pedagogical and support staff, and about 7 per cent of all the staff employed in education.

The number of full-time equivalent teachers does not take into account the additional hours given by teachers. In public secondary education institutions, an increase of 6.6 per cent of total full-time equivalents would be observed if the additional hours were taken into account.

Data on continuing education and training are related to training provided or financed by the employers. Due to employers' legal obligation to provide continuing education and training, there are administrative data sources available that give the number of employed who have participated in training during a given year. The Labour Force Surveys give data on the number of participants in continuing education and training on the day of the survey. The structural distribution by level of educational attainment, gender and age is not available in the administrative data sources, but has therefore been assumed to be the same as in the Labour Force Survey.

Germany (FTFR)

There is no distinction between first and second stages of tertiary education but there is a distinction between Master's degrees and Ph.D. degrees. Programmes to obtain a Ph.D. generally last from 3 to 5 years.

Training of students over 25 years old in vocational schools and in the dual system in the framework of initial training is not considered to be continuing vocational education. Forms of continuing vocational education other than courses are also not considered, *e.g.* visits to occupational-related trade fairs or conventions, participation in short-duration events such as talks/lectures or half-day seminars, familiarisation-phases at the workplace, computer-aided learning at the workplace, quality circles, workshop circles and learning workshops.

Hungary

Figures on early childhood and primary enrolments are estimates. Part-time students are estimates.

Disabled students are included in primary and lower secondary education. Age distribution data are estimated for some age groups: at lower secondary education for 14-year-olds and over; at upper secondary education for 26- to 29-year-olds; at tertiary education for 24-year-olds and over.

Ireland

From 1992 government dependent private schools are classified as public. Prior to that they were classified as private. This creates breaks in series for all enrolment and staff tables, but totals remain consistent.

Figures for early childhood education are included in figures for primary education. Children from 4 to 6 years of age spend two years in formal education in primary schools.

Job-related training for the employed includes training related to employment in the workplace and in an educational institution.

Italy

Figures for upper secondary vocational education are included in figures for upper secondary general education.

No distinction is made between full-time and part-time at tertiary education.

Figures for "short courses" (3 years) are not reported.

Japan

Only kindergartens are included in pre-primary education. Day nurseries, which are social welfare institutions, are excluded.

Principals and vice-principals are included in "Teachers" while other staff is included in "Support staff". Full-time equivalents of part-time teachers are not calculated, since there are no valid and reliable data available on the basis of which such calculations can be made.

Netherlands

Figures for ISCED 0 include grades three and four, ages 6 and 7. Figures for ISCED 2 public include ISCED 3.

Teaching staff do not include direction staff.

New Zealand

Data for ISCED 2 apply only to intermediate schools and a percentage of area schoolteachers (*i.e.* grades one and two of ISCED 2). Secondary teachers are covered in ISCED 3.

Portugal

Figures for ISCED 2 public include ISCED 3.

Sweden

From 1992 pupils aged 3-6 are included in ISCED 0. Prior to that only pupils over 6 were counted.

1992 adult education is included in primary and secondary education.

No distinction is made between full-time and part-time at tertiary level.

Data on continuing education and training provided – or sponsored – by the employer were collected in the Labour Force Survey of June 1993. The reference period in the survey was six months. The number of people involved in training during a 12-month period is assumed to be 150 per cent of the training rate during six months. Labour market training is not included.

Switzerland

From 1992 change in classification of programmes between ISCED 3 and ISCED 5.

Turkey

Figures given are the ultimate hours a teacher instructs per week and include additional teaching hours which are paid accordingly.

For ISCED 3 vocational, the number of teaching hours refers only to vocational teachers.

United Kingdom

Children in day care facilities are excluded. From 1992 pupils in nursery schools and nursery classes in maintained primary schools are classified as ISCED 1.

Ages are recorded in August rather than in December.

The transition from early childhood to primary education can begin as early as age 2 or 3 but very frequently at age 4 (over three-quarters). The 1 per cent of 2-year-olds and 4 per cent of 3-year-olds who are in primary education have been excluded.

Pupil/teacher ratios are based on a head count of pupils aged under 5 rather than on full-time equivalents. Most pupils in early childhood education are enrolled part-time.

Students in second educational programmes are included in first educational programmes.

Vocational course figures are normally only available for students in their last two years of upper secondary education.

Vocational course figures are inflated by large numbers of adults taking one or two courses at the upper secondary level who are much older than the typical age group.

Students in private further and tertiary education aged 19 and over are excluded to avoid possible double counting with public-sector provision.

Prior to 1992 enrolments for higher education do not include private education.

From 1992 new entrants in university higher education include an estimate of students from overseas.

Only figures for England and Wales have been reported.

United States

No distinction is made between full-time and part-time at upper secondary education. Figures for upper secondary vocational education are included in figures for upper secondary general education.

Figures on teachers in early childhood education are included in primary education.

Teacher compensation is based on teacher assessment reports: includes basic academic salary, plus compensation from school for extra duty, and other job-related income (including bonuses).

For the continuing education survey respondents were asked to list up to four adult education activities or courses taken in the past 12 months, whether or not they were taken for credit towards a degree and whether or not they were completed. Then they were asked to indicate the main reason for taking each course. The data reported in the indicator are restricted to those who indicated that the main reason for participation was: 1) to improve, advance, or keep up to date on the current job; 2) to train for a new job or a new career; 3) for other employment- or career-related reasons. Examples of adult education activities or courses include: 1) continuing education or non-credit courses; 2) courses by mail, television, radio, or newspaper; 3) private instruction or tutoring; 4) educational or training activities organised by an employer, labour organisation, neighbourhood centre, church, or community group; 5) instruction in basic skills such as mathematics or reading or writing English; 6) instruction in English as a second language; 7) any other organised educational activity; 8) preparation for high-school equivalency examination; 9) computer courses.

GRADUATES

Australia

Some post-graduate degrees (as post-graduates qualified/preliminary, post-graduate diploma external/new, bachelor post-graduate, graduate certificates) are included in Master's or equivalent.

Belgium

To avoid double counting, 2 033 graduates in teacher training have been dropped since this is a part-time training mostly followed simultaneously with other studies.

Although a Bachelor degree exists in Belgium, it has no value on the labour market. Therefore the Master's degree is considered as a first degree.

Canada

Full-time members of the Canadian armed forces are not eligible to take part in the Canadian Labour Force Survey, and so they are not included in the data.

Denmark

Classification has changed for basic vocational education (Higher Commercial Examination). Before 1992, it was included in vocational upper secondary education. Now, it is classified as general upper secondary education.

Finland

The first degree is the Master's. But the introduction of a Bachelor degree is being planned in many fields. It takes 6-10 years to obtain a degree depending on the field. In practice, the median age is 27.

France

The French ISCED classification is based on the highest diploma obtained. To avoid underestimation of the number of people in the higher ISCED categories, the number of people with qualifications beyond the level of their diploma has been estimated in the data.

Germany (FTFR)

All graduates in general education are first educational programme graduates. The relevant age is 19.

Some graduates in vocational/technical education are first educational programmes graduates (their graduation age is 19) while others are second educational programmes (their graduation age is 22). Therefore, a weighted average has been used to calculate the graduation rate.

Greece

The first degree in medicine takes 12 semesters of studies. Engineering studies last 5 years and award a diploma (*e.g.* Diploma of architect engineer, of civil engineer); this diploma is a first degree but equivalent to a Master's. Post-graduate studies do not set limits to starting or ending ages and their minimum duration is 2 years for the equivalence to Master's and 3 years for the equivalence to Ph.D. degrees.

Hungary

Physics, mathematics and computer science are included in biological sciences.

Some bachelor degrees (*e.g.* in teacher training and art colleges with 4 years of training) do not precede Master's degrees. The duration for obtaining them is equivalent to the typical duration for obtaining Master's degrees.

Ireland

From 1992 graduates of second or further educational programmes are taken into account.

Around 86 per cent of the age cohort were shown under "first educational programmes" and a further 18 per cent of the age cohort under "second educational programmes". These latter graduates were from vocational programmes in 1991 and had previously obtained a qualification under upper secondary education. Therefore the combination of first and second programmes gives an equivalent of 104 per cent of the age cohort.

For all ISCED levels, persons in employment include those on various publicly sponsored work experience and job training schemes for the unemployed. These persons receive an allowance and are regarded as being in employment in the reference period immediately prior to the survey. Persons who have emigrated after leaving school are classified according to their labour force status abroad.

School-leavers from ISCED 2 include those who commenced an ISCED 3 programme but dropped out before graduation. Data for leavers from ISCED 3 include ISCED 3 graduates but exclude those who entered tertiary education and subsequently dropped out. All of the data relate to persons leaving full-time education in the 1990/91 school year.

Italy

All vocational programme students who want to follow a full course (5 years) must obtain a preliminary degree after roughly 3 years.

1992 change in definition of ISCED 5. Some programmes previously considered to be non-university tertiary education are now classified in ISCED 6.

Less than 5 per cent of students aged 22 (theoretical graduation age) obtain a Master's degree. Around 20 per cent graduate at the age of 25.

Ph.D. degrees by subject are not reported.

Netherlands

From 1992 graduates of second and further educational programmes are included.

Some post-graduates in paramedical science are included in natural and physical science.

From 1992 all higher education is classified as ISCED 6 and 7.

Spain

Figures on first general educational programmes are based only on students who finish the *Curso de orientación universitaria* (COU). Therefore, these rates are underestimated because they do not take into account students who obtain the *Titulo de bachiller* and do not continue to follow the *Curso de orientación universitaria* (COU): they can leave the education system or study FPII-vocational training.

Figures are estimates.

Switzerland

1992 change in classification of programmes between ISCED 3 and ISCED 5.

Bachelor degrees are included in Master's degrees.

United Kingdom

Students on second educational programmes are included in first educational programmes.

Many students graduate from general education programmes after 2 rather than 4 years.

Data refer to England and Wales only.

TEACHER CHARACTERISTICS AND SCHOOL PROCESSES

Table III.3.1

Austria: For ISCED 2 the number of years varies from 3 to 4; for ISCED 3 vocational the number of years varies from 3 to 6; in both cases the minimum number has been put in the table.

Finland: Vocational school teachers took 4-6 years of studies, including practice, and 1-2 years of requested work experience before being qualified. The total number of years of tertiary teacher education thus vary from 5 to 9; the minimum number has been put in the table.

France: For independent private schools there are no restrictions.

Teachers in the public sector are required to have a Bachelor's degree (3 years) and one year of higher teacher education (following successful completion of a competitive examination which may also have been preceeded by one year of preparation). Teachers with temporary contracts may not have these qualifications.

Italy: The minimum number of years has been put in the table for ISCED 2 and ISCED 3.

New Zealand: For ISCED 2 number of years may differ; the minimum number has been reported.

For ISCED 0 three years to complete teacher training plus two years for registration. However, most early childhood workers and teachers currently are unregistered and have no tertiary teacher training.

For ISCED 3 three years (minimum) to complete a university degree, one year teacher training and two years for registration.

Portugal: The minimum number of years has been put in the table.

Spain: The minimum number of years has been put in the table.

Sweden: Data based on all students enrolled in 1991/92. Number of years may vary; the minimum number has been reported. For ISCED 3 vocational the number of years for teachers in vocational subjects has been reported.

Table III.3.2

Ireland: Two years of formal teacher education for children of 4 to 6 years old in primary schools are included.

Italy: Number or years primary and secondary varies between 12 and 13; the minimum number has been put in the table.

Netherlands: Two years pre-primary are excluded; numbers of years secondary education varies: the minimum number has been put in the table.

New Zealand: Number of years for ISCED 2 may differ; the minimum number has been reported.

Spain: ISCED 3 vocational: regarding their initial minimum training, teachers can be sorted in three categories: 1) teachers whose initial training is ISCED 3 Vocational, 2) teachers with a short tertiary degree, and 3) teachers with a long tertiary degree. These teachers are distributed very roughly as follows. Public: 1) 3 per cent, 2) 30 per cent, 3) 66 per cent; private: 1) 10 per cent, 2-3) 90 per cent. Accurate data not available.

Sweden: Data based on all students enrolled in 1991/92. Number of years may vary; the minimum number has been reported. For ISCED 3 vocational the number of years for teachers in vocational subjects has been reported.

Tables III.3.3-III.3.6

Austria: Teachers' salaries depend exclusively on the training they have received (university training versus non-university training).

Belgium: There are no different levels of qualifications.

Finland: Qualified teachers starting their teaching career in 1991 all have university education of higher degree (MA) for ISCED level 1. Teachers with the minimum level of training, with 15 years of experience and at the top of their career are reported with previous qualifications which are not university level.

Germany: Unmarried, no children.

Spain: Public: weighted average; Private: typical numbers; ISCED 3V: there are two categories of teachers, only lower category teachers' salaries are shown in the table.

Sweden: Salary for teachers in general subjects both in general and vocational programmes.

United States: General note: teacher compensation is based on teacher reports; includes base academic salary, additional compensation from school for extra duty and other job-related earned income (including bonuses).

Table III.3.6

Netherlands: For ISCED 2, 3: qualifications determine the highest achievable function but salary is according to the function fulfilled and not to the number of qualifications. For ISCED 0, 1: no difference in gross salary for minimum and maximum qualifications.

Spain: There are no salary supplements for higher qualifications in ISCED 0, 1 and 2. In ISCED 3 general, public, it is assumed that the teacher has acquired the *Catedrático* condition. *Catedráticos* were formerly a distinct teacher layer with higher qualification entry requirements. Since 1990 the "*Catedrático* condition" refers to a specific qualification attained in-service which entails a salary supplement for the rest of the teacher's career.

In ISCED 3 general, both privates, a special supplement for teaching COU (the highest grade aimed at university admission tests) has been included. In ISCED 3 Vocational, public, the salaries shown in the table are those of a higher qualifications teacher with *Catedrático* condition. In ISCED 3 Vocational, private, they are those of a high category teacher in an FP2 school.

Sweden: There is only one level of qualifications.

Table III.3.7

New Zealand: The first two years of ISCED 2 (intermediate teacher) require 9 years; and the last three years (junior secondary school) usually take 8 years. The years vary, usually depending on the grade at which a teacher enters the teaching service. Those with a Bachelor's degree and teacher training take on average, 8 years. Those with an Honours Bachelor's degree or Master's degree take 7 years; and a few with even higher qualifications may take only 6 years. The minimum number has been put in the table.

United Kingdom: For teachers with the minimum level of qualifications.

Table III.3.8

Austria: ISCED 0 without kindergarten.

France: Percentages are calculated on full-time + part-time enrolments.

Germany: Percentage public + private government dependent; for ISCED 0 *Praktikanten* are included.

New Zealand: The figures for ISCED 2 apply only to intermediate school and a percentage of area school teachers (*i.e.* grades 1 and 2 of ISCED 2). Secondary teachers are covered by ISCED 3.

Sweden: There are data on ages in the database on teachers, but teachers are not classified according to ISCED. This is therefore an estimation from the knowledge on where (which levels) different subgroups of teachers teach.

United States: Schoolyear 1990/91; vocational included with general.

Table III.3.9

Austria: ISCED 0: without kindergarten.

Germany, Netherlands, Sweden: Sex distribution could not be derived from provided data (*i.e.* data were provided in percentages of the total number of male teachers per ISCED level and in percentages of the total number of female teachers per ISCED level).

New Zealand: The figures for ISCED 2 apply only to intermediate school and a percentage of area school teachers (*i.e.* grades 1 and 2 of ISCED 2). Secondary teachers are covered by ISCED 3.

Portugal: Given percentages do not add to 100.

Table III.3.10

The category "others" at ISCED 1 includes:
- manual skills;
- calligraphic writing;
- traffic safety;

- environmental education;
- second mother tongue;
- social behaviour;
- mother tongue and mother culture for etnic minorities.

Italy: The law insists on a weekly timetable of 27 to 30 hours. It also establishes a 20- to 23-hour threshold minimum for each subject. Schools can decide how to allocate the remaining 7 hours. Data refer to the distribution of the lessons most frequently adopted.

Netherlands: Data are averages of results of investigation in 1987, 1992 and 1993.

Portugal: Reported in this table are figures for grade 5 and 6 of ISCED 1. Note 1: Religion is optional.

Sweden: Note 2: Science and social studies are integrated in grades 1, 2, 3. Note 3: "Others" include Sloyd in grade 1, 2, 3, 4, 5 and domestic studies in grade 5, 6.

Table III.3.11

The category "others" at ISCED 3, general includes:
- classical languages;
- economics;
- remedial courses;
- psychology;
- computer sciences.

Netherlands: Reported in this table are figures for the 6-year-vwo-course.

These figures indicate the minimum number of lessons that have to be devoted to a certain subject in a certain form of secondary education. No detailed interpretation is given for the number of lessons for the individual forms over the length of the course; nor can this interpretation be derived from the law. With this legal measure the school's autonomy has been respected. Thus Dutch schools have a high degree of freedom in designing their own schedule of lessons, leading to an interpretation of the schedule that is different for each form, each course of education and each individual school.

Percentages are computed from the minimum number of lessons per grade. Note 1: "Others" includes the time devoted to examination subjects which are electives.

Portugal: Reported are figures for grade 10, 11, 12 (ISCED 3) general (scientific studies). Note 2: The total amount of these 288 hours may be concentrated in science only. Note 3: Religion is optional. Note 4: In grade 10 and 11 time devoted to vocational studies may attain 252 and 288 hours respectively, according to the specific vocational course. Note 5: Philosophy.

Sweden: Not included are 5 periods of individual studies and 3 periods of an individual chosen special project. Note 6: "Others" include:
- philosophy or psychology;
- one lesson for free disposal by teacher, class or school.

Table III.3.12

Ireland: Children from 4-6 years of age spend 2 years in formal education in primary schools.

Netherlands: Figures for ISCED 0 include grades 3 and 4 (ages 6/7).

New Zealand: There is no formal regulation specifying the minimum number of teaching hours per day/week/year for New Zealand primary schools. However, there is a legal requirement for primary schools to provide a minimum of 2 hours of teaching before noon and 2 hours after noon to be deemed in sessions for one half day respectively, and to be open for 394 or 396 half days per annum (*i.e.* 39.5 weeks). In practice all schools provide more than 4 hours per day, varying usually between 4.6 and 4.75 hours (*i.e.*, on average, 23.5 hours per week), and are open for at least 40 weeks. The official number of hours (not the actual number) have been put in the table.

As with primary schools, there is no formal regulation requiring a minimum of teaching hours per day/week or year for secondary schooling. However, the regulation for funding school staffing on the basis of weekly teaching half days is used to indicate the minimum weekly total of 25 teaching hours for secondary schools. Secondary schools must be open for at least 38 weeks.

Sweden: ISCED 0: teachers at preschools (child care centres) have no specific number of teaching hours but usual working hours: 40 hours per week.

Less than 1 per cent of the students at any level attend private schools. There is no information (for 1991/92) on teachers at these schools.

ISCED 3: Different subgroups of teachers have different numbers of teaching hours. Teachers in general subjects like maths, languages, etc., have 14 teaching hours a week; teachers in arts, sports, etc., more. This is a mean, estimated from figures on the number of different types of teachers.

ISCED 3 Vocational: many types of teachers teach at programmes on ISCED 3, Vocational. Teachers in general subjects have 14 teaching hours a week; teachers in vocational subjects like welding, etc., 18 hours a week. This is a mean (rough) estimated from the approximate number of different teachers in these programmes.

Turkey: Figures given are the ultimate hours a teacher teaches per week and include additional teaching hours which are paid accordingly. For ISCED 3 Vocational the number of teaching hours only refers to vocational teachers.

United States: Based on teacher self report of hours required to be in school in the most recent full week of teaching. Formula: hours required at school 1991 × (classroom teaching hours/hours required at school 1988).

Notes

Pour des notes supplémentaires concernant les pays, se référer à l'annexe 1 de *Regards sur l'éducation*.

DÉPENSES

Tous pays

Les taux de PPA utilisés pour convertir les données sur les dépenses ont été ajustés par rapport à l'année scolaire. Pour plus d'informations, se reporter aux notes techniques de *Regards sur l'éducation*.

Autriche

Les dépenses des établissements privés non subventionnés sont incluses dans les dépenses des établissements privés subventionnés.

Les dépenses totales pour l'année 1992 comprennent les dépenses pour l'enseignement des adultes.

Canada

Les dépenses de l'éducation préscolaire sont incluses dans les dépenses des enseignements primaire et secondaire.

République tchèque

Les données concernant les dépenses de l'enseignement supérieur non universitaire ont été incluses dans les dépenses de l'enseignement secondaire de deuxième cycle, mais ces dépenses sont minimes.

Danemark

Les dépenses afférentes aux établissements privés non subventionnés ne sont pas disponibles par niveau d'enseignement.

Étant donné que l'éducation des adultes est comprise dans les dépenses pour 1992, les chiffres suivants qui concernent les effectifs adultes à plein-temps ont été ajoutés.

Enseignement secondaire de premier cycle	12 000
Enseignement secondaire de deuxième cycle	21 000
Enseignement supérieur	15 000

Finlande

Pour l'éducation préscolaire, seules les dépenses de fonctionnement sont citées. Les dépenses des établissements privés subventionnés sont incluses dans les dépenses des établissements publics. Les chiffres comprennent la garde et l'éducation préscolaire (ainsi que les repas) des enfants de 3 à 6 ans dans les garderies, 8 à 10 heures par jour et cinq jours par semaine.

Les dépenses de recherche comprennent les crédits généraux de l'université et des entreprises, mais pas d'autres crédits de R-D que l'on puisse identifier séparément.

France

Les dépenses de R-D séparément identifiables ne sont pas toutes prises en compte; cependant, la rémunération du personnel enseignant des universités (et des autres catégories normales de personnel universitaire) est incluse, et une partie de cette rémunération est imputable à la recherche.

Allemagne (ex-terr. de la RFA)

Pour l'éducation préscolaire et les niveaux primaire et secondaire, les chiffres ne concernent que les établissements publics.

Les dépenses encourues par les établissements subventionnés pour l'éducation préscolaire ne comprennent pas les dépenses couvertes par les établissements privés et par les parents (au moyen des droits de scolarité des jardins d'enfants). Ces dépenses représentent une partie non négligeable de la dépense totale. Malheureusement, on ne dispose pas de données relatives à ces dépenses.

Les dépenses de l'enseignement ne sont pas complètes. Manquent les dépenses suivantes : écoles privées (cependant les subventions publiques aux établissements privés sont incluses); les écoles d'infirmières; les centres de formation et de recherche agricoles; la Fondation allemande pour la recherche; l'Institut fédéral de l'emploi (dépenses de recyclage, d'amélioration des qualifications, etc.); la formation des apprentis dans le service public; les allocations pour enfants à charge versées aux personnes suivant des études ou une formation; les allocations versées aux enseignants qui ont le statut de fonctionnaires pour couvrir les traitements médicaux et l'assurance-maladie; les bourses versées par des établissements privés; les achats par les ménages de biens et de services pour l'enseignement.

Les dépenses publiques ventilées par niveau d'enseignement et par type de dépense sont des estimations.

Les chiffres ne comprennent pas les paiements des ménages et d'autres entités privées aux établissements subventionnés par l'État.

Les dépenses de recherche sont incluses dans leur quasi-totalité; il y a quelques omissions mineures.

La part des dépenses des établissements privés subventionnés comprend les transferts de fonds publics aux seuls établissements privés subventionnés.

Les dépenses totales pour 1991 et 1992 comprennent Berlin-Est.

Hongrie

Il existe aussi des administrations régionales (comtés) et des municipalités, mais il est préférable de les assimiler aux administrations locales; en effet, les administrations régionales n'ont pas de fonctions de redistribution importantes.

Irlande

Les dépenses comprennent la recherche couramment effectuée dans l'enseignement supérieur.

Les dépenses des entités privées autres que les ménages sont sous-estimées car elles ne sont données que pour l'enseignement supérieur. Les dépenses pour les autres niveaux ne sont pas disponibles.

Japon

Les dépenses de recherche identifiables séparément n'ont pas toutes été prises en compte mais la rémunération du personnel enseignant (et d'autres catégories normales de personnel) est incluse.

Les chiffres des dépenses par type d'établissement ne comprennent pas les dépenses couvrant les manuels scolaires et les bourses.

Les dépenses qui intéressent les directeurs et sous-directeurs sont incluses dans les dépenses des enseignants.

Il n'est pas possible de présenter séparément les dépenses des préfectures et des municipalités.

Norvège

Les dépenses afférentes à l'éducation préscolaire dans les établissements subventionnés (le montant en est faible) sont comprises dans les dépenses de l'enseignement primaire.

Pays-Bas

Les dépenses des établissements privés non subventionnés sont incluses dans les dépenses des établissements privés subventionnés.

Portugal

Il n'y a pas de distinction entre dépenses publiques et privées pour les établissements publics.

Espagne

Les dépenses publiques d'éducation sont sous-estimées du fait que l'on n'a pas pris en compte une part importante des cotisations salariales.

Les paiements aux établissements privés non subventionnés d'enseignement supérieur sont sous-estimés parce que seuls sont inclus les paiements d'entités privées versés aux universités pour rémunérer leurs activités de recherche et de développement.

Les dépenses de recherche ont été partiellement prises en compte. Dans certains établissements d'enseignement supérieur, toutes les dépenses de R-D sont incluses dans le budget; d'autres n'ont dans leur budget que les fonds généraux et certains types de contrats.

Suède

Les effectifs et les dépenses pour l'éducation des adultes n'ont pas été pris en compte.

Suisse

Les chiffres des effectifs de l'apprentissage et de l'enseignement professionnel ne correspondent pas aux dépenses à ce niveau.

Royaume-Uni

On part du principe que tous les élèves dont l'âge est inférieur à celui de la scolarité obligatoire qui fréquentent les établissements privés non subventionnés reçoivent un enseignement primaire et non préscolaire.

On part du principe que les dépenses encourues pour et par les établissements indépendants d'enseignement supérieur sont négligeables.

Seuls les fonds généraux de l'université et les subventions du ministère de l'Éducation sont inclus. Aucun des autres fonds distincts de R-D n'est pris en compte.

États-Unis

Toutes les dépenses de recherche sont incluses, exception faite des fonds destinés aux grands centres fédéraux de R-D gérés par les universités.

EFFECTIFS

Australie

Dans l'enseignement primaire, l'âge de 5 ans renvoie aux âges égaux et inférieurs à 5 ans. L'enseignement secondaire de premier cycle comprend les étudiants du secondaire non diplômés.

Les chiffres de la fréquentation de l'enseignement supérieur non universitaire, comme l'indiquent les commentaires, sont plutôt élevés. Cela tient en grande partie à la difficulté d'assigner les effectifs du TAFE aux niveaux d'enseignement appropriés : les effectifs actuellement classés dans l'enseignement supérieur non universitaire pourraient être sensiblement réduits. Une bonne partie d'entre eux pourrait être soit incluse dans le deuxième cycle secondaire, soit classée comme « hors norme » (c'est-à-dire considérée comme ayant suivi des cycles d'études dont la durée n'est pas suffisante pour en justifier l'inclusion dans *Regards sur l'éducation*).

Les enseignants comprennent les directeurs, directeurs adjoints et enseignants de haut niveau qui se consacrent principalement aux tâches administratives.

Autriche

Les garderies sont généralement exclues.

Dans leur quasi-totalité, les écoles privées devraient être inscrites à la rubrique « établissements subventionnés », mais il reste un très petit nombre d'écoles privées non subventionnées dont les effectifs sont très peu nombreux.

L'Autriche fait état de taux de fréquentation masculins et féminins identiques dans l'université.

La rémunération des enseignants dépend uniquement de la formation qu'ils ont reçue (formation universitaire ou non universitaire).

Belgique

L'éducation préscolaire commence à 2 ans et demi, de sorte que la population visée ne représente que la moitié de la population prise en compte. Si l'on tenait compte de cette situation, le taux net de préscolarisation des enfants âgés de 2 ans atteindrait 70.3 pour cent.

Les chiffres des premier et deuxième cycles de l'enseignement secondaire général comprennent l'enseignement secondaire professionnel.

Les nouveaux inscrits dans l'enseignement universitaire de 1985 à 1991 se rapportent uniquement aux inscriptions dans les programmes francophones.

L'enseignement universitaire correspond aux cycles longs des universités et à l'enseignement supérieur dispensé dans des établissements autres que les universités ; l'enseignement supérieur non universitaire correspond aux cycles courts de l'enseignement supérieur.

Il n'y a pas distinction entre premier et deuxième cycles au niveau universitaire.

République tchèque

Il n'existe pas de jardins d'enfants hors du secteur public.

La plupart des élèves à temps partiel font partie des effectifs de l'éducation des adultes. Leur âge n'est pas connu. Ils suivent les mêmes programmes que les élèves à plein-temps et passent les mêmes examens.

Danemark

Les jardins d'enfants sont classés au nombre des établissements publics.

Avant 1992, les effectifs de l'éducation préscolaire comprennent seulement les enfant âgés de 5 ans et plus. A partir de 1992, les enfants âgés de 3 à 5 ans sont également pris en compte.

Les enfants accueillis dans les crèches sont normalement exclus (l'âge limite supérieur est généralement de 2 ans). Les enfants qui fréquentent les garderies privées sont exclus. Les enfants des jardins d'enfants privés (qui reçoivent d'importantes subventions publiques) sont inclus dans l'enseignement public. Des enfants peu nombreux qui suivent le jardin d'enfants à temps partiel sont classés à la rubrique «plein-temps». Des enfants en petit nombre qui fréquentent à la fois le jardin d'enfants et les classes préscolaires de l'école primaire sont assimilés aux élèves du primaire. Les tranches d'âge des élèves des classes préscolaires de l'école primaire sont estimées.

Tout l'enseignement ordinaire et normal est classé à la rubrique de l'enseignement à plein-temps. Les effectifs d'élèves/étudiants renvoient aux effectifs scolarisés au 1er octobre. L'éducation des adultes est exclue.

Les étudiants nouvellement inscrits dans le deuxième cycle universitaire sont exclus. Vingt-cinq pour cent des étudiants entrent à l'université directement dans le deuxième cycle.

Les effectifs des enseignants à plein-temps et à temps partiel sont des estimations. Il en est de même de la répartition par niveau scolaire (préscolaire, primaire et premier cycle secondaire). Le niveau préscolaire ne comprend que les instituteurs des classes préscolaires qui exercent dans les écoles primaires.

Finlande

L'éducation préscolaire prend en compte les enfants âgés de 3 à 6 ans.

France

Les chiffres de l'éducation préscolaire sont inclus dans ceux de l'enseignement primaire.

Les effectifs des enseignants des établissements privés d'enseignement supérieur et ceux des établissements privés non subventionnés d'enseignement secondaire sont des estimations. Une partie importante du personnel pédagogique et de soutien a été estimée, soit environ 18 pour cent de l'ensemble du personnel pédagogique et de soutien et environ 7 pour cent de tout le personnel de l'enseignement.

Le nombre des équivalents plein-temps d'enseignants ne tient pas compte des heures supplémentaires effectuées par les enseignants. Dans les établissements publics, en ce qui concerne l'enseignement secondaire, on enregistrerait une augmentation de 6.6 pour cent du total des équivalents plein-temps si l'on prenait en compte les heures supplémentaires.

Les données relatives à l'éducation ou à la formation permanente concernent la formation fournie ou financée par les entreprises. Étant donné que les employeurs sont tenus par la loi d'assurer la formation permanente, il existe des sources de données administratives qui donnent le nombre de salariés ayant suivi une formation au cours de l'année. Les Enquêtes sur la population active fournissent des données sur le nombre des participants à l'éducation ou à la formation permanente le jour de l'enquête. La répartition structurelle par niveau d'instruction, par sexe et par âge n'est pas fournie par les sources administrative ; on est donc parti du principe qu'elle était la même que celle qui ressort de l'Enquête sur la population active.

Allemagne (ex-terr. de la RFA)

Il n'y a pas de distinction entre premier et deuxième cycles dans l'enseignement supérieur mais la distinction existe entre maîtrise et doctorat. Les cursus menant au doctorat durent généralement de 3 à 5 ans.

On estime que la formation des personnes de plus de 25 ans dans les écoles professionnelles et, au titre du système combiné, dans le cadre de la formation initiale, ne fait pas partie de l'éducation et de la formation professionnelles continues. Sont aussi considérés comme n'en faisant pas partie : les visites aux salons ou expositions de caractère professionnel, la participation aux événements de courte durée, tels que conférences ou séminaires d'une demi-journée, les périodes de sensibilisation sur le lieu de travail, l'apprentissage aidé par ordinateur suivi sur le lieu de travail, les cercles de qualités, cercles d'atelier et ateliers d'apprentissage.

Hongrie

Les chiffres des effectifs de l'éducation préscolaire et du primaire sont des estimations, tout comme les chiffres des étudiants à temps partiel.

Les élèves handicapés sont compris dans les premier et deuxième cycles de l'enseignement secondaire. La répartition par âge est estimée pour certaines tranches d'âge : dans le premier cycle secondaire pour les élèves de 14 ans ou plus, dans le deuxième cycle secondaire pour les élèves de 26 à 29 ans ; dans l'enseignement supérieur pour les étudiants de 24 ans ou plus.

Irlande

Les écoles privées subventionnées sont classées dans le public depuis 1992. Auparavant, elles étaient classées dans le privé. Ceci a entraîné des ruptures de séries dans tous les tableaux concernant les effectifs et le personnel, mais les totaux restent cohérents.

Les chiffres de l'éducation préscolaire sont inclus dans ceux de l'enseignement primaire. Les enfants de 4 à 6 ans passent deux ans dans l'enseignement ordinaire à l'école primaire.

La formation à vocation professionnelle destinée aux personnes actives occupées comprend toute la formation liée à l'emploi donnée sur le lieu de travail ou dans un établissement d'enseignement.

Italie

Les chiffres de deuxième cycle de l'enseignement secondaire (professionnel) sont inclus dans ceux de deuxième cycle de l'enseignement secondaire (général).

Il n'y a pas de distinction entre études suivies à plein-temps et à temps partiel dans l'enseignement supérieur.

Les chiffres des « cycles courts » (3 ans) ne sont pas enregistrés.

Japon

Seuls les jardins d'enfants sont compris. Les crèches et garderies, qui sont des établissements de protection sociale, sont exclues.

Les directeurs et sous-directeurs sont inclus dans les « enseignants », alors que le reste du personnel figure dans le « personnel de soutien ». Les équivalents plein-temps des enseignants travaillant à temps partiel ne sont pas calculés au Japon car il n'existe pas de données fiables permettant de procéder à ces calculs.

Pays-Bas

Les chiffres de CITE 0 comprennent les 3e et 4e classes (enfants de 6/7 ans).
Les chiffres de l'enseignement public de niveau CITE 2 comprennent CITE 3.
Le personnel enseignant ne comprend pas le personnel de direction.

Nouvelle-Zélande

Les données relatives au niveau CITE 2 ne s'appliquent qu'aux écoles intermédiaires et à un pourcentage d'enseignants de région (classes 1 et 2 de CITE 2). Les enseignants du secondaire sont couverts par CITE 3.

Portugal

Les chiffres de l'enseignement public de niveau CITE 2 comprennent le niveau CITE 3.

Suède

Depuis 1992, les élèves âgés de 3 à 6 ans sont compris dans CITE 0. Auparavant, seuls les élèves de 6 ans et plus étaient pris en compte.

En 1992, l'éducation des adultes est comprise dans l'enseignement primaire et secondaire.

Il n'y a pas de distinction entre études suivies à plein-temps et à temps partiel dans l'enseignement supérieur.

Les données se réfèrent à l'éducation et à la formation professionnelles continues, assurées – ou parrainées – par l'employeur. Les données ont été recueillies à l'occasion de l'Enquête sur la population active de juin 1993. La période de référence de l'enquête est de six mois. On part du principe que le nombre de personnes qui participent à la formation pendant une période de 12 mois représente 150 pour cent du taux de formation pendant six mois. La formation professionnelle initiale n'est pas incluse.

Suisse

Depuis 1992, changement dans la classification des programmes entre CITE 3 et CITE 5.

Turquie

Les chiffres cités représentent le total des heures dispensées par semaine et comprennent les heures supplémentaires qui sont rémunérées en conséquence.

Pour le niveau CITE 3 professionnel, le nombre des heures d'enseignement ne concerne que les professeurs de l'enseignement professionnel.

Royaume-Uni

Les enfants accueillis dans les crèches et garderies sont exclus. A partir de 1992, les élèves en classes enfantines dans les écoles primaires sont inclus dans CITE 1.

Les âges sont mesurés en août plutôt qu'en décembre.

Le passage de l'éducation préscolaire à l'enseignement primaire peut commencer dès 2 ou 3 ans mais intéresse un grand nombre d'enfants de 4 ans (dont les trois quarts fréquentent l'enseignement primaire). Les 1 pour cent d'enfants de 2 ans et les 4 pour cent d'enfants de 3 ans qui sont dans l'enseignement primaire ont été exclus.

Les ratios élèves/enseignant se fondent sur le nombre des élèves de moins de 5 ans et non sur les équivalents plein-temps. La plupart des enfants qui fréquentent l'éducation préscolaire le font à temps partiel.

Les élèves qui suivent un deuxième cursus sont inclus dans les premiers cursus.

Les chiffres de l'enseignement professionnel ne concernent habituellement que les élèves qui suivent les deux dernières années du deuxième cycle secondaire.

Les chiffres de l'enseignement professionnel sont gonflés par le grand nombre d'adultes qui suivent un ou deux cours dans le deuxième cycle secondaire et dont l'âge est nettement supérieur à la tranche d'âge théorique.

Les élèves/étudiants de l'enseignement complémentaire et de l'enseignement supérieur privés qui ont 19 ans révolus sont exclus pour éviter d'éventuels doubles comptages avec les prestations du secteur public.

Avant 1992, les données de l'enseignement supérieur ne comprennent pas le secteur privé.

Depuis 1992, les nouveaux inscrits dans l'enseignement supérieur universitaire comprennent une estimation des étudiants d'outre-mer.

Seuls les chiffres concernant l'Angleterre et le pays de Galles sont rapportés.

États-Unis

Il n'y a pas de distinction entre études suivies à plein-temps et à temps partiel dans le deuxième cycle secondaire.

Les chiffres relatifs aux enseignants du premier cycle secondaire sont compris dans l'enseignement primaire.

La rémunération des enseignants se fonde sur les rapports dont ils font l'objet; elle comprend le traitement de base, les indemnités complémentaires pour tâches spéciales et d'autres avantages salariaux (y compris les primes).

Les personnes interrogées étaient invitées à énumérer quatre activités ou cours d'éducation des adultes suivis pendant les 12 mois écoulés, à dire si elles avaient reçu des unités de valeur en vue de l'obtention d'un diplôme, et si elles avaient terminé ces activités. Il leur a ensuite été demandé de donner la principale raison pour laquelle elles avaient suivi le cours. Les données dont il est fait état dans l'indicateur se limitent aux personnes qui ont déclaré que la principale raison de leur participation était la suivante : 1) améliorer, perfectionner ou mettre à jour les connaissances liées à leur emploi actuel; 2) se former en vue d'un nouvel emploi ou d'une nouvelle carrière; 3) suivre ce cours pour des raisons qui relèvent de leur emploi ou de leur carrière. Les exemples d'activités ou de cours d'éducation des adultes comprennent : 1) l'éducation permanente ou les cours non sanctionnés par des unités de valeur; 2) les cours suivis par correspondance, par télévision, radio ou par la presse; 3) les leçons ou cours privés; 4) les activités d'éducation ou de formation organisées par un employeur, une organisation syndicale, un centre de voisinage ou de quartier, une église, ou un groupe communautaire; 5) l'enseignement de techniques de base telles que les mathématiques ou la lecture et l'écriture de l'anglais; 6) l'enseignement de l'anglais comme deuxième langue; 7) toute autre activité éducative organisée; 8) la préparation de l'examen équivalent au certificat de l'enseignement secondaire; et 9) les cours d'informatique.

DIPLÔMES

Australie

Certains diplômes de troisième cycle (post-graduate qualified/preliminary, post-graduate diploma external/new, bachelor post-graduate, graduate certificates) sont inclus dans la maîtrise ou équivalents.

Belgique

Pour éviter les doubles comptages, 2 033 diplômés de la formation pédagogique ont été omis car il s'agit d'une formation à temps partiel, généralement suivie en même temps que d'autres études.

Bien qu'il existe en Belgique un diplôme de licence, il n'a aucune valeur sur le marché du travail. La maîtrise est donc considérée comme premier diplôme.

Canada

Les personnes qui font partie à temps complet des forces armées canadiennes ne sont pas couvertes par l'Enquête canadienne sur la population active et ne sont donc pas comprises dans les données.

Danemark

La classification de l'enseignement professionnel de base (examen commercial supérieur) a changé. Avant 1992, il faisait partie de l'enseignement professionnel secondaire de deuxième cycle. Désormais, il fait partie de l'enseignement général secondaire de deuxième cycle.

Finlande

Le premier diplôme est la maîtrise, mais on envisage d'instaurer la licence dans de nombreuses disciplines. Il faut de 6 à 10 ans pour obtenir un diplôme, suivant le domaine étudié. Dans la pratique, l'âge médian est de 27 ans.

France

La classification CITE française se fonde sur le diplôme de plus haut niveau obtenu. Pour éviter de sous-estimer le nombre de personnes faisant partie des catégories les plus élevées de la CITE, on a estimé le nombre de personnes dont les qualifications sont supérieures au niveau de leur diplôme.

Allemagne (ex-terr. de la RFA)

Tous les diplômés de l'enseignement général terminent avec succès un premier cursus. L'âge correspondant est de 19 ans.

Certains diplômés de l'enseignement professionnel et technique terminent avec succès un premier cursus (à 19 ans), alors que d'autres ont suivi un deuxième cursus (dont ils sortent à 22 ans). On s'est donc servi d'une moyenne pondérée pour calculer le taux d'obtention du diplôme.

Grèce

Il faut douze semestres d'études pour obtenir le premier diplôme en médecine. Les disciplines de l'ingénierie exigent 5 ans d'études qui sont sanctionnées par un premier diplôme équivalent à une maîtrise. Les études de troisième cycle n'ont pas de limitation d'âge de début ou d'achèvement et leur durée minimum pour aboutir à l'équivalent d'une maîtrise est de 2 ans, et de 3 ans pour l'équivalent d'un doctorat.

Hongrie

La physique, les mathématiques et l'informatique sont comprises dans les sciences biologiques et apparentées.

Certaines licences (formation pédagogique et instituts des beaux-arts – 4 ans d'études) ne précèdent pas la maîtrise mais lui sont parallèles.

Irlande

Depuis 1992, les diplômés des programmes de second cursus sont pris en compte.

Près de 86 pour cent de la cohorte figurent parmi ceux qui ont terminé un «premier cursus» et 18 pour cent de la cohorte parmi ceux qui ont terminé un «deuxième cursus». Ces derniers avaient achevé des cursus professionnels en 1991 après avoir obtenu une qualification dans le deuxième cycle secondaire. En associant les premiers et deuxièmes cursus, on obtient donc 104 pour cent de la cohorte.

Pour tous les niveaux CITE, les personnes occupées comprennent celles qui participent à divers programmes publics de stages d'initiation pratique au travail et de formation professionnelle destinés aux chômeurs. Ces personnes reçoivent une allocation et sont considérées comme occupées pendant la période de référence qui précède immédiatement l'enquête. Les personnes ayant émigré après avoir quitté l'école sont classées conformément à leur situation professionnelle à l'étranger.

Ceux qui sont sortis de l'enseignement au niveau CITE 2 comprennent ceux qui ont commencé un cursus de niveau CITE 3 mais ont abandonné avant d'avoir obtenu le diplôme. Les données concernant ceux qui ont quitté l'école au niveau CITE 3 comprennent les diplômés de CITE 3 mais pas ceux qui sont entrés dans l'enseignement supérieur et ont ensuite abandonné. Toutes les données sont relatives aux personnes qui ont quitté l'enseignement à plein-temps au cours de l'année scolaire 1990/91.

Italie

Tous les élèves des cursus professionnels qui souhaitent suivre le programme complet (5 ans) doivent obtenir leur diplôme après 3 ans environ. Ils ne figurent pas dans ce tableau.

En 1992, changement dans la définition de CITE 5. Certains programmes considérés préalablement comme non universitaires sont maintenant classés dans la CITE 6.

Moins de 5 pour cent des étudiants âgés de 22 ans (âge théorique d'obtention du diplôme) obtiennent une maîtrise. Dans leur majorité (environ 20 pour cent), ils terminent leurs études à 25 ans.

Il n'y a pas de ventilation des doctorats par discipline.

Pays-Bas

Depuis 1992, les diplômés des programmes de second cursus sont pris en compte.

Certains étudiants de troisième cycle en sciences paramédicales sont inclus dans les sciences naturelles et physiques.

Depuis 1992, tout l'enseignement supérieur est considéré comme CITE 6 et 7.

Espagne

Les chiffres des premiers cursus d'enseignement général se fondent uniquement sur les élèves qui terminent le *Curso de orientación universitaria* (COU). Ces taux sont donc sous-estimés parce qu'ils ne prennent pas en compte les élèves qui obtiennent le *Titula de bachiller* et ne continuent pas à suivre le *Curso de orientación universitaria* (COU). Ils peuvent quitter le système scolaire ou suivre une formation professionnelle FPII.

Les chiffres sont des estimations.

Suisse

Depuis 1992, changement dans la classification des programmes entre CITE 3 et CITE 5.

Les licences sont incluses dans les maîtrises.

Royaume-Uni

Les élèves qui suivent un deuxième cursus sont compris dans les premiers cursus.

De nombreux élèves obtiennent le diplôme de l'enseignement général en 2 ans au lieu de 4 ans.

Seuls les chiffres concernant l'Angleterre et le pays de Galles sont rapportés.

SPÉCIFICITÉS DES ENSEIGNANTS ET PROCESSUS SCOLAIRES

Tableau III.3.1

Autriche : Pour le niveau CITE 2, le nombre d'années varie de 3 à 4; pour le niveau CITE 3 professionnel, le nombre d'années varie de 3 à 6; dans les deux cas, le nombre minimal a été retenu dans le tableau.

Finlande : Les enseignants des écoles professionnelles suivent 4 à 6 années d'études, y compris les années de pratique, et il leur est demandé 1 à 2 ans d'expérience de travail avant d'être qualifiés. Le nombre total d'années de formation des enseignants de troisième cycle varie donc entre 5 et 9 ans; le nombre minimal a été retenu dans ce tableau.

France : Pour le privé indépendant, il n'y a pas *a priori* d'exigence réglementaire. Pour enseigner dans les établissements publics relevant du ministère de l'Éducation nationale, il faut, pour tous les niveaux, avoir une licence (3 ans), une année de formation en IUFM (Institut de formation des maîtres) à l'issue du concours d'enseignant. La préparation aux concours en un an s'effectue également dans les IUFM. Les enseignants non titulaires peuvent ne pas avoir ces qualifications.

Italie : Le nombre minimal d'années a été retenu dans le tableau pour les niveaux CITE 2 et CITE 3.

Nouvelle-Zélande : Pour le niveau CITE 2, le nombre d'années peut varier. Le nombre minimal a été retenu.

Pour le niveau CITE 0, la formation complète d'un enseignant nécessite 3 ans, plus 2 ans pour être titularisé. Toutefois, la plupart du personnel enseignant qui s'occupe des jeunes enfants n'est actuellement pas titularisé et n'a pas de formation de troisième cycle.

Pour le niveau CITE 3, il faut 3 ans (minimum) sanctionnés par un diplôme universitaire, une année de formation pédagogique et 2 ans pour être titularisé.

Portugal : Le nombre minimal d'années a été retenu dans le tableau.

Espagne : Le nombre minimal d'années a été retenu dans le tableau.

Suède : Données à partir de tous les élèves inscrits en 1991/92. Le nombre d'années peut varier ; le nombre minimal a été retenu dans le tableau. Pour les établissements d'enseignement professionnel de niveau CITE 3, le nombre d'années de formation des enseignants dans ces matières a été retenu.

Tableau III.3.2

Irlande : Sont inclus deux ans de formation pédagogique pour les enfants de 4 à 6 ans à l'école primaire.

Italie : Le nombre d'années primaires et secondaires varie entre 12 et 13 ; le nombre minimal a été retenu dans le tableau.

Pays-Bas : Les deux années préscolaires sont exclues ; le nombre d'années d'études secondaires varie : le nombre minimal a été retenu dans le tableau.

Nouvelle-Zélande : Le nombre d'années pour le niveau CITE 2 peut varier ; le nombre minimal a été retenu.

Espagne : Niveau CITE 3 professionnel : en ce qui concerne leur formation initiale minimale, les enseignants peuvent être classés en trois catégories : 1) les enseignants dont la formation est de niveau CITE 3 professionnel, 2) les enseignants ayant suivi un troisième cycle court, et 3) les enseignants ayant suivi un troisième cycle long. Ces enseignants se répartissent globalement comme suit. Enseignement public : 1) 3 pour cent, 2) 30 pour cent, 3) 66 pour cent ; enseignement privé : 1) 10 pour cent, 2-3) 90 pour cent. Des données précises ne sont pas disponibles.

Suède : Données à partir de tous les élèves inscrits en 1991/92. Le nombre d'années peut varier ; le nombre minimal a été retenu. Pour le niveau CITE 3 professionnel, le nombre d'années de formation des enseignants dans ces matières a été retenu.

Tableau III.3.3-III.3.6

Autriche : Les salaires des enseignants dépendent exclusivement de la formation qu'ils ont reçue (universitaire ou non universitaire).

Belgique : Il n'y a pas de niveaux différents de qualification.

Finlande : Les enseignants qualifiés qui ont commencé leur carrière en 1991 ont tous une formation universitaire supérieure (MA) pour le niveau CITE 1. Les enseignants ayant un niveau de formation minimal avec 15 ans d'expérience et arrivés au sommet de leur carrière sont indiqués dans le tableau avec leurs qualifications antérieures qui ne sont pas de niveau universitaire.

Allemagne : Célibataire, sans enfant.

Espagne : Enseignement public : moyenne pondérée ; enseignement privé : chiffres types ; niveau CITE 3 professionnel : on distingue deux catégories d'enseignants, seuls les salaires de catégorie inférieure sont indiqués dans le tableau.

Suède : Salaire des enseignants des matières générales pour les programmes généraux ou professionnels.

États-Unis : Remarque générale : la rémunération des enseignants est fondée sur les rapports qui sont faits sur eux ; elle comprend une base salariale académique, un complément provenant de l'établissement pour le travail supplémentaire et les autres revenus provenant d'activités liées au travail (y compris les primes).

Tableau III.3.6

Pays-Bas : Pour les niveaux CITE 2, 3 : les qualifications déterminent le plus haut niveau de fonction mais le salaire dépend de la fonction remplie et n'est pas lié au nombre de qualifications. Pour les niveaux CITE 0 et 1, il n'y a pas de différence de salaire brut pour les qualifications minimales et maximales.

Espagne : Il n'y a pas de supplément de salaire pour les qualifications supérieures aux niveaux CITE 0, 1 et 2. Au niveau CITE 3 enseignement général, public, il est supposé que l'enseignant a acquis le titre de *Catedrático*. Les *Catedráticos* étaient auparavant une catégorie d'enseignants ayant satisfait à un niveau de qualification supérieure. Depuis 1990, le titre de *Catedrático* fait référence à une qualification obtenue dans la pratique qui implique un complément de salaire pour le reste de la carrière de l'enseignant.

Au niveau CITE 3 enseignement général, privé, un supplément spécial pour le COU d'enseignement (le degré le plus élevé aux tests d'admission à l'université) a été inclus. Au niveau CITE 3 enseignement professionnel, public, les salaires indiqués dans le tableau sont ceux d'enseignants de qualifications supérieures ayant le titre de *Catedrático*. Au niveau CITE 3 enseignement professionnel, privé, ce sont les enseignants de catégorie supérieure dans un établissement FP2.

Suède : Il n'y a qu'un seul niveau de qualification.

Tableau III.3.7

Nouvelle-Zélande : Pour les deux premières années de CITE 2 (enseignant intermédiaire), il faut neuf ans; et pour les trois dernières années (collège secondaire), il faut généralement huit ans. Les années varient, habituellement en fonction du degré auquel l'enseignant est entré en fonction. Pour ceux qui ont un baccalauréat et une formation pédagogique, il faut huit ans en moyenne. Pour ceux qui ont un baccalauréat avec mention ou un Master, il faut sept ans. Et pour ceux ayant des qualifications plus élevées, il ne faut que six ans. Le chiffre minimal a été retenu dans le tableau.

Royaume-Uni : Pour les enseignants ayant le niveau minimum de qualifications.

Tableau III.3.8

Autriche : Niveau CITE 0 sans jardin d'enfants.

France : Pourcentages calculés sur les effectifs temps complet + temps partiel.

Allemagne : Pourcentage public + privé dépendant de l'État; pour le niveau CITE 0, les *Praktikanten* sont inclus.

Nouvelle-Zélande : Les chiffres pour le niveau CITE 2 ne s'appliquent qu'aux établissements intermédiaires et à un pourcentage d'enseignants d'établissements régionaux (c'est-à-dire des degrés 1 et 2 de CITE 2). Les enseignants du secondaire sont couverts par le niveau CITE 3.

Suède : Il existe des données sur les âges dans la base de données sur les enseignants, mais ces enseignants ne sont pas classés par niveau CITE. Il s'agit donc ici d'une estimation à partir de la connaissance que l'on a des niveaux d'enseignement des différents sous-groupes.

États-Unis : Année scolaire 1990/91; enseignement professionnel et enseignement général confondus.

Tableau III.3.9

Autriche : Niveau CITE 0 : sans les jardins d'enfants.

Allemagne, Pays-Bas, Suède : La répartition par sexe n'émane pas des données fournies (les données fournies étaient en pourcentage du total des enseignants masculins par niveau CITE et en pourcentage du nombre total d'enseignants féminins par niveau CITE).

Nouvelle-Zélande : Les chiffres pour le niveau CITE 2 ne s'appliquent qu'aux établissements de niveau intermédiaire et à un pourcentage d'enseignants d'établissements régionaux (c'est-à-dire de degrés 1 et 2 de CITE 2). Les enseignants du cycle secondaire sont couverts par le niveau CITE 3.

Portugal : Le total des pourcentages donnés n'est pas égal à 100.

Tableau III.3.10

La catégorie «Autres» pour le niveau CITE 1 comprend :
– les travaux manuels ;
– l'écriture calligraphique ;
– la sécurité routière ;
– l'éducation à l'environnement ;
– une deuxième langue maternelle ;
– le comportement social ;
– la langue maternelle et la culture d'origine pour les minorités ethniques.

Italie : La loi insiste sur un horaire hebdomadaire de 27-30 heures. Elle fixe également le seuil minimum à 20-23 heures pour chaque matière. Les établissements peuvent décider de l'affectation des sept autres heures. Les données font référence à l'affectation des cours la plus fréquemment adoptée.

Pays-Bas : Les données sont les moyennes résultant de recherches effectuées en 1987, 1992 et 1993.

Portugal : Dans ce tableau sont reportés les chiffres pour les degrés 5 et 6 du niveau CITE 1. Note 1 : La religion est facultative.

Suède : Note 2 : L'étude des sciences et des sciences sociales est intégrée dans les degrés 1, 2, 3. Note 3 : «Autres» inclut Sloyd dans les degrés 1, 2, 3, 4, 5 et les cours d'économie ménagère dans les degrés 5, 6.

Tableau III.3.11

La catégorie «Autres» pour le niveau CITE 3 comprend :
– les langues mortes ;
– l'économie ;
– des cours de remise à niveau ;
– la psychologie ;
– l'informatique.

Pays-Bas : Sont indiqués dans ce tableau les chiffres pour le cycle de 6 ans vwo.

Ces chiffres indiquent le nombre minimal de cours consacrés à une certaine matière dans une certaine classe du cycle secondaire. Aucune interprétation détaillée n'est donnée sur le nombre de cours consacrés à chaque classe pendant toute la durée du programme ; et la loi ne permet pas non plus cette interprétation. Par cette mesure légale, l'autonomie de l'école a été respectée. Ainsi, les écoles néerlandaises jouissent d'une grande liberté pour concevoir leur propre calendrier de cours, ce qui conduit à une interprétation différente pour chaque classe, chaque programme d'enseignement et chaque établissement.

Les pourcentages sont calculés à partir du nombre minimal de leçons par degré. Note 1 : «Autres» inclut le temps consacré aux sujets d'examens qui sont facultatifs.

Portugal : Sont indiqués les chiffres pour les degrés 10, 11, 12 (CITE 3) d'enseignement général (études scientifiques). Note 2 : La totalité de ces 288 heures peut être axée sur les matières scientifiques seulement. Note 3 : La religion est facultative. Note 4 : Dans les degrés 10 et 11, le temps consacré aux études professionnelles peut atteindre respectivement 252 et 288 heures, en fonction de chaque programme d'enseignement professionnel. Note 5 : Philosophie.

Suède : Ne sont pas inclues cinq périodes d'études individuelles et trois périodes de projet spécial choisi individuellement. Note 6 : «Autres» comprend :
– la philosophie ou la psychologie ;
– un cours laissé au choix par classe ou école.

Tableau III.3.12

    Irlande : Les enfants de 4 à 6 ans passent deux ans d'éducation classique dans des écoles primaires.

    Pays-Bas : Les chiffres donnés pour le niveau CITE 0 comprennent les degrés 3 et 4 (âges 6/7 ans).

    Nouvelle-Zélande : Il n'existe pas de réglementation formelle déterminant le nombre minimal d'heures d'enseignement par jour/semaine/an pour les écoles primaires de Nouvelle-Zélande. Toutefois, les écoles primaires sont légalement tenues d'assurer un minimum de 2 heures d'enseignement avant midi et 2 heures après midi considérées comme des sessions d'une demi-journée, et sont tenues d'être ouvertes 394 ou 396 demi-journées par an (c'est-à-dire 39.5 semaines). En pratique, toutes les écoles assurent plus de 4 heures par jour, avec une variation de 4.6 et 4.75 heures (c'est-à-dire, en moyenne, 23.5 heures par semaine) et sont ouvertes au moins 40 semaines. Le nombre d'heures officiel (et non pas réel) a été retenu dans le tableau.

Comme pour les écoles primaires, il n'existe pas de réglementation formelle exigeant un minimum d'heures d'enseignement par jour/semaine ou année pour l'enseignement secondaire. Toutefois, la réglementation pour le financement du corps enseignant sur la base d'un enseignement hebdomadaire de demi-journées est indicative du minimum total hebdomadaire de 25 heures d'enseignement pour les établissements secondaires. Ceux-ci doivent être ouverts au moins 38 semaines.

    Suède : Niveau CITE 0 : les enseignants des établissements préscolaires (garderies d'enfants) n'ont pas de nombre d'heures spécifiques, mais des heures normales ouvrées : 40 heures par semaine.

Moins de 1 pour cent des élèves, quel que soit le niveau, sont inscrits dans une école privée. Il n'existe pas d'informations (pour 1991/92) sur les enseignants de ces écoles.

Niveau CITE 3 : différents sous-groupes d'enseignants ont un nombre différent d'heures d'enseignement. Les professeurs de matières générales comme les mathématiques, les langues, etc., ont 14 heures par semaine ; les professeurs d'art, d'éducation physique, etc., en ont plus. On a retenu une moyenne (brute) basée sur le nombre des différents enseignants de ces programmes.

Niveau CITE 3 professionnel : plusieurs types de professeurs enseignent des programmes de niveau CITE 3 professionnel. Les enseignants de matières générales ont 14 heures d'enseignement par semaine ; les enseignants dans des matières professionnelles comme la soudure, etc., ont 18 heures par semaine. On a retenu une moyenne (brute) basée sur le nombre approximatif des différents enseignants de ces programmes.

    Turquie : Les chiffres donnés sont les heures maximales hebdomadaires assurées par un enseignant et comprennent les heures supplémentaires d'enseignement qui sont payées en conséquence. Pour le niveau CITE 3 professionnel, le nombre d'heures d'enseignement ne concerne que les enseignants de matières professionnelles.

    États-Unis : A partir des comptes rendus des enseignants indiquant les heures d'enseignement requises pour la semaine d'enseignement complète la plus récente. Formule : les heures requises pour l'année scolaire 1991 × (heures enseignées en classe/heures requises pour l'année scolaire 1988).

ALSO AVAILABLE

Education at a Glance - OECD Indicators
　　　　　　　　　　　　　　　　　　　　FF 220　FFE 285　£35　US$ 54　DM 83

Measuring the Quality of Schools/Mesurer la qualité des établissements scolaires (bilingual)
　　　　　　　　　　　　　　　　　　　　FF 120　FFE 155　£20　US$ 29　DM 47

Measuring What Students Learn/Mesurer les résultats scolaires (bilingual)
　　　　　　　　　　　　　　　　　　　　FF 110　FFE 140　£17　US$ 27　DM 40

Education and Employment/Formation et emploi (bilingual)
　　　　　　　　　　　　　　　　　　　　FF 90　FFE 115　£14　US$ 22　DM 34

Public Expectations of the Final Stage of Compulsory Education/Le dernier cycle de l'enseignement obligatoire : quelle attente ? (bilingual)
　　　　　　　　　　　　　　　　　　　　FF 100　FFE 130　£16　US$ 25　DM 38

Decision-Making Processes in the Education Systems of 14 OECD Countries (forthcoming)

Prices charged at the OECD Bookshop.
The OECD CATALOGUE OF PUBLICATIONS and supplements will be sent free of charge
on request addressed either to OECD Publications Service,
or to the OECD Distributor in your country.

ÉGALEMENT DISPONIBLES

Regards sur l'éducation - Les indicateurs de l'OCDE
FF 220   FFE 285   £35   US$ 54   DM 83

Measuring the Quality of Schools/Mesurer la qualité des établissements scolaires (bilingue)
FF 120   FFE 155   £20   US$ 29   DM 47

Measuring What Students Learn/Mesurer les résultats scolaires (bilingue)
FF 110   FFE 140   £17   US$ 27   DM 40

Education and Employment/Formation et emploi (bilingue)
FF 90   FFE 115   £14   US$ 22   DM 34

Public Expectations of the Final Stage of Compulsory Education/Le dernier cycle de l'enseignement obligatoire : quelle attente ? (bilingue)
FF 100   FFE 130   £16   US$ 25   DM 38

Les processus de décision dans 14 systèmes éducatifs de l'OCDE (à paraître prochainement)

Prix de vente au public dans la librairie du siège de l'OCDE.
LE CATALOGUE DES PUBLICATIONS de l'OCDE et ses suppléments seront envoyés
gratuitement sur demande adressée soit à l'OCDE, Service des Publications,
soit au distributeur des publications de l'OCDE de votre pays.

MAIN SALES OUTLETS OF OECD PUBLICATIONS
PRINCIPAUX POINTS DE VENTE DES PUBLICATIONS DE L'OCDE

ARGENTINA – ARGENTINE
Carlos Hirsch S.R.L.
Galería Güemes, Florida 165, 4° Piso
1333 Buenos Aires   Tel. (1) 331.1787 y 331.2391
                     Telefax: (1) 331.1787

AUSTRALIA – AUSTRALIE
D.A. Information Services
648 Whitehorse Road, P.O.B 163
Mitcham, Victoria 3132   Tel. (03) 873.4411
                          Telefax: (03) 873.5679

AUSTRIA – AUTRICHE
Gerold & Co.
Graben 31
Wien I   Tel. (0222) 533.50.14

BELGIUM – BELGIQUE
Jean De Lannoy
Avenue du Roi 202
B-1060 Bruxelles   Tel. (02) 538.51.69/538.08.41
                    Telefax: (02) 538.08.41

CANADA
Renouf Publishing Company Ltd.
1294 Algoma Road
Ottawa, ON K1B 3W8   Tel. (613) 741.4333
                      Telefax: (613) 741.5439
Stores:
61 Sparks Street
Ottawa, ON K1P 5R1   Tel. (613) 238.8985
211 Yonge Street
Toronto, ON M5B 1M4   Tel. (416) 363.3171
                       Telefax: (416)363.59.63

Les Éditions La Liberté Inc.
3020 Chemin Sainte-Foy
Sainte-Foy, PQ G1X 3V6   Tel. (418) 658.3763
                          Telefax: (418) 658.3763

Federal Publications Inc.
165 University Avenue, Suite 701
Toronto, ON M5H 3B8   Tel. (416) 860.1611
                       Telefax: (416) 860.1608

Les Publications Fédérales
1185 Université
Montréal, QC H3B 3A7   Tel. (514) 954.1633
                        Telefax : (514) 954.1635

CHINA – CHINE
China National Publications Import
Export Corporation (CNPIEC)
16 Gongti E. Road, Chaoyang District
P.O. Box 88 or 50
Beijing 100704 PR   Tel. (01) 506.6688
                     Telefax: (01) 506.3101

CZECH REPUBLIC – RÉPUBLIQUE TCHÈQUE
Artia Pegas Press Ltd.
Narodni Trida 25
POB 825
111 21 Praha 1   Tel. 26.65.68
                  Telefax: 26.20.81

DENMARK – DANEMARK
Munksgaard Book and Subscription Service
35, Nørre Søgade, P.O. Box 2148
DK-1016 København K   Tel. (33) 12.85.70
                       Telefax: (33) 12.93.87

EGYPT – ÉGYPTE
Middle East Observer
41 Sherif Street
Cairo   Tel. 392.6919
         Telefax: 360-6804

FINLAND – FINLANDE
Akateeminen Kirjakauppa
Keskuskatu 1, P.O. Box 128
00100 Helsinki

Subscription Services/Agence d'abonnements :
P.O. Box 23
00371 Helsinki   Tel. (358 0) 12141
                  Telefax: (358 0) 121.4450

FRANCE
OECD/OCDE
Mail Orders/Commandes par correspondance:
2, rue André-Pascal
75775 Paris Cedex 16   Tel. (33-1) 45.24.82.00
                        Telefax: (33-1) 49.10.42.76
                        Telex: 640048 OCDE
Orders via Minitel, France only/
Commandes par Minitel, France exclusivement :
36 15 OCDE

OECD Bookshop/Librairie de l'OCDE :
33, rue Octave-Feuillet
75016 Paris   Tel. (33-1) 45.24.81.67
               (33-1) 45.24.81.81

Documentation Française
29, quai Voltaire
75007 Paris   Tel. 40.15.70.00

Gibert Jeune (Droit-Économie)
6, place Saint-Michel
75006 Paris   Tel. 43.25.91.19

Librairie du Commerce International
10, avenue d'Iéna
75016 Paris   Tel. 40.73.34.60

Librairie Dunod
Université Paris-Dauphine
Place du Maréchal de Lattre de Tassigny
75016 Paris   Tel. (1) 44.05.40.13

Librairie Lavoisier
11, rue Lavoisier
75008 Paris   Tel. 42.65.39.95

Librairie L.G.D.J. - Montchrestien
20, rue Soufflot
75005 Paris   Tel. 46.33.89.85

Librairie des Sciences Politiques
30, rue Saint-Guillaume
75007 Paris   Tel. 45.48.36.02

P.U.F.
49, boulevard Saint-Michel
75005 Paris   Tel. 43.25.83.40

Librairie de l'Université
12a, rue Nazareth
13100 Aix-en-Provence   Tel. (16) 42.26.18.08

Documentation Française
165, rue Garibaldi
69003 Lyon   Tel. (16) 78.63.32.23

Librairie Decitre
29, place Bellecour
69002 Lyon   Tel. (16) 72.40.54.54

GERMANY – ALLEMAGNE
OECD Publications and Information Centre
August-Bebel-Allee 6
D-53175 Bonn   Tel. (0228) 959.120
                Telefax: (0228) 959.12.17

GREECE – GRÈCE
Librairie Kauffmann
Mavrokordatou 9
106 78 Athens   Tel. (01) 32.55.321
                 Telefax: (01) 36.33.967

HONG-KONG
Swindon Book Co. Ltd.
13-15 Lock Road
Kowloon, Hong Kong   Tel. 2376.2062
                      Telefax: 2376.0685

HUNGARY – HONGRIE
Euro Info Service
Margitsziget, Európa Ház
1138 Budapest   Tel. (1) 111.62.16
                 Telefax : (1) 111.60.61

ICELAND – ISLANDE
Mál Mog Menning
Laugavegi 18, Pósthólf 392
121 Reykjavik   Tel. 162.35.23

INDIA – INDE
Oxford Book and Stationery Co.
Scindia House
New Delhi 110001   Tel.(11) 331.5896/5308
                    Telefax: (11) 332.5993

17 Park Street
Calcutta 700016   Tel. 240832

INDONESIA – INDONÉSIE
Pdii-Lipi
P.O. Box 4298
Jakarta 12042   Tel. (21) 573.34.67
                 Telefax: (21) 573.34.67

IRELAND – IRLANDE
Government Supplies Agency
Publications Section
4/5 Harcourt Road
Dublin 2   Tel. 661.31.11
            Telefax: 478.06.45

ISRAEL
Praedicta
5 Shatner Street
P.O. Box 34030
Jerusalem 91430   Tel. (2) 52.84.90/1/2
                   Telefax: (2) 52.84.93

R.O.Y.
P.O. Box 13056
Tel Aviv 61130   Tél. (3) 49.61.08
                  Telefax (3) 544.60.39

ITALY – ITALIE
Libreria Commissionaria Sansoni
Via Duca di Calabria 1/1
50125 Firenze   Tel. (055) 64.54.15
                 Telefax: (055) 64.12.57

Via Bartolini 29
20155 Milano   Tel. (02) 36.50.83

Editrice e Libreria Herder
Piazza Montecitorio 120
00186 Roma   Tel. 679.46.28
              Telefax: 678.47.51

Libreria Hoepli
Via Hoepli 5
20121 Milano   Tel. (02) 86.54.46
                Telefax: (02) 805.28.86

Libreria Scientifica
Dott. Lucio de Biasio 'Aeiou'
Via Coronelli, 6
20146 Milano   Tel. (02) 48.95.45.52
                Telefax: (02) 48.95.45.48

JAPAN – JAPON
OECD Publications and Information Centre
Landic Akasaka Building
2-3-4 Akasaka, Minato-ku
Tokyo 107   Tel. (81.3) 3586.2016
             Telefax: (81.3) 3584.7929

KOREA – CORÉE
Kyobo Book Centre Co. Ltd.
P.O. Box 1658, Kwang Hwa Moon
Seoul   Tel. 730.78.91
         Telefax: 735.00.30

MALAYSIA – MALAISIE
University of Malaya Bookshop
University of Malaya
P.O. Box 1127, Jalan Pantai Baru
59700 Kuala Lumpur
Malaysia   Tel. 756.5000/756.5425
            Telefax: 756.3246

MEXICO – MEXIQUE
Revistas y Periodicos Internacionales S.A. de C.V.
Florencia 57 - 1004
Mexico, D.F. 06600   Tel. 207.81.00
                      Telefax : 208.39.79

NETHERLANDS – PAYS-BAS
SDU Uitgeverij Plantijnstraat
Externe Fondsen
Postbus 20014
2500 EA's-Gravenhage   Tel. (070) 37.89.880
Voor bestellingen: Telefax: (070) 34.75.778

**NEW ZEALAND
NOUVELLE-ZÉLANDE**
Legislation Services
P.O. Box 12418
Thorndon, Wellington   Tel. (04) 496.5652
    Telefax: (04) 496.5698

NORWAY – NORVÈGE
Narvesen Info Center – NIC
Bertrand Narvesens vei 2
P.O. Box 6125 Etterstad
0602 Oslo 6   Tel. (022) 57.33.00
    Telefax: (022) 68.19.01

PAKISTAN
Mirza Book Agency
65 Shahrah Quaid-E-Azam
Lahore 54000   Tel. (42) 353.601
    Telefax: (42) 231.730

PHILIPPINE – PHILIPPINES
International Book Center
5th Floor, Filipinas Life Bldg.
Ayala Avenue
Metro Manila   Tel. 81.96.76
    Telex 23312 RHP PH

PORTUGAL
Livraria Portugal
Rua do Carmo 70-74
Apart. 2681
1200 Lisboa   Tel.: (01) 347.49.82/5
    Telefax: (01) 347.02.64

SINGAPORE – SINGAPOUR
Gower Asia Pacific Pte Ltd.
Golden Wheel Building
41, Kallang Pudding Road, No. 04-03
Singapore 1334   Tel. 741.5166
    Telefax: 742.9356

SPAIN – ESPAGNE
Mundi-Prensa Libros S.A.
Castelló 37, Apartado 1223
Madrid 28001   Tel. (91) 431.33.99
    Telefax: (91) 575.39.98

Libreria Internacional AEDOS
Consejo de Ciento 391
08009 – Barcelona   Tel. (93) 488.30.09
    Telefax: (93) 487.76.59

Llibreria de la Generalitat
Palau Moja
Rambla dels Estudis, 118
08002 – Barcelona
    (Subscripcions) Tel. (93) 318.80.12
    (Publicacions) Tel. (93) 302.67.23
    Telefax: (93) 412.18.54

SRI LANKA
Centre for Policy Research
c/o Colombo Agencies Ltd.
No. 300-304, Galle Road
Colombo 3   Tel. (1) 574240, 573551-2
    Telefax: (1) 575394, 510711

SWEDEN – SUÈDE
Fritzes Information Center
Box 16356
Regeringsgatan 12
106 47 Stockholm   Tel. (08) 690.90.90
    Telefax: (08) 20.50.21

Subscription Agency/Agence d'abonnements :
Wennergren-Williams Info AB
P.O. Box 1305
171 25 Solna   Tel. (08) 705.97.50
    Téléfax : (08) 27.00.71

SWITZERLAND – SUISSE
Maditec S.A. (Books and Periodicals - Livres
et périodiques)
Chemin des Palettes 4
Case postale 266
1020 Renens VD 1   Tel. (021) 635.08.65
    Telefax: (021) 635.07.80

Librairie Payot S.A.
4, place Pépinet
CP 3212
1002 Lausanne   Tel. (021) 341.33.47
    Telefax: (021) 341.33.45

Librairie Unilivres
6, rue de Candolle
1205 Genève   Tel. (022) 320.26.23
    Telefax: (022) 329.73.18

Subscription Agency/Agence d'abonnements :
Dynapresse Marketing S.A.
38 avenue Vibert
1227 Carouge   Tel.: (022) 308.07.89
    Telefax : (022) 308.07.99

See also – Voir aussi :
OECD Publications and Information Centre
August-Bebel-Allee 6
D-53175 Bonn (Germany)   Tel. (0228) 959.120
    Telefax: (0228) 959.12.17

TAIWAN – FORMOSE
Good Faith Worldwide Int'l. Co. Ltd.
9th Floor, No. 118, Sec. 2
Chung Hsiao E. Road
Taipei   Tel. (02) 391.7396/391.7397
    Telefax: (02) 394.9176

THAILAND – THAÏLANDE
Suksit Siam Co. Ltd.
113, 115 Fuang Nakhon Rd.
Opp. Wat Rajbopith
Bangkok 10200   Tel. (662) 225.9531/2
    Telefax: (662) 222.5188

TURKEY – TURQUIE
Kültür Yayinlari Is-Türk Ltd. Sti.
Atatürk Bulvari No. 191/Kat 13
Kavaklidere/Ankara   Tel. 428.11.40 Ext. 2458
Dolmabahce Cad. No. 29
Besiktas/Istanbul   Tel. 260.71.88
    Telex: 43482B

UNITED KINGDOM – ROYAUME-UNI
HMSO
Gen. enquiries   Tel. (071) 873 0011
Postal orders only:
P.O. Box 276, London SW8 5DT
Personal Callers HMSO Bookshop
49 High Holborn, London WC1V 6HB
    Telefax: (071) 873 8200
Branches at: Belfast, Birmingham, Bristol, Edinburgh, Manchester

UNITED STATES – ÉTATS-UNIS
OECD Publications and Information Centre
2001 L Street N.W., Suite 700
Washington, D.C. 20036-4910 Tel. (202) 785.6323
    Telefax: (202) 785.0350

VENEZUELA
Libreria del Este
Avda F. Miranda 52, Aptdo. 60337
Edificio Galipán
Caracas 106   Tel. 951.1705/951.2307/951.1297
    Telegram: Libreste Caracas

Subscription to OECD periodicals may also be placed through main subscription agencies.

Les abonnements aux publications périodiques de l'OCDE peuvent être souscrits auprès des principales agences d'abonnement.

Orders and inquiries from countries where Distributors have not yet been appointed should be sent to: OECD Publications Service, 2 rue André-Pascal, 75775 Paris Cedex 16, France.

Les commandes provenant de pays où l'OCDE n'a pas encore désigné de distributeur peuvent être adressées à : OCDE, Service des Publications, 2, rue André-Pascal, 75775 Paris Cedex 16, France.

1-1995